普通高等院校
电子信息系列教材

董言治　娄树理　戴纯春　主编

电子信息技术导论

（第2版）

清华大学出版社
北京

内 容 简 介

本书是面向普通地方院校的本科生教材,深入浅出地讲授电子信息技术,比较系统地介绍电子信息技术的基本概念、基本原理、基本技术、主要应用。全书分为8章:电子信息类专业人才培养与大学学习特点、电子电路技术、处理器技术、电路设计相关软件环境、网络技术基础、信息获取与应用技术、信息分析和处理技术以及集成电路系统领域中电子信息技术应用。覆盖了中国工程教育专业认证协会于2022年7月15日发布实施的《工程教育认证标准》中的通用标准和电子信息类专业补充标准等相关内容。

本书力求在比较少的篇幅内讲述通用标准和电子信息类专业补充标准中电子信息技术的主要内容。突出学生中心、产出导向和持续改进,力求内容准确、讲解详细,并配有电子教案,便于教师讲授和学生学习。

本书可以作为普通高等学校电子信息类专业本科新生的专业导论课程教材,也可以作为高中毕业生了解大学电子信息类专业的入门参考书。

图书在版编目(CIP)数据

电子信息技术导论/董言治,娄树理,戴纯春主编. —2版. —北京:清华大学出版社,2023.10(2024.9重印)
普通高等院校电子信息系列教材
ISBN 978-7-302-64763-8

Ⅰ.①电… Ⅱ.①董… ②娄… ③戴… Ⅲ.①电子信息—高等学校—教材 Ⅳ.①G203

中国国家版本馆 CIP 数据核字(2023)第 194674 号

责任编辑:白立军 杨 帆
封面设计:常雪影
责任校对:李建庄
责任印制:宋 林

出版发行:清华大学出版社
      网 址:https://www.tup.com.cn,https://www.wqxuetang.com
      地 址:北京清华大学学研大厦 A 座   邮 编:100084
      社 总 机:010-83470000   邮 购:010-62786544
      投稿与读者服务:010-62776969,c-service@tup.tsinghua.edu.cn
      质量反馈:010-62772015,zhiliang@tup.tsinghua.edu.cn
      课件下载:https://www.tup.com.cn,010-83470236
印 装 者:三河市龙大印装有限公司
经 销:全国新华书店
开 本:185mm×260mm   印 张:13   字 数:308 千字
版 次:2013 年 3 月第 1 版 2023 年 11 月第 2 版   印 次:2024 年 9 月第 2 次印刷
定 价:49.00 元

产品编号:095297-01

习近平总书记在党的"二十大"报告中指出：教育、科技、人才是全面建设社会主义现代化国家的基础性、战略性支撑。必须坚持科技是第一生产力、人才是第一资源、创新是第一动力，深入实施科教兴国战略、人才强国战略、创新驱动发展战略，这三大战略共同服务于创新型国家的建设。报告同时强调：推动战略性新兴产业融合集群发展，构建新一代信息技术、人工智能、生物技术、新能源、新材料、高端装备、绿色环保等一批新的增长引擎。

当前，由于国家战略性新兴产业政策的实施，信息科学技术得到迅速发展，我们已经进入了"数字时代""网络时代""无线时代"。信息与通信类专业新生迫切需要了解最新的物联网技术、云技术、软件无线电技术、认知无线电技术、数字技术等学科前沿知识。

2022年2月24日，教育部网站公布了2021年度普通高等学校本科专业备案和审批结果，新增1961个专业点、撤销804个专业点，31种新专业列入《普通高等学校本科专业目录》。自2012年以来，教育部聚焦全面提高人才培养能力这个核心点，主动适应经济社会发展需求变化，支持全国高校增设了1.7万个本科专业点，撤销和停招了近1万个专业点。

在高等教育本科专业如此巨大的结构优化过程中，电子信息类专业作为新工科领域的常青树专业，吸引了很多家长和学生的关注。每年高中毕业生在填报高考志愿前会询问我们：大学的电子信息类专业主要学什么？毕业后可以找到什么样的工作？许多大学新生在入学后会也询问我们：我们专业是学什么的？专业前景如何？将来有什么用途？

我校从2000年开始开设专业课程概论课程，向电子信息科学与技术、电子信息工程、通信工程、集成电路设计与集成系统等专业本科新生讲述本专业的培养目标、教学要求、主干学科、主要专业课程、主要专业方向、学科最新进展等内容，深受学生欢迎。

另外，2016年6月2日，中国成为第18个《华盛顿协议》的正式成员，标志着我国工程教育质量得到国际认可，工程教育国际化迈出重要步伐。2018年，教育部发布了《普通高等学校本科专业类教学质量国家标准》，这是向全国、全世界发布的第一个高等教育教学质量国家标准。2022年6月26日，教育部高等教育司发布公告，截至2021年年底，全国共有288所高等学校的

1977个专业通过了工程教育专业认证。

为深入贯彻落实《教育部关于深化本科教育教学改革 全面提高人才培养质量的意见》,进一步提高工程教育质量,促进中国工程教育的国际互认,各高校先后制(修)订了新版本科专业人才培养方案,修改了许多课程的内容。

本书基于中国工程教育专业认证协会于2022年7月15日发布实施的《工程教育认证标准》中的通用标准和电子信息类专业补充标准内容,对原教材进行了修订,力求深度适中、概念清楚、例题丰富、配备电子教案。

本书主要面向普通高等学校电子信息类专业本科新生。为了使广大学生能够比较容易地了解电子信息技术的基本概念和基本技术,同时考虑专业导论课程学时数和讲授次数,将教材改为8章,方便授课老师进行8次授课。具体内容包括电子信息类专业人才培养与大学学习特点、电子电路技术、处理器技术、电路设计相关软件环境、网络技术基础、信息获取与应用技术、信息分析和处理技术以及集成电路系统领域中电子信息技术应用。第2版教材覆盖了《工程教育认证标准》中的通用标准和电子信息类专业补充标准"电子信息类专业应包括物理机制、电子线路、信号/信息的获取与处理、信息计算与存储、通信传输、网络互联、移动应用等核心知识领域,能够支撑在电子、信息以及通信工程(包括电子、光子、信息等)中相应的材料、元器件、电路、信号、信息、网络及应用等分析与设计能力的培养"等相关内容。

本书的特点:力求引导大学新生从中学的学习方式向大学的学习方式转变,使学生在学习学科专业导论的过程中,逐步了解本专业的主要教学内容、主要研究方向和主要应用领域,逐步描绘出自己的大学学习蓝图。在整个过程中,突出学生中心、产出导向和持续改进,写作上力争图文并茂、简单易懂、前沿实用。

每章开始有教学提示和教学要求,最后有本章小结以及为进一步深入学习推荐的参考书目和习题。力求内容准确、讲解详细,并配有电子教案,便于教师讲授和学生学习。

本书编写分工如下:董言治编写第1、3、7、8章,娄树理编写第2、4章,戴纯春编写第5、6章。全书由董言治统稿。在本书成稿过程中,电子信息专业和电子科学与技术专业硕士研究生王伟华、卞港晖、徐佳鑫、高晨峻、刘乐康和刘雅洁等同学给予了大量帮助,海军航空大学吕俊伟教授和烟台持久钟表集团高级工程师王波审阅了本书,在此表示衷心的感谢!

由于编者水平有限,书中难免存在不足与错误,欢迎广大读者提出宝贵意见和批评指正。

编 者

2023年10月

目 录

Contents

第 1 章

电子信息类专业人才培养与大学学习特点

教学提示:《普通高等学校本科专业目录》是高等教育工作的基本指导性文件之一。它规定专业划分、名称及所属门类,反映人才培养规格和要求,是设置调整专业,实施人才培养,授予学位,安排招生,指导毕业生就业,进行教育统计、信息处理和人才需求预测等工作的重要依据。本章简单介绍电子信息类专业所包含的主要学科、主要领域,并结合大学学习特点提出了一些值得借鉴的学习方法。

教学要求:本章要求学生对电子信息类专业所包含的主要学科、主要领域有一个整体的、较为全面的了解。在对电子信息类专业各主要学科方向的发展历史、发展现状及发展趋势等有一个比较全面的认识的基础上,从专业的历史演变出发,了解专业的培养目标和规格、专业的教育内容和知识体系,并结合大学学习特点学习可资借鉴的思维和学习方法。

本章包括以下主要小节:

1.1 电子信息类专业教育的发展

1.2 电子信息类专业培养目标和素质要求

1.3 大学学习特点及学习方法

1.4 本章小结

1.5 为进一步深入学习推荐的参考书目

1.6 习题

1.1　电子信息类专业教育的发展

随着以计算机技术、通信技术为标志的电子信息技术的迅猛发展，电子信息技术在国民经济中的作用和地位愈来愈重要。目前，电子信息产业已成为知识经济的主要基础，正深刻地改变着社会的形态及经济增长方式，对人们的生活和工作方式的变革也产生了巨大的影响，是提高国际竞争力和促进经济增长的关键。

电子信息学科具有知识更新快、应用范围广、新知识新技术层出不穷的特点，电子信息领域各专业学科正在相互交叉、相互渗透，并且不断地生长出新的学科结合点。电子信息工程专业作为一个电子和信息工程方面的较宽口径专业，了解其发展教育的历程是非常必要的。

自 20 世纪 90 年代以来，原国家教育委员会、教育部先后对我国《普通高等学校本科专业目录》（简称专业目录）进行了多次修订。

在 1989 年，为了进一步适应我国社会和经济发展的需要，原国家教育委员会开始着手第 1 次专业目录的修订工作，并于 1993 年 7 月正式颁布实施。在这次专业目录的修订中，新设立了电子与信息技术专业，涵盖了原专业目录中的电子技术、应用电子技术、信息工程、电磁场与微波技术、通信工程等专业的基本内容。

随着我国社会主义市场经济体制的建立和完善，为了进一步加快改革开放的需要，适应现代社会、经济、科技、文化的发展和世界高等教育的发展趋势，教育部于 1997 年开始第 2 次对《普通高等学校本科专业目录》进行全面修订，并于 1998 年颁布了新的专业目录，把信息工程方向的专业由 12 个归并为电子信息工程和通信工程两个专业。电子信息工程与通信工程、电子科学与技术是紧密结合的，具有很强的共源性和相互依赖性。在 1998 年版的专业目录中，与这些专业有关的内容如表 1.1 所示。

表 1.1　原专业目录部分专业

专业代码	学科门类、专业类、专业名称	原专业代码、学科门类、专业类、专业名称
080603	电子信息工程	080704 应用电子技术、080705 信息工程、080706 电磁场与微波技术、080715W 广播电视工程、080716W 电子信息工程、080720W 无线电技术与信息系统、080723W 电子与信息技术、081003 摄影测量与遥感（部分）、082009 公共安全图像技术
080604	信息工程	080712 通信工程、080724W 计算机通信
080605	计算机科学与技术	080709 计算机及应用、080710 计算机软件、080714 计算机科学教育、080717W 软件工程、080719W 计算机器件及设备、080722W 计算机科学与技术
080606	电子科学与技术	080701 电子材料与元器件、080702 微电子技术、080707 物理电子技术、080708 光电子技术、080721W 物理电子和光电子技术
071201	电子信息科学与技术	071201 无线电物理学、071202 电子学与信息系统、071206W 信息与电子科学

原来由理科院校的无线电物理学、电子学与信息系统和信息与电子科学等专业调整而来的电子信息科学与技术专业已经淡化了理工的差别,而通信工程和电子信息工程的专业内涵相互交融,通信工程侧重于通信系统和网络方面的技术,电子信息工程则更侧重于信息系统方面的技术。

1998年印发实施的《普通高等学校本科专业目录》,改变了过去过分强调"专业对口"的本科教育观念,确立了知识、能力、素质全面发展的人才观,对引导高等学校拓宽专业口径,增强适应性,加强专业建设和管理,提高办学水平和人才培养质量,发挥了积极作用。

进入新世纪以来,我国经济社会快速发展,科技进步日新月异,高等教育实现历史性跨越。社会环境和高等教育自身发生的巨大变化都对本科专业设置提出了新要求。现行本科专业目录已不能很好地适应经济社会发展和社会需求的变化,不能很好地满足高校多类型、人才培养多规格的需要,存在着与培养研究生的学科专业划分不够一致、新兴学科和交叉学科专业设置困难等问题。为落实《国家中长期教育改革和发展规划纲要(2010—2020年)》提出的要适应国家和区域经济社会发展需要,建立动态调整机制,不断优化学科专业结构的要求,全面修订我国《普通高等学校本科专业目录》,已经成为十分重要而紧迫的任务。为此2010年3月教育部启动了《普通高等学校本科专业目录》修订工作,印发了《教育部关于进行普通高等学校本科专业目录修订工作的通知》,修订发布了《普通高等学校本科专业目录(2012年)》。从2012年起,高等学校的计划、招生、教育统计等工作按2012版的专业目录执行。这次修改的最大特点是将0806电气信息类进一步细分成0806电气类、0807电子信息类、0808自动化类、0809计算机类等。在该专业目录的基础上,教育部根据国家发展需要,先后进行了多次更新、增加和删除。其中,0807电子信息类于2018年增设了080717T人工智能专业,2019年增设了080718T海洋信息工程专业,2020年增设了080719T柔性电子学专业,2020年增设了080720T智能测控工程专业。2021年2月、2021年12月和2023年4月教育部又对《普通高等学校本科专业目录》进行了3次更新,0807电子信息类保持稳定。

根据教育要面向现代化、面向世界、面向未来的指导思想,特别是面临信息时代的到来和社会信息化的趋势,并结合电子信息领域各个专业学科之间相互交叉、相互渗透的特点,21世纪所需要的电子信息工程人才应该是适应面很宽的复合型人才,兼通多种学科的知识和技能,有较宽的基础,能适应电子信息领域科研、开发、生产、教学等不同要求。因此,电子信息工程专业教育的发展趋势必将更多地考虑构建大专业学科平台的培养模式,即淡化电子信息类各专业界限,培养适应性强、专业基础宽、综合能力强、整体素质高的电子信息工程人才。

1.2 电子信息类专业培养目标和素质要求

1.2.1 专业培养目标

电子信息类专业培养德智体全面发展,具备电子技术和信息系统的专业基础知识,具备设计、开发、应用集成电子设备和信息系统的基本能力,具有研究、开发新系统、新技术的初步能力,具有一定的科学研究和实际工作能力,能够从事各类电子设备和信息系统的研究、设计、制造、应用和开发的工程技术人员。毕业生适宜在电子信息工程及相关领域、企业和研究部门从事科技开发、产品设计、生产技术和管理工作。

1.2.2 毕业要求

电子信息类专业是面向电子和信息工程方面的较宽口径专业。本专业学生主要学习信号的获取与处理、电子设备与信息系统等方面的专业知识,受到电子与信息工程实践的基本训练,具备设计、开发、应用和集成电子设备和信息系统的基本能力。

电子信息工程专业的毕业生应获得以下的知识、能力和素质。

(1)工程知识:能够将数学、自然科学、工程基础和专业知识用于解决电子信息科学与技术领域的复杂工程问题。

(2)问题分析:能够应用数学、自然科学、工程科学的基本原理,并结合文献研究分析、识别、表达电子信息科学与技术领域的复杂工程问题,以获得有效的结论。

(3)设计/开发解决方案:能够应用电子信息科学与技术的基本原理和方法设计、开发特定需求的电子信息系统、电子产品和关键部件,能够在设计环节中体现创新意识,并综合考虑社会、健康、安全、法律、文化以及环境等因素。

(4)研究:能够基于科学原理,并采用科学方法对电子信息系统和电子产品进行实施研究,包括设计实验、分析与解释数据,并通过信息综合得到合理有效的结论。

(5)使用现代工具:能够针对电子信息系统和电子产品开发、选择与使用恰当的工作平台、测量仪器、仿真软件和信息技术工具,包括对其中的复杂工程问题进行预测与模拟,并能够理解其局限性。

(6)工程与社会:了解与电子信息科学与技术相关的政策、法律法规、知识产权和技术标准体系,并基于本专业相关背景知识进行合理分析。从工程师所应承担的社会责任的角度,客观评价本专业复杂工程问题解决方案的工程实践对社会、健康、安全、法律以及文化的影响,理解应承担的责任。

(7)环境和可持续发展:能够理解和评价针对电子信息科学与技术领域复杂工程问题的工程实践对环境、社会可持续发展的影响。

(8)职业规范:具有人文社会科学素养、社会责任感,能够在电子信息科学与技术领域产品开发应用的工程实践中理解并遵守工程职业道德和规范,履行责任,树立和践行社会主义核心价值观。

(9)个人和团队:能够在多学科背景下的团队中承担个体、团队成员以及负责人的角色。

(10)沟通:能够就电子信息科学与技术领域复杂工程问题与业界同行及社会公众进行有效沟通和交流,包括撰写报告和设计文稿、陈述发言、清晰表达或回应指令,并具备一定的国际视野,能够在跨文化背景下进行沟通和交流。

(11)项目管理:理解并掌握工程管理原理与经济决策方法,并能在多学科环境中应用。

(12)终身学习:具有自主学习和终身学习的意识,有不断学习和适应发展的能力。

1.2.3 专业人才培养的素质要求

1. 素质结构要求

1) 思想道德素质

基本掌握马克思主义的基本理论,能运用马克思主义立场、观点、方法分析和解决实际问题,具有爱国主义、集体主义和社会主义精神,具有追求真理的科学精神,懂得现代科学技术的发展规律和趋势及其对经济社会发展的促进作用。理解科技的"双刃剑"效应,以负责的精神,慎用科学,能遵守社会公德和相关职业道德,能正确对待自己,对待他人、集体、社会、国家、全人类和自然环境,具有一定的法治意识、诚信意识和团结意识。

2) 文化素质

具有良好的科学、文学、艺术、历史、哲学的修养,能较好地继承中国优秀传统文化和世界文化的精华;具有辨别真、善、美和假、丑、恶的能力;具备开放的意识,能够迅速适应环境的变化,能与来自不同文化背景的、不同文化层次的,甚至不同语言的人共同工作;具有清晰的表达能力、协调能力和攻关意识;具有豁达的性格和乐观的态度。

3) 专业素质

具有一定的抽象思维、形象思维和逻辑思维能力,善于进行独创性思维,能发现新问题、研究新情况、提出新观点;具有敏锐的创新精神和艰苦创业的精神,善于利用现有技术开创新的应用领域,善于对工程应用技术归纳总结,善于用理论指导工程应用,掌握将科学知识用于具体装置的研制和设计以及解决工程问题的方法;具有一定的设计技巧,能注重知识的整体性,能综合运用解决问题;具有工程意识、市场意识、知识产权意识、法律意识和政策意识;具有较强的经济头脑,重视科研成果直接转化为生产力,使技术与经济契合,满足市场需求。

4) 身心素质

具有健全的体魄、旺盛的精力和健康的心理,具有积极向上、乐观、大度、灵活、敏锐和坦荡的心理,具有较强的意志力,具有长期从事艰苦工作的耐力和对疾病侵袭的抵御能力,具有"止于至善"的追求和承受挫折的能力。

2. 能力结构要求

具有正确的价值观、人生观和世界观;具有勤学、细察、多思、质疑等良好的学习品质;具有崇高的理想、坚定的信念、顽强的意识、坚韧的毅力和敢于标新立异的学习品格;具有善于运用学习策略的能力,包括制订学习计划、监控学习目标、知识迁移运用等能力;具有通过书籍、文献、网络与别人交流学习新知识、新技能的能力;具有明白清晰、给人印象深刻的文字、口头表达能力,善于与他人沟通,善于建立良好的人际关系;具有使用计算机进行辅助设计、图形文字处理、数值计算和查阅资料的能力,能使用网络等信息技术与他人进行交流与合作。

1) 应用知识的能力

具备分析和设计电子设备的基本能力,具有研究、开发新系统、新技术的初步能力,具有一定的科学研究能力,具有在工程中考虑经济、社会、法律、政策等方面问题的工程综合能力。

2）创新能力

具有分析与综合、逻辑与抽象、继承与创新的思维能力；具有创新、创业和创造的"三创"能力；具备运用创造性思维，独立自主地发现问题、分析问题和解决问题的初步能力。

3. 知识结构要求

1）工具性知识

掌握一门外语，具有扎实的语言基础，掌握良好的语言学习方法，具有较强的阅读能力和一定的听、说、写、译能力，具有使用和管理计算机的能力，掌握计算机网络的基本理论；掌握计算机软硬件技术的基本知识，具有使用当今流行的系统开发工具构造应用系统的初步能力；掌握多媒体技术和计算机辅助设计，具有获取信息、管理信息和利用信息的能力；掌握文献检索、资料查询的基本方法；掌握演绎、归纳、类比等常用的科学研究方法；掌握科技写作的一般格式和要求。

2）人文社会科学知识

具有现代汉语、古代汉语的基本知识，具有中国古代史、中国近现代史、世界通史的基本知识，了解中国文化史、中国经济史和中国思想史，掌握马克思主义哲学的基本内容，掌握科学技术哲学的基本内容。掌握政治学基本原理，了解行政学、当代中国政治制度、中国政治思想史和当代西方政治思潮。具有音乐、绘画艺术设计的一些基本知识，能理解和欣赏音乐、绘画、舞蹈等艺术，掌握宪法、行政法和知识产权法的基本知识，了解行政诉讼法、民法和商法。掌握社会学的基本知识，了解党和国家的重大方针、政策和法规，了解国情、善于分析各种社会现象和问题。掌握心理学的基本知识。

3）自然科学知识

掌握应用数学的基本理论和基本方法，具有应用数学知识解决实际问题，特别是建立数学模型的初步能力；掌握普通物理学的基本知识和实验方法，了解物理学发展的前沿和科学发展的总体趋势；掌握普通化学的基本知识、基本原理和基本实验技能，了解化学相关产业发展情况；掌握生命科学和环境科学的基本知识，了解应用前景和最新发展动态。

4）经济管理知识

掌握经济学、管理学的基本知识，掌握现代经济分析方法，具有定量分析能力，具有基本的管理沟通、协调合作和组织实施的工作能力，了解中国经济体制改革和经济发展，了解党和国家的经济方针、政策和法规。

5）专业知识

掌握电子电路的基本理论和实践技术，掌握信息的产生、传输、变换和处理的基本理论和技术，了解电子系统和信息系统的基本理论。

1.2.4　专业教育内容和知识体系

1. 专业人才培养的教育内容

专业人才的培养必须体现知识、能力、素质协调发展的原则，设计适当的知识体系为载体进行能力培养和素质教育，强化知识结构的设计与建设。

2. 知识体系结构

电子信息工程专业知识体系结构如图 1.1 所示。电子信息工程专业知识体系由通识教育、专业教育、综合教育三大知识领域组成。每个知识领域包含核心知识单元及对应选修的知识单元。

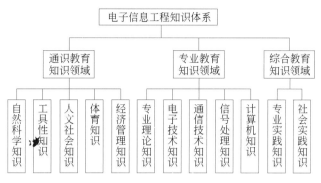

图 1.1　电子信息工程专业知识体系结构

通识教育知识领域核心知识单元：自然科学知识、工具性知识、人文社会知识、体育知识单元知识。选修知识单元：经济管理知识。

专业教育知识领域核心知识单元：专业理论知识、电子技术知识、通信技术知识、信号处理知识、计算机知识。选修知识单元：控制理论知识。

综合教育知识领域核心知识单元：专业实践知识。选修知识单元：社会实践知识。

3. 基础知识结构体系

电子信息工程专业的学科基础体系涵盖了四大知识领域，分别是电路与电子学知识领域、信号系统与控制知识领域、计算机知识领域和电磁场知识领域，见图1.2。各知识领域体系如图1.3所示。

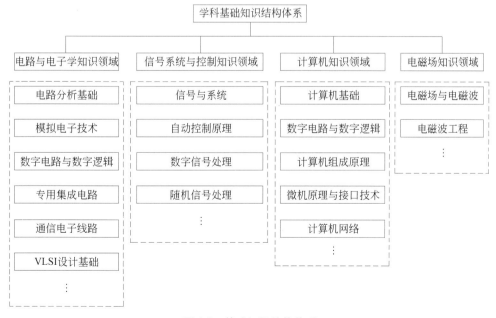

图 1.2　基础知识结构体系

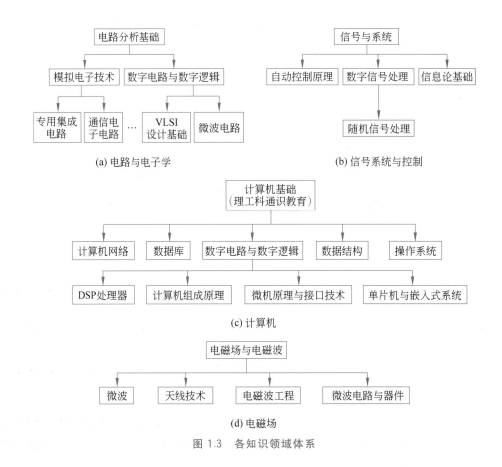

图 1.3　各知识领域体系

4.课程体系

根据电子信息工程专业人才培养的教育内容和知识体系,推荐课程体系包括公共基础平台、学科基础平台、专业教育平台、实践教学平台和综合素质平台等。电子信息工程专业教学进程计划表如表 1.2～表 1.13 所示。

表 1.2　电子信息工程专业教学进程计划表(思想政治课程模块)

课程代码	课程名称	课程属性	考试	考查	总学分	总学时	备注
711000051	思想道德修养与法律基础	必		y	3	48	
711000021	中国近现代史纲要	必	y		3	48	
711000061	马克思主义基本原理	必	y		3	48	
711000071	毛泽东思想和中国特色社会主义理论体系概论	必	y		5	80	
101000011	形势与政策	必			2	32	学分计入第四学期
	总学时小计					256	
	学分小计				16		

1) 公共基础平台

公共基础平台包含 5 个课程模块,学分合计 53,其中实践 20.5 学分;学时合计 1368。要求修读 43 学分,其中含实践 13.5 学分,选修 5 学分。

(1) 思想政治课程模块(要求修读 16 学分,其中含实践 0 学分,选修 0 学分)。

(2) 文化技能课程模块(要求修读 13.5 学分,其中含实践 5 学分,选修 4 学分)。

表 1.3　电子信息工程专业教学进程计划表(文化技能课程模块)

课程代码	课程名称	课程属性	考试	考查	总学分	总学时	备注
541(1-4)20013	大学英语读写(Ⅰ、Ⅱ、Ⅲ)	必	√		6	192	
541(1-4)20023	大学英语听说(Ⅰ、Ⅱ、Ⅲ)	限		y	3	96	
545120131	大学英语写作	限		y	1	32	
545120141	英汉互译	限		y	1	32	
545120071	跨文化交际	限		y	1	32	本限选课组要求至少修读 4 学分,其中大学英语提高课 1 学分
545120081	学术英语写作	限		y	1	32	
545120091	学术英语阅读	限		y	1	32	
545120101	综合学术英语	限		y	1	32	
545120111	商务英语	限		y	1	32	
545120121	高级进阶英语	限		y	1	32	
511119021	应用写作	必		y	1.5	16+16	
251010011	大学计算机基础	必		y	2	24+16	
	总学时小计					616	
	学分小计				20.5		

(3) 四史选修课程模块(要求修读 1 学分,其中含实践 0 学分,选修 1 学分)。

表 1.4　电子信息工程专业教学进程计划表(四史选修课程模块)

课程代码	课程名称	课程属性	考试	考查	总学分	总学时	备注
713000011	中国共产党历史	任		y	1	16	
713000021	习近平法治思想概论	任		y	1	16	
713000031	习近平新时代中国特色社会主义思想概论	任		y	1	16	
511119011	中华优秀传统文化	必		y	1	16	
	总学时小计					64	
	学分小计				4		

(4) 身心发展课程模块(要求修读 8.5 学分,其中含实践 6.5 学分,选修 0 学分)。

表 1.5　电子信息工程专业教学进程计划表（身心发展课程模块）

课程代码	课程名称	课程属性	考试	考查	总学分	总学时	备注
331(1-4)10014	体育(1-4)	必		y	4	128	
101200011	劳动	必		y	1	32	
105100013	大学生心理健康教育	必		y	1.5	16＋16	
105100012	大学生学业规划与职业发展	必		y	1	8＋16	
105100022	大学生就业创业指导	必		y	1	8＋16	
	总学时小计					240	
	学分小计				8.5		

（5）国防与安全课程模块（要求修读 4 学分，其中含实践 2 学分，选修 0 学分）。

表 1.6　电子信息工程专业教学进程计划表（国防与安全课程模块）

课程代码	课程名称	课程属性	考试	考查	总学分	总学时	备注
101100091	入学教育	必		y	0	32	入学后前两周
101100111	军事技能	必		y	2	112	入学后前两周
101100121	军事理论	必		y	2	36	
101100101	大学生安全教育	必		y	0	12	艾滋病防控知识、结核病防控知识、防骗知识、国家安全、实验室安全、消防和防震各 2 学时
	总学时小计					192	
	学分小计				4		

2）学科基础平台

学科基础平台包含两个课程模块，均为必修课程，学分合计 51，其中实践 4 学分；学时合计 832＋80。要求修读 51 学分，其中含实践 4 学分。

（1）学科公共基础课程模块（要求修读 26.5 学分，其中含实践 1.5 学分）。

表 1.7　电子信息工程专业教学进程计划表（学科公共基础课程模块）

课程代码	课程名称	课程属性	考试	考查	总学分	总学时	备注
111(1-2)10012	高等数学（一）(1-2)	必	y		10	192	
111010031	概率论与数理统计	必	y		4	64	
111010021	线性代数	必	y		3	48	

续表

课程代码	课 程 名 称	课程属性	考试	考查	总学分	总学时	备 注
132010331	复变函数与积分变换	必	y		2	32	
571100032	大学物理(一)(1-1)	必	y		3	48	
571200032	大学物理(一)(1-2)	必	y		3	48	
571100061	大学物理实验	必		y	1.5	48	
	总学时小计					480	
	学分小计				26.5		

(2) 专业类课程模块(要求修读24.5学分,其中含实践2.5学分)。

表 1.8　电子信息工程专业教学进程计划表(专业类课程模块)

课程代码	课 程 名 称	课程属性	考试	考查	总学分	总学时	备 注
132010381	电子信息科学与技术专业导论	必		y	1	16	
132010071	高级语言程序设计	必	y		3.5	48+16	
572100131	电磁场与电磁波	必	y		3.5	48+16	
132010101	电路分析基础	必	y		4.5	64+16	
132010351	模拟电子技术	必	y		4.5	64+16	
132010321	数字电路	必	y		3.5	48+16	
132010251	信号与系统	必	y		4	64	
	总学时小计					352+80	
	学分小计				24.5		

3) 专业教育平台

专业教育平台包含3个课程模块,学分合计70,其中实践13学分;学时合计880+480。要求修读35.5学分,其中含实践6.5学分,选修21.5学分。

(1) 专业核心课程模块(要求修读14学分,其中含实践2学分)。

表 1.9　电子信息工程专业教学进程计划表(专业核心课程模块)

课程代码	课 程 名 称	课程属性	考试	考查	总学分	总学时	备 注
132010261	通信原理	必	y		3.5	48+16	
132010271	数字信号处理	必	y		3.5	48+16	
572100251	射频通信原理	必	y		3.5	48+16	
572100201	数据通信与计算机网络	必	y		3.5	48+16	

续表

课程代码	课程名称	课程属性	考试	考查	总学分	总学时	备注
	总学时小计					192＋64	
	学分小计				14		

（2）专业限选课程模块（要求修读13.5学分，其中含实践3.5学分）。

表1.10 电子信息工程专业教学进程计划表（专业限选课程模块）

课程代码	课程名称	课程属性	考试	考查	总学分	总学时	备注
572100381	算法与数据结构	限		y	2.5	32＋16	
573100241	数据库原理与应用	限		y	2.5	32＋16	
133010591	面向对象程序设计	限		y	2.5	32＋16	
573100321	Python 程序设计	限		y	2.5	32＋16	
572100211	无线传感器网络原理与应用	限		y	2.5	32＋16	
573100251	无线通信与移动通信技术	限		y	2.5	32＋16	
573100381	嵌入式系统原理及应用	限		y	3	32＋32	
572100121	单片机原理与应用	限		y	3	32＋32	
573100301	DSP 原理及应用	限		y	3	32＋32	
573100311	FPGA 设计基础	限		y	3	32＋32	
	总学时小计					320＋224	
	学分小计				27		

（3）专业任选课程模块（要求修读8学分，其中含实践1学分）。

表1.11 电子信息工程专业教学进程计划表（专业任选课程模块）

课程代码	课程名称	课程属性	考试	考查	总学分	总学时	备注
133010311	信息理论与编码	任		y	2	32	
573100151	光通信技术	任		y	2.5	32＋16	
572100191	嵌入式操作系统	任		y	3	32＋32	
574100241	微波技术与天线	任		y	2.5	32＋16	
572100331	计算机组成原理	任		y	2.5	32＋16	
574100141	专业英语	任		y	1.5	16＋16	
573100121	RFID 技术	任		y	2.5	32＋16	

续表

课程代码	课 程 名 称	课程属性	考试	考查	总学分	总学时	备　注
573100281	自动控制原理	任		y	3.5	48+16	
133010281	随机信号分析	任		y	2	32	
574100101	数字图像处理	任		y	2.5	32+16	
574100071	科技文献检索	任		y	1	0+32	
572100261	传感器原理及应用	任		y	3.5	48+16	
	总学时小计					368+192	
	学分小计				29		

4）实践教学平台

实践教学平台包含两个课程模块,学分合计 38.5。要求修读 34.5 学分,其中选修 4 学分。

（1）单列实验课程模块（必修）。

表 1.12　电子信息工程专业教学进程计划表（单列实验课程模块）

课程代码	课 程 名 称	课程属性	考试	考查	总学分	总学时	备　注
575100351	MATLAB 程序设计	必		y	1.5	48	
	总学时小计					48	
	学分小计				1.5		

（2）专业实践课程模块（要求修读 33 学分,其中选修 4 学分）。

表 1.13　电子信息工程专业教学进程计划表（专业实践课程模块）

课程代码	课 程 名 称	课程属性	考试	考查	总学分	总学时	备　注
101100091	入学教育	必		y	0		
575100221	专业认知实习	必		y	1	1周	
575100201	专业创新创业实践	必		y	2	2周	
134010181	专业实习	必		y	2	2周	
575100301	毕业设计	必		y	12	16周	
575100331	电子工艺实习	必		y	1	1周	
134010141	电子电路课程设计	必		y	2	2周	
575100411	电子产品设计	必		y	3	3周	
575100351	计算机软件课程设计	必		y	2	2周	

续表

课程代码	课程名称	课程属性	考试	考查	总学分	总学时	备注
575100181	信号处理课程设计	必		y	2	2周	
575100391	印制板制作生产实习	必		y	2	2周	
134010241	单片机应用课程设计	限		y	2	2周	
575100141	嵌入式应用课程设计	限		y	2	2周	
575100151	通信系统建模与仿真课程设计	限		y	2	2周	
575100431	移动通信网络规划课程设计	限		y	2	2周	
总学时小计						41周	
学分小计					37		

5）综合素质平台

综合素质平台包含自然科技课程模块、人文社科课程模块、经济管理课程模块和公共艺术课程模块，要求修读 8 学分。

具体课程包括科技创新、工程管理原理与经济决策方法、阅读与修养、学术讲座和全校通选课等。每个学生要在自己所学专业科类外的其他 3 个模块的每个模块修读最少 2 学分，整个平台每个学生至少修满 8 学分（符合学校文件规定的科技创新成果可冲抵其中的 2 学分）。在满足学校要求的前提下，各专业也可根据自身需求限定学生修读指定的课程。

1.2.5 就业去向和未来展望

电子信息科学是一门应用计算机等现代化技术进行电子信息控制和信息处理的学科，主要研究信息的获取与处理，电子设备与信息系统的设计、开发、应用和集成。电子信息工程涵盖了社会的诸多方面，像电话交换局里怎么处理各种电话信号，手机怎样传递声音信号、图像信号，网络怎样传递数据，甚至信息化时代军队的信息传递中如何保密等都要涉及电子信息工程的应用技术。我们可以通过一些基础知识的学习认识这些东西，并能够应用更先进的技术进行新产品的研究和开发。

电子信息工程专业主要是学习基本电路知识，并掌握用计算机等现代化手段处理信息的方法。要求学生具有扎实的数学知识以及电学方面的物理基础，要学习许多电路知识、电子技术、信号与系统、微机控制原理、通信原理等课程，学习过程中还要求自己动手设计、连接一些电路并结合计算机进行实验，本专业对动手操作和使用工具的要求也是比较高的。

1. 就业去向

电子信息工程专业毕业生具有宽领域工程技术适应性，就业面广，就业率高，毕业生实践能力强，工作上手快，可以在电子信息类的相关企业中，从事电子产品的生产、经营与技术管理和开发工作。主要面向电子产品与设备的生产企业和经营单位，从事各种电子产品与设备的装配、调试、检测、应用及维修等技术工作,面向一些企事业单位从事机电设备、通信设备及计算机控制设备等的安全运行及维护管理工作。还可以继续进修,从事科研工作等。

2. 企业需求

据调查,现阶段对于电子信息方面的专业人才需求量十分巨大,由于信息时代的到来,在相当长的一段时间内,电子信息类人才仍将供不应求。

电子信息企业需要持续投入研发和创新,以推动新产品和解决方案的开发,包括硬件设计、软件开发、人工智能、物联网、大数据分析等领域。未来的发展重点将集中在新兴技术和前沿领域,如5G通信、人工智能应用、无人驾驶技术等。

随着数字化程度的提高,电子信息企业面临着越来越多的数据安全和隐私保护挑战。未来,企业需求将集中在开发和采用更强大的安全技术、加强网络安全能力、确保用户数据的隐私保护,以建立用户信任和维护品牌形象。

未来的电子信息产业需要更强大的网络基础设施来支持日益增长的数据流量和连接设备。企业将需要投资于5G和光纤等高速网络技术,以满足快速、可靠的数据传输需求。

电子信息企业面临着日益增加的环境压力和可持续发展的要求。企业需求将集中在节能减排、环境友好的产品设计和制造、循环经济和回收利用等方面,以降低对环境的影响。

未来电子信息企业将更加注重开放合作和生态建设,与其他行业、企业和研究机构建立合作伙伴关系,打造创新生态系统。这将帮助企业共享资源、加速创新、拓展市场,提高竞争力。

总体而言,电子信息产业的企业需求和未来发展重点在技术创新、人才培养、数据安全、网络基础设施、可持续发展、开放合作和生态建设等方面。企业需要不断适应和引领技术发展,关注社会责任,以保持竞争力并实现可持续发展。

3. 专业背景与市场预测

电子信息工程专业是前沿学科,现代社会的各个领域及人们日常生活等都与电子信息技术有着紧密的联系。全国各地从事电子技术产品的生产、开发、销售和应用的企事业单位很多,随着改革步伐的加快,这样的企事业单位会越来越多。为促进市场经济的发展,培养一大批具有大专层次以上学历,能综合运用所学知识和技能,适应现代电子技术发展的要求,从事企事业单位与本专业相关的产品及设备的生产、安装调试、运行维护、销售及售后服务、新产品技术开发等应用型技术人才和管理人才是社会发展和经济建设的客观需要,市场对该类人才的需求越来越大。为此电子信息工程专业的人才有着美好的前景。

1.3　大学学习特点及学习方法

1.3.1　大学学习特点

1. 主动性

大学学习与中学学习截然不同的特点是依赖性的减少,代之以主动自觉地学习。进入大学的校园,你就必须从被动转向主动。在大学里,没有人比你更在乎自己的工作、学习、生活和未来,你必须成为自己未来的主人,必须积极地管理自己的学业和将来的事业。积极主动首先表现为对自己的一切负责,不要把不确定的或困难的事情一味搁置起来。

大学教学的目的是培养德智体全面发展的社会主义事业建设者和接班人,教育的内容是既传授基础知识又传授专业知识,教育的专业性很强,主要介绍本专业、本行业最新的前沿知识和技术发展状况,知识的深度和广度比中学要大为扩展。课堂教学往往是提纲挈领式的,教师在课堂上只讲问题是什么、为什么和怎么用。有时只讲难点、疑点、重点或者是教师最有心得的一部分,其余部分就要由学生自己去攻读、理解、掌握。大部分时间是留给学生自学的。因此,培养和提高自学能力,是大学生必须具备的本领。大学的学习不能像中学那样完全依赖教师的计划和安排,学生不能只单纯地接受课堂上的教学内容,必须充分发挥主观能动性,发挥自己在学习中的潜力。这种充分体现自主性的学习方式,将贯穿于大学学习的全过程,并反映在大学生活的各方面,如学习的自主安排、学习内容和学习方法的自主选择等。

自学能力的培养,是适应大学学习自主性特点的一个重要方面,每个大学生都要养成自学的习惯。正如钱伟长所说:一个人在大学四年里,能不能养成自学的习惯,学会自学的方法,不但在很大程度上决定了他能否学好大学的课程,把知识真正学通、学活,而且影响到大学毕业以后能否不断地吸收新的知识,进行创造性的工作,为国家做出更大的贡献。当今社会,知识更新越来越快,三年左右人类的知识量就会翻一番,大学毕业了,不会自学或没能养成自学的本领,不会更新知识是不行的。因此,培养和提高自学能力,是大学生必须完成的一项重要任务,也是进行终身学习的基本条件。在学习方法的选择上,大学生更应发挥自主性,一般来说大学生学习活动的主要形式有4种:按教育大纲规定的课堂学习活动,补充课堂学习的自学活动,独立钻研的创造性活动,相互讨论、相互启发的学习活动。在各种不同的学习形式中,都要发挥学习的自主性,可根据自己的情况,选择适合自己的最有效的学习方法。大学的学习,不再是死记硬背老师所讲的内容,而是按照自己的学习目标和专业要求,选择、吸收有用的知识。在方法上要自主选择,靠自己理解和消化所学的知识。

2. 专业性与综合性相结合

大学教育具有最明显的专业性特点。从报考大学的那一刻起,专业方向的选择就提到了考生面前,被录取上大学,专业方向就已经确定了。四年大学学习的内容都是围绕这一方向来安排的。大学的学习实际上是一种高层次的专业学习,这种专业性随着社会对本专业要求的变化和发展而不断深入,知识不断更新,知识面也越来越宽。为适应当代科技发展的既高度分化,又高度综合的特点,这种专业性通常只能是一个大致的方向,而更具体、更细致的专业目标是在大学四年的学习过程中或是在将来走向社会后才能最终确定下来。因此,大学在进行专业教育的同时,还要兼顾适应科技发展特点和社会对人才综合性知识要求的特点,尽可能扩大综合性,以增强毕业后对社会工作的适应性。一般来讲,专业对口是相对的,不可能达到专业完全对口,这样,在大学期间除了要学好专业知识外,还应根据自己的能力、兴趣和爱好,选修或自学其他课程,扩大自己的知识面,为毕业后更好地适应工作打下良好的基础。

　　大学生应当充分利用学校里的人才资源,从各种渠道吸收知识和方法。如果遇到好的老师,你可以主动向他们请教,或者请他们推荐一些课外的参考读物。除了资深的教授以外,大学中的青年教师、硕士生、博士生乃至自己的同班同学都是最好的知识来源和学习伙伴。每个人对问题的理解和认识都不尽相同,只有互帮互学,大家才能共同进步。班级里有一两个同学能听懂某个深奥的理论,很自然,那就和这一两个同学进行探讨和切磋。

　　大学生应该充分利用图书馆功能,培养独立学习和研究的本领,为适应今后的工作或进一步的深造作准备。首先,老师课堂上都会提一些科学前沿内容,如新材料、新制备工艺等,此外还会有一些课外学习材料,尤其是到了高年级,所以大学生一定要学会查找书籍和文献,以便接触更广泛的知识和研究成果。同样,当我们在一门课上发现了自己感兴趣的课题,就应当积极去图书馆查阅相关书籍文献,了解这个课题的来龙去脉和目前的研究动态。其次,在书本之外,互联网也是一个巨大的资源库,大学生们可以借助搜索引擎在网上查找各类信息,如我们要查看的最新论文都能在数据库中找到。

　　总之,掌握自习的能力,你将受益终身。

3. 全面发展和注重能力培养

　　德智体全面发展是我国教育方针对学生提出的基本要求。全面发展的要求是以马克思对未来社会关于人才全面发展的学说为依据,结合我国社会主义建设对人才的需要提出的。马克思认为:个人劳动能力的全面发展,即不仅要有良好的科学文化素质、身体素质、思想道德素质,而且还要有能妥善处理人际关系和适应社会变化的能力;个人的才能获得充分的多方面的发展,做到人尽其才,各显其能,社会要提供个人能力充分发展的环境。我国教育历来都强调德、识、才、学、体五方面的全面发展,或简称为德才兼备。人才的五要素是一个统一的有机体,五方面对人才的成长互相促进、相互制约,缺一不可。能力的培养是现代社会对大学教育提出的一个重大任务。知识再多,不会运用,也只能是一个知识库。由于一些大学生存在高分低能的现象,使得大学生能力的培养成为高等教育中十分重要的问题。获取知识和培养能力是人才成长的两个基本方面,它们的关系是相辅相成、对立统一的。广博的知识积累,是培养和发挥能力的基础,而良好的能力又可以促进知识的掌握。人才的根本标志不在于积累了多少知识,而是看其是否具有利用知识进行创造的能力。创造能力体现了识、才、学等智能结构中诸要素的综合运用,大学生要想学有所成,将来在工作中有所发明、有所创造,对人类社会的进步有所贡献,就必须注意各种能力的培养。例如,科学研究能力、发明创造能力、捕捉信息能力、组织管理能力、社会活动能力、仪器设备操作能力、语言文字表达能力等。在当今世界激烈竞争中,最根本的是高科技竞争,而高科技的竞争主要表现在人才的培养和能力的发挥上。大学教育从某种意义上讲,正是培养有知识、有能力的高科技人才的重要环节。这就要求大学生在校学习期间,必须在全面掌握专业知识和其他有关知识的基础上,加强专业技能的培养和智力的开发,在学习书本知识的过程中重视教学实践环节的锻炼和学习。要认真搞好专业实习和毕业设计,积极参加社会调查和生产实践活动,努力运用现代化科学知识和科学手段研究并解决社会发展和生产实践中的各种实际问题,克服在学习中存在的理论脱离实际和"高分低能"的不良倾向。

4. 注重学习方法的选择

学习方法是提高学习效率,达到学习目的的手段。钱伟长曾对大学生说过:一个青年人不但要用功学习,而且要有好的科学的学习方法,要勤于思考,多想问题,不要靠死记硬背,学习方法对头,往往能收到事半功倍的成效。在大学学习中要把握住的几个主要环节是预习、听课、记笔记、复习、总结、做作业、考试等,这些环节把握好了,就能为进一步获取知识打下良好的基础。

预习是掌握听课主动权的主要方法。预习中要把不理解的问题记下来,听课时增加求知的针对性。既节省学习时间,又能提高听课效率,是学习中非常重要的环节。听课记好笔记。上课时要集中精力,全神贯注,对老师强调的要点、难点和独到的见解,要认真记好笔记。课堂上力争弄懂老师所讲内容,经过认真思考,消化吸收,变成自己的东西。

复习和总结,课后及时复习,是巩固所学知识必不可少的一环。复习中要认真整理课堂笔记,对照课本和参考书,进行归纳和补充,并把多余的部分删掉,经过反复思考写出自己的心得和摘要。每过一个月或一个阶段要进行一次总结,以融会贯通所学知识,温故而知新,形成自己的思路,把握所学知识的来龙去脉,使所学知识更加完整系统。

做作业和考试。做作业是巩固消化知识,考试是检验对所学知识掌握的程度,它们都起到了及时找出薄弱环节加以弥补的作用。做作业要举一反三,触类旁通,要养成良好习惯,对考试要有正确态度,不作弊,不单纯追求高分,要把考试作为检验自己学习效果和培养独立解决问题能力的演练。

在学习中抓住这几个基本环节,进行思考,在理解的基础上进行记忆,及时注意消化和吸收。经过不断思考,不断消化,不断加深理解,这样得到的知识和能力才是扎实的。大学学习除了把握好以上主要环节之外,还要有目的地研究学习规律,选择适合自己特点的学习方法,提高获取知识的能力。

5. 注重基础知识的学习掌握

在科技发展日新月异的今天,只有对基础知识的学习才可以受用终身。另外,如果没有打下好的基础,大学生们也很难真正理解高深的应用技术。一般来说,大学四年需要学习的课程有四五十门,每学期学习的课程都不相同。大学一、二年级主要学习公共课程和部分专业基础课程;大学三年级主要学习部分专业基础课和主要专业课;大学四年级学习部分专业课,重点进行毕业设计(论文)。大学教师讲课有以下特点:一是介绍思路多,详细讲解少。主要讲授重点、难点内容,而且许多教师都使用多媒体授课,授课进度比较快,一节课可能要讲授一章或几章的内容;二是抽象理论多,直观内容少;三是参考书目多,课外习题少。

针对这样的变化,新生必须尽快掌握科学的学习方法:首先要做到主动预习,通过预习,了解课程的前后关系及内在联系,能够大体上对所学知识有一个初步的认识,不要求都懂,也不用花很多时间,但预习会很大程度上避免上课听不懂的现象;其次要认真听课,不逃课、不打瞌睡,努力提高听课质量,紧跟老师的思路,适时记录教师上课时所传授的知识和具体的、有特色的解题思路,不需太详细,但层次要分明,提纲挈领,突出难点、重点,做笔记一个最大的优点还可以提高注意力,防止精力分散。

1.3.2　面向对象的逻辑思维方法

逻辑思维是人们在认识过程中借助概念、判断、推理等思维形式能动地反映客观现实的理性认识过程，又称理论思维。它是作为对认识者的思维及其结构以及起作用的规律的分析而产生和发展起来的。只有经过逻辑思维，人们才能达到对具体对象本质规定的把握，进而认识客观世界。它是人的认识的高级阶段，即理性认识阶段。同形象思维不同，它以抽象为特征，通过对感性材料的分析思考，撇开事物的具体形象和个别属性，揭示物质的本质特征，形成概念并运用概念进行判断和推理来概括地、间接地反映现实。社会实践是逻辑思维形成和发展的基础，社会实践的需要决定人们从哪方面把握事物的本质，确定逻辑思维的任务和方向。实践的发展也使逻辑思维逐步深化和发展。逻辑思维是人脑对客观事物间接概括的反映，它凭借科学的抽象揭示事物的本质，具有自觉性、过程性、间接性和必然性的特点。逻辑思维的基本形式是概念、判断、推理。逻辑思维方法主要有归纳和演绎、分析和综合以及从抽象上升到具体等。

逻辑思维又称抽象思维，是思维的一种高级形式。其特点是以抽象的概念、判断和推理作为思维的基本形式，以分析、综合、比较、抽象、概括和具体化作为思维的基本过程，从而揭露事物的本质特征和规律性联系。抽象思维既不同于以动作为支柱的动作思维，也不同于以表象为凭借的形象思维，它已摆脱了对感性材料的依赖。抽象思维一般有经验型与理论型两种类型。前者是在实践活动的基础上，以实际经验为依据形成概念，进行判断和推理，如工人、农民运用生产经验解决生产中的问题，多属于这种类型。后者是以理论为依据，运用科学的概念、原理、定律、公式等进行判断和推理。科学家和理论工作者的思维多属于这种类型。经验型的思维由于常常局限于狭隘的经验，因而其抽象水平较低。

面向大学学习的常用逻辑思维方法：同向思维、逆向思维和发散思维。

1. 同向思维

同向思维是指思维在原先方向上的继续和发展、类比和联想。即思维的基本形式相同。

为了进一步理解同向思维的方法，现举例说明。在物理学中关于单摆的描述：其周期 $T=2\pi\sqrt{\dfrac{L}{G}}$，即摆的质量和摆角不影响振荡周期，而摆长和重力加速度是两个决定振荡周期的要素，同时在运动过程中其能量是不断由势能转换为动能，再由动能转换为势能；与此类似的是 LC 谐振回路的周期 $T=2\pi\sqrt{LC}$，其周期也取决于两个重要因素，即电感 L 和电容 C 的大小，其能量是不断从电能转换为磁能再由磁能转换为电能；进而可以联想到微波技术中的谐振腔，又是 L 和 C 的变形，这一改变是为了取得更高的谐振频率，换言之是为了取得更小的周期。做这样的思维后，就能将不同规律的实质加深理解，并产生新的飞跃。

2. 逆向思维

逆向思维也称求异思维，它是对司空见惯的似乎已成定论的事物或观点反过来思考的一种思维方式。敢于"反其道而思之"，让思维向对立面的方向发展，从问题的相反面深入地进行探索,树立新思想,创立新形象。当大家都朝着一个固定的思维方向思考问题时,而你却独自朝相反的方向思索,这样的思维方式就叫作逆向思维。

与常规思维不同,逆向思维是反过来思考问题,是用绝大多数人不易想到的思维方式思考问题。运用逆向思维思考和处理问题,实际上就是以"出奇"达到"制胜"。因此,逆向思维的结果常常会令人取得意想不到的新认识。

3. 发散思维

发散思维是指大脑在思维时呈现的一种扩散状态的思维模式,比较常见,它表现为思维视野广阔,呈现出多维发散状。发散思维又称辐射思维,它具有以下特点。

(1)流畅性。

(2)变通性。

(3)独特性。

(4)多感官性。

1.3.3 科学思维方法

科学思维方法不同于科学的思维方法。科学的思维方法是正确与错误、真理与谬误意义上的思维方法。而科学思维方法是科学精神与人文精神、自然科学与社会科学意义上的思维方法。科学思维方法是一些在自然科学领域中广泛采用,或具有自然科学特性,或以某自然科学为依据的思维方法,它侧重于定量分析和事实分析。这些方法早已越出自然科学的界限,成为思维科学的一部分,广泛地应用于思维活动、实际生活和工作中。

1. 实证主义

实证方法是科学思维方法中比较古老的一种方法,是随着现代西方哲学而兴起的。现代西方哲学的大部分派别都倡导实证精神,反对"实体""本体"概念(指世界的来源、本质、始基等),拒绝对任何现象进行抽象的形而上学的论证,例如,他们反对论证"世界的有限与无限""世界的本质""世界在时间和空间上无始无终"等问题。在他们看来,对任何事物的研究都可以像对待自然现象一样,做出"精确的""确实的"实证。所以,实证方法注重事实、注重经验范围内的确证,以科学为根据,对实际工作和正确思维都具有一定的指导作用。

2. 从推理到求知

假设-演绎方法也就是假说方法。最初,它是一种自然科学研究方法,广泛地应用于自然领域,以发展和补充公理-演绎方法。后来,这种方法被社会科学研究借鉴过来,成为一种普遍适用的科学思维方法,对于我们实际工作,尤其是管理者的开创性工作具有重要的指导意义。

提起"假说",也许人们会说:假说早已出现,如原始人就假说有各类"神"存在,以保佑他们生活平安,他们还假说灵魂存在,并不生不灭。其实,这是一种误解。原始人的假说是一种猜测和迷信,而我们这里讲的假说是根据已获得的经验材料和已知的事实,并以已有的科学理论为指导,对被探索事物的某种现象所产生的原因及其运动规律做出推测性的解释,这种解释还未得到证实,算不上科学理论,但又有一定的根据和事实,故曰"科学假说"。以假说来认识事物的本质、揭示事物的规律的方法,就是假说方法。这种方法自从被人们广泛接受和运用以来,取得了不少惊人的成就。如关于宇宙形成的原始星云假说和宇宙大爆炸理论,关于地球形成的大陆漂移假说、海底扩张假说和板块结构假说,关于人类起源的进化假说,关于社会发展的假说,等等,这些"假说"都推动了各自领域的研究,得出了科学结论。

假说作为一种科学思维方法,具有非常重要的作用。

(1) 假说可以使我们的认识和实践活动具有自觉能动性。人们对世界的认识和改造,实质上是一种探索性的活动。人们不可能等到事物的本质完全暴露在面前之后,再去认识和改造,但也不可能没有目标和方向地进行认识和改造。前者是消极被动的方式,永远只会随着事物走,不会有新的发现,是直观的、机械的活动;后者是盲目的方式,游离于事物之外,随心所欲地进行,只会招致失败。那么,此时此刻就需要人们在已知的情况下,进行假设,进行预测,并根据这些假说进行有目的、有计划的实验和谨慎的行动,在行动中不断充实假说、修正假说,逼近事物的本质。

(2) 假说为我们建立和发展科学理论提供了一座桥梁。我们对事物的认识,尽管人的思维本质上想全面的、正确地把握事物,并希望穷尽对事物的认识。然而,人的思维是通过有限的具体的个人进行的。种种主客观条件必然限制认识的进行,使得真理的获得须经多次反复。此时,能够帮助我们的就是假说,即假说可使我们从已知的科学理论和事实探索未知的规律,不断地积累知识和经验,增加假说中的科学性成分,减少假说中的非科学性成分,逐步建立起正确的理论。假说成了科学理论的先声,以及通向成功行动的桥梁。例如,任何一项领导决策出台和实施之前,必先进行大量的调查研究、实地取证,然后从所获取的材料出发,进行假说,并进行实验、试点、修改,几经反复才能最后形成。如果离开了假说阶段,直接从收集的有限材料中就一次性做出决策,并加以实施,那么,实践就会给管理带来很多麻烦,甚至是彻底失败。

(3) 假说可以促使我们相互探讨,提高行动的成功率。由于假说是在已有的有限知识、经验和材料基础上进行的,那么,大家尽可以依据自己的知识结构、思维能力,提出自己的看法,在相互交流中,修正各自的假说,并使多种关于同一事物的假说趋于一致,形成共识。在这种假说基础上形成的理论,其化为行动后的成功率就相当大。

此外,通过假说,人们可以基于已有事实,又超出已有事实。对问题进行大胆设想,并深入实践有目的地取证。这样,容易触及相关问题和相关领域,并有可能在这些地方获得新的发现,实现认识和行动的新突破。例如,历史上关于"以太"的假说,曾推动众多的科学家去发现这种神奇的物质。"以太"虽未被找到,但是,在探索过程中却发现了相对论。

恩格斯说:"只要自然科学在思维着,它的发展形式就是假说。如果人们要等待建立起定律的材料纯粹化起来,那么这就是在此以前要把运用思维的研究停顿下来,而定律也就因此永远不会出现。"同样,我们也有理由说,只要科学在思维着,包括领导科学,它的发展形式就离不开假说。

假说方法即假设-演绎方法。从其名称上可以看出,它的运用和操作有一定的步骤:假设和论证。假说的形成和运用具有很大的创造性,显示了思维主体的自觉能动性,这里不存在机械性规则。但是,却有一些必须遵循的方法论原则:①解释原则;②科学原则;

③简单性原则;④可检验原则。

总之,假设-演绎方法是科学思维方法之一。它能够较大程度地调节思维主体的主观能动性和创造性,能够使思维主体不满足于已有的成绩,而是在此基础上进行不断创新,能够使思维主体面对已经陈旧或日渐失效的理论,敢于和能够修正。假说是一种创造性的思维方法。正确地掌握和运用,对我们的工作、科研都具有实际意义。

3. 猜测与反驳

试错法,也就是猜想-反驳方法。这是在科学领域应用较多的一种方法,也是人类认识和思维的方法之一。它对于我们提高理论和各项行动方案的真实性、可靠性和科学性具有不可替代的作用。

证伪和试错法是由哲学家波普尔提出的。波普尔反对经验证实和经验归纳。在他看来,很多科学理论无法用经验来证实。例如,假设某人养了一群鸡,每天中午 12 时,他准时给鸡喂食,即每当这时,他撒下一把米粒,鸡就会围上来。但是,谁能保证有一天主人撒米粒不是喂它们,而是把它们哄过来,抓起其中某一只给杀掉呢?这就是说,我们所得到的结论:主人撒米粒就是给鸡喂食只是在已有的经验基础上的归纳,而只要这个经验没有穷尽,那么这个结论就始终值得怀疑。但是,经验又不可能被某人所穷尽。正是针对这种情况,波普尔以演绎方法去证伪结论。他认为,一个经验的科学体系必须能够被经验反驳。一个理论的可证伪度越高,即潜在的证伪因素越多,就意味着它被证伪的机会越多。这就造成禁止得较多,从而对经验世界断定得较多。例如,某项政策是根据以往经验总结而成的,那么此时能够找到一个证伪因素,就说明此政策不适用于这种情况。所以,能够找到的证伪因素越多,那么这项政策的精确度和适用范围的界定就越高和越科学。

试错法对我们的实际工作具有指导性。我们的某项认识,尤其是管理者的某项决策初步制定后,须进行多方面的试点,即需要把它放在各种条件不同的地方,如经济发达的与不发达的,资源丰富与贫乏的,技术先进、人才云集的与技术落后、人才匮缺等环境进行试点。只有这样才能较充分地检验其决策,最大限度地排除其中不科学、脱离实际的成分,使其决策具有普遍适用性。

4. 下棋的学问

下棋是人们非常熟悉的事情。每个人几乎都下过棋,且都希望取胜。为此,在下棋过程中常常为一着棋冥思苦想,最后做出决策。但是,很少有人知道,就在这苦想中实际包含博弈论,即他在大脑中设计了许多方案,并以极快的思维操作比较了它们的优劣,从中挑选出一种最好、最理想的方案付诸实际。下棋如此,对任何问题的认识也是如此,目前,博弈方法已成为一种科学思维方法,广泛应用于各类实践活动中,尤其是在领导活动、军事活动、体育活动、生产经营活动、高难度的勘探与控制活动中。

博弈思想最早产生于古代的军事活动和游戏活动。在体育游戏中,经常会出现这种情况,即甲乙双方各出 3 个人进行摔跤比赛。甲乙双方的领头人不是让自己的队员随意地同对方某一队员较量,而是先了解清楚对方 3 名成员的实力,并把对方 3 名成员的实力同己方成员的实力作客观对比,然后做出决定:谁打头阵,谁在中间,谁压轴,以自己的弱者去对付对方的最强者,以自己的最强者对付对方的次强者,以自己的次强者对付对方的最弱者,保证二比一稳赢对方。

博弈方法又称决策论,是研究策略博弈的数学理论,它以组合论、概率论和统计学等数学方法分析竞争(包括比赛、抗争),使动态系统在复杂的情况下,选择最佳行为方式。由于竞争双方都在进行策略博弈,所以这种竞争的结果不仅依赖自己的抉择和机会,也依赖参加竞争的所有的人的行为。合理地进行这些相互依存的战略策划,就是博弈方法的主题。科学的博弈理论是数学家冯•诺依曼于 20 世纪 20 年代发现的,第二次世界大战期间,为了战争的需要,许多数学家都研究博弈现象,推动了博弈方法的普遍化。

在第二次世界大战以后,博弈论更加受到重视,也更加科学化。博弈论沿着纯数学理论和实际中研究方向迅速发展,在人类对自然进行的对策和人对人进行的对策中起着越来越重要的作用。它同控制论密切结合,在更广泛的意义上研究自然界和人类社会中某些动态系统之间存在的冲突情况。有时,它亦为控制论的一个分支。

博弈中,双方各自希望获胜,都在进行数学推算和心理揣摩。有时,推测正确,赢得胜利;有时推测错误,就失去成功。所以,博弈不是单方面的想法和行动,而是对立双方之间的互动,是双方各自做出科学、巧妙策略或对策的数学推演。

博弈方法已广泛应用于各个领域,如海底勘探、石油开采、军事对抗、气象预测、领导决策等。这就要求管理者学会运用博弈方法,这是复杂情况下领导行为清晰明了,并获取成功的重要方法之一。

以上列举的是几种科学思维方法。这些方法是以自然科学为依据、以现代科技为手段,具有较高的准确性和科学性,但若不具备一定自然科学知识,运用起来就较为困难。

1.3.4 创造性思维理论

1. 创造性思维的特点

探讨和分析各种思维方式,其目的在于提高人们认识问题、分析问题的能力和水平,有利于增加对未知事物的了解,积累更多的知识。创造性思维正是这种探求和创造新知识的思维方法。从这个意义上讲,创造性思维方法是其他各种思维方法的综合运用及其在理论上的继续深化,同时,又是从新的侧面和角度对思维活动的规律与本质的深入揭示。创造性思维方法体现了思维方式的理论与应用的辩证统一,是任何一位有进取心的人必须掌握的思维方法,尤其是科研工作者和管理者。

对一个新问题尤其是理论问题的考察,首先必须从整体上把握它的概貌和轮廓,知道它为何物,有何用处。这正像我们买一辆车,在我们实际成为该车主人并现实地操作它之前,必先亲眼看看它是什么造型,了解它有何特点和用处。

2. 创造性思维的含义及特征

创造性思维是一种具有开创意义的思维活动,即开拓人类认识新领域,开创人类认识新成果的思维活动,它往往表现为发明新技术、形成新观念、提出新方案和决策、创建新理论,对领导活动而言,其表现在社会发展处于十字路口,为职业经理做出重大选择等。这是狭义上的理解。从广义上讲,创造性思维不仅表现为做出了完整的新发现和新发明的思维过程,还表现为在思考的方法和技巧上,在某些局部的结论和见解上具有新奇独到之处的思维活动。创造性思维广泛存在于政治、军事决策中和生产、教育、艺术及科学研究活动中。如领导工作实践中,具有创造性思维可以想别人所未想、见别人所未见、做别人所未做的事,敢于突破原有的框架,或是从多种原有规范的交叉处着手,或是反向思考问题,从而取得创造性、突破性的成就。

创造性思维的结果是实现了知识即信息量增殖,它或者是以新的知识(如观点、理论、发现)来增加知识的积累,从而增加了知识的数量即信息量;或者是在方法上的突破,对已有知识进行新的分解与组合,实现了知识即信息的新的功能,由此便实现了知识即信息的结构量的增加。所以从信息活动的角度看,创造性思维是一种实现了知识即信息量增殖的思维活动。

总之,创造性思维需要人们付出艰苦的脑力劳动。一项创造性思维成果的取得,往往需要经过长期的探索、刻苦的钻研,甚至多次的挫折之后才能取得,而创造性思维能力也要经过长期的知识积累、智能训练、素质磨砺才能具备,创造性思维过程,还离不开推理、想象、联想、直觉等思维活动,所以,从主体活动的角度来看,创造性思维又是一种需要人们,包括组织者、管理者付出较大代价,运用高超能力的一种思维活动。

从创造性思维的含义中可以看出,它具有以下5个特征。

(1)独创性或新颖性。创造性思维贵在创新,它或者在思路的选择上,或者在思考的技巧上,或者在思维的结论上,具有前无古人的独到之处和一定范围内的首创性、开拓性,一位称职的领导者,就要在前人、常人没有涉足,不敢前往的领域"开垦"出自己的一片天地,就要站在前人、常人的肩上再前进一步,而不要在前人、常人已有的成就面前踏步或仿效,不要被司空见惯的事物所迷惑。因此,具有创造性思维的人,对事物必须具有浓厚的创新兴趣,在实际活动中善于超出思维常规,对完善的事物、平稳有序发展的事物进行重新认识,以求新的发现,这种发现就是一种独创,一种新的见解、新的发明和新的突破。

(2)极大的灵活性。创造性思维并无现成的思维方法和程序可循,所以它的方式、方法、程序、途径等都没有固定的框架。进行创造性思维活动的人在考虑问题时可以迅速地从一个思路转向另一个思路,从一种意境进入另一种意境,多方位地试探解决问题的办法,这样,创造性思维活动就表现出不同的结果或不同的方法、技巧。例如,面对一个处于世界经济趋于一体化、竞争日趋激烈的小企业的前途问题,企业经理不能无动于衷或沿用老思路,否则,只有死路一条。企业经理必须或是考虑引进外资,联合办厂;或是改组企业的人力、财力、物力的配置结构,并进行技术革新;或是加强产品宣传,并在包装上下功夫;或是上述三者并用。企业经理也可以考虑企业的转产,或者让某一大型企业兼并,成为大企业的一个分厂。这里的第一条思路是方法、技巧的创新,第二条思路是结果的创新,两种不同的创新都是创造性思维在拯救该企业问题的应用。创造性思维的灵活性还表现为,人们在一定的原则界限内的自由选择、发挥等。一般来讲,原则的有效性体现在它的具体运用上,否则,原则就变成了僵死的教条。

(3)艺术性和非拟化。创造性思维活动是一种开放的、灵活多变的思维活动,它的发生伴随有想象、直觉、灵感之类的非逻辑。非规范思维活动,如思想、灵感、直觉等往往因人而异、因时而异、因问题和对象而异,所以创造性思维活动具有极大的特殊性、随机性和技巧性,他人不可以完全模仿、模拟。创造性思维活动的上述特点同艺术活动有相似之处,艺术活动就是每个人充分发挥自己才能,包括利用直觉、灵感、想象等非理性的活动,艺术活动的表面现象和过程可以模仿,如梵高的名画《向日葵》,人们都可以画向日葵,且大小、颜色都可以模仿,甚至临摹。然而,艺术的精髓和内在的东西及梵高的创造性创作能力只属于个人,是无法仿照的。任何模仿品只能是"几乎"以假充真,但毕竟不是真的,所以,才有人愿冒生命之危险,设法盗窃著名画家的真迹。同样,创造性的领导活动的内在的东西也是不可模仿的。因为一旦谈得上可以模仿,所模仿的只是活动的实际实施过程,并且自己是跟在他人后面,一步一个脚印地学习他人,尤其是创造性的思维能力无法像一件物品,如茶杯,摆在我们面前,任我们临摹、仿造。因此,创造性思维被称为一种高超的艺术。

(4)对象的潜在性。创造性思维活动从现实的活动和客体出发,但它的指向不是现存的客体,而是一个潜在的、尚未被认识和实践的对象。例如,在改革浪潮席卷全球的今天,无论是发达国家,还是发展中国家,都在寻求适合本国国情的改革之路,那么,这条路究竟怎么走,各国正在探索,即各国的企业经理们分别依据本国所面临的各种现实情况,进行创造性的思索,大胆试验,所以,这条路至今还不太清晰,还是潜在的,至多是处在由潜在向现实的不断转变之中。所以,创造性思维的对象或者是刚刚进入人类的实践范围,尚未被人类所认识的客体,人们只能猜测它的存在状况;或者是人们虽然有了一定的认识,但认识尚不完全,还可以从深度和广度上进一步认识。这两类客体无疑带有潜在性。

(5)风险性。由于创造性思维活动是一种探索未知的活动,因此要受多种因素的限制和影响,如事物发展及其本质暴露的程度、实践的条件与水平、认识的水平与能力等,这就决定了创造性思维并不能每次都能取得成功,甚至有可能毫无成效或者做出错误的结论。创造性思维活动的风险性还表现在它对传统势力、偏见等的冲击上,传统势力、现有权威都会竭力维护自己的存在,对创造性思维活动的成果抱有抵抗的心理,甚至仇视的心理。但是,创造性思维活动是扼杀不了的,伽利略、布鲁诺置生命于不顾,提倡并论证了"日心说",证明教皇生活于其上的地球不是宇宙的中心。无法想象,如果没有两位科学家甘冒此风险,"日心说"不知何时被提出。所以,风险与机会、成功并存,消除了风险,创造性思维活动就变成习惯性思维活动。

3. 创造性思维的作用

创造思维的作用已经包含在其特征之中,这里简要对其进行概括。

(1)创造性思维可以不断地增加人类知识的总量,不断推进人类认识世界的水平。创造性思维因其对象的潜在特征,表明它是向着未知或不完全知的领域进军,不断扩大着人们的认识范围,不断把未被认识的东西变为可以认识和已经认识的东西,科学上每一次的发现和创造,都增加着人类的知识总量,为人类由必然王国进入自由王国不断地创造着条件。

(2)创造性思维可以不断地提高人类的认识能力。创造性思维的特征已表明,创造性思维是一种高超的艺术,创造性思维活动及其过程中的内在的东西是无法模仿的。这内在的东西即创造性思维能力,这种能力的获得依赖人们对历史和现状的深刻了解,依赖敏锐的观察能力和分析问题能力,依赖平时知识的积累和知识面的拓展。而每次创造性思维过程就是一次锻炼思维能力的过程,因为要想获得对未知世界的认识,人们就要不断地探索前人没有采用过的思维方法、思考角度进行思维,就要独创性地寻求没有先例的办法和途径,正确、有效地观察问题、分析问题和解决问题,从而极大地提高人类认识未知事物的能力,所以,认识能力的提高离不开创造性思维。

（3）创造性思维可以为实践开辟新的局面。创造性思维的独创性与风险性特征赋予了它敢于探索和创新的精神,在这种精神的支配下,人们不满于现状,不满于已有的知识和经验,总是力图探索客观世界中还未被认识的本质和规律,并以此为指导,进行开拓性的实践,开辟出人类实践活动的新领域。相反,若没有创造性的思维,人类躺在已有的知识和经验上,坐享其成,那么,人类的实践活动只能停留在原有的水平上,实践活动的领域也非常狭小。

（4）创造性思维是将来人类的主要活动方式和内容。历史上曾经发生过的工业革命没有完全把人从体力劳动中解放出来,而目前世界范围内的新技术革命,带来了生产的变革,全面的自动化把人从机械劳动和机器中解放出来,从事着控制信息、编制程序的脑力劳动,而人工智能技术的推广和应用,使人所从事的一些简单的、具有一定逻辑规则的思维活动,可以交给人工智能完成,从而又部分地把人从简单脑力劳动中解放出来。这样,人将有充分的精力把自己的知识、智力用于创造性的思维活动,把人类的文明推向一个新的高度。

1.3.5　创造性思维的激发和表现

1. 创造性思维的激发

任何事物的出现都有一定的原因,而非神秘地出现或先验地存在。创造性思维活动也是由于一定的客观因素、主观因素、经验因素和非理性因素所引起、推动和维持的,创造性思维能力也不是先验地存在着的,飘浮于空中,让人无从把握,而是现实地存在于人类的生活之中,并以一定的形式表现出来。从源头和表现形式入手,有助于我们更深刻地理解,从而更好地运用创造性思维。

非理性因素主要指意志、兴趣、情绪、情感等因素,这些因素激发创造性思维的发生。

意志是创造性思维的一个重要激发因素,它表现为人为了达到一定的目标,自觉地运用自己的智力和体力进行活动,自觉地同困难作斗争,以及自觉地节制自己的行为。任何人在进行活动时,都会遇到困难和阻力,以及受到行为目标的强烈刺激,尤其是在创造性思维活动中,目的和方向性表现得异常强烈、鲜明,存在着巨大的障碍和风险需要克服,人的精神处于高度紧张状态,没有坚强的意志力及意志对行动的调节,创造性活动难以维持或者其活动进程会变得紊乱、无序。因此,创造性思维活动是一种复杂的意志活动,是靠意志激发起来的。

总之,良好的意志品质是激发创造性思维的重要因素,是维持创造性行为的"精神能源",是任何有志于创造的人尤其是科学工作者所必须具备的心理素质。

兴趣是人们力图认识或爱好某一事物的倾向,也是激发创造性思维的一个重要因素。强烈而高尚的兴趣,往往会使人在研究和探索中达到一种乐而忘返、如痴如醉乃至废寝忘食的状态。疲倦和劳苦,困难和阻力,在兴趣的冲击下逃之夭夭。所以,持有兴趣的人总是被兴趣的对象所深深吸引,去开拓、去创造。兴趣给了他极大的主动性和顽强性。

兴趣不是天生的,而是可以培养、改变的,只要我们经常深入生活,参加实践,就能形成强烈而高尚的兴趣。兴趣同目的、意志之间具有相互促进的关系,目的培养、造就人的兴趣,意志把兴趣保持在指向目的的方向上,并维持兴趣的持续稳定性,兴趣又促成人选择、确立一定的目的,高尚的兴趣还可以强化人的意志,三者相互结合,激发着创造性思维活动的进行。

心境是一种比较微弱而持久的情绪状态,它往往能比较持久地影响人的生活、学习和工作。良好的心境,如心情舒畅、乐观豁达,可以调动人的积极性、主动性和创造性,从而提高学习和工作的效率。不良的心境,如阿阿不乐、郁郁寡欢,使人心灰意冷,陷入消沉,压抑人的创造性,从而降低学习和工作的效率。影响人的心境的因素可以分为基本因素和偶发因素两类:基本因素包括人的理想、意志、性格、气质等,也称内在因素;偶发因素指事业的成败、人际关系和周围情况及健康状况的好坏等,也称外在因素。一个人只要具备了良好的基本因素或内在因素,就可以克服偶发因素或外在因素带来的消极影响,使人保持乐观向上、充满欢乐和希望的心境,从而积极进取,不断创新。

激情是一种强烈的、暴风骤雨般的、短促的情绪状态,如狂欢、暴怒等。积极而健康的激情能够激发人的身心两方面的巨大潜力,调动体力和脑力,使人产生创造性的冲动,并成为进行创造性思维和其他活动的强大动力。这不仅可以刺激自己内在的体力和脑力,而且对目的有 种跃跃欲试的创造性冲动。

热情是强而有力、稳定而深刻的情感。同心境相比,它不够广泛,但比心境更加强烈而深刻,同激情相比,它不够强烈,但比激情更加稳定而持久。热情表现在工作中,就是对事业的热爱。所以,一个有事业心的人,一个想做出一番成绩的人,首先要热爱自己的工作,热爱一切同自己工作有联系的其他工作及对自己的工作有帮助的人。"三百六十行,行行出状元",其原因就在他们对工作的热爱。对工作、部下没有热情,也就不可能对工作有兴趣,从而不可能有创造性的活动。

除了上述因素能够刺激创造性思维以外,竞争或竞赛也能激发创造性思维。竞争或竞赛就是把双方放在同一水平上,公平地比较高低、优劣。它最能够刺激双方的创造性思维活动。总之,竞争或竞赛有助于培养人的个性心理品质,使人热情高涨,产生激情和进取心,能够考验人的意志,增强人的智力效能,调动人的想象能力和思维创造力,从而有利于创造性思维。竞争或竞赛是创造性思维的"催化剂""加油站""压力器",也是创造性思维的"检测仪"。

和激发创造性思维相反的,是一些妨碍创造性思维的因素,这里主要指主观上的心理因素,如过分地自我批判、缺乏自信心以及性格上的片面性等。

总之,无论是激发还是阻碍创造性思维的因素,都比此处的论述更为丰富,而且在现实中它们交织在一起,不可像理论论述一样把它们分割开来。所以,必须用辩证的、全面的、系统的观点和方法来看待这些因素的作用,培养自己的创造性思维能力。

2. 创造性思维能力的表现

创造性思维活动,实际上是创造性思维能力的活动,是创造性思维能力的综合表现,这些能力包括逻辑思维能力、联想和想象能力、直觉和灵感能力等。

一般来说,逻辑思维在于将观察、实践中获得的感性材料进行分析、抽象、概括、类比、演绎等,得出初步的结论,形成理论上或科学上的假说,并有待于进一步的检验和验证,以达到接近理性认识。

逻辑思维通常分为两大类:形式逻辑和辩证逻辑。形式逻辑思维形式中又有诸如演绎推理、归纳推理、类比推理等思维形式。

联想是创造性思维的又一种重要能力及表现形式。联想和类比有相似的地方,但它又高于类比,是类比的进一步扩展,是由一个事物想到另一个事物的思维活动。两个事物和概念在意义上的差距,通过联想便能得到克服,把它们联系起来。人们知识的获得、经验的积累、对事物理解的生成都是联想的形成。而联想不是先验的,作为一种创造能力,它是人们在后天的实践中锻炼和培养起来的。人的联想力越强,其创造性思维就越活跃,就越容易出现创造性成果;反之亦然,人的创造性能力越强,其联想力就越丰富,就越能把意义上差距很大的两个事物或概念联系起来,生成新知识、新见解。

联想与想象不可分。每个联想活动都伴随有想象思维活动。想象是一种更为重要的创造性思维能力,它是对记忆中的表象进行加工改造以后得到的一种形象思维,也就是在大脑中把过去感知过的形象进行加工所产生的一种新形象。所以,想象可以不受具体时间和空间的限制,生于今日,却想象他日;立于此地,却"行走"于彼地。

综上所述,想象是创造性思维中不可少的一种能力,也是实际生活、工作中必须具备的一种能力。百分之百地依靠经验,只会把经验绝对化、僵化,这一点是不可取的。所以科学工作者就需要永远保持并不断丰富自己的想象力。

直觉和灵感是创造性思维的另一种重要能力和表现形式。人们对创造性知识的获得,往往需要经过曲折的过程。这一过程表现为多种形式:一是经过长时期的准备、积累和沉思而获得知识;一是组织大量人力、物力,短时间的攻关和突破;再有就是长期的冥思苦想而不得结果,在不经意或思考其他问题时,突然间豁然开朗,即顿悟。最后一种,即一下子使问题得到澄清的顿悟,就是直觉和灵感。直觉和灵感在创造性思维中具有多方面的作用。

需要指出的是,我们强调直觉和灵感在创造性思维中的作用,但无意将之神秘化,或盲目崇拜,直觉和灵感得益于平常知识的积累和经验的提炼。

1.4　本章小结

本章从《普通高等学校本科专业目录》出发,简要介绍信息类专业的学习者所应具有的知识结构和专业能力结构,并对电子信息所涉及的专业知识之间的逻辑关系进行了概述。阅读完本章内容后读者能粗略了解电子信息技术的过去、现在与未来;了解要深入掌握这些技术需要进一步学习的基础理论知识、专业技术知识等,从而明确今后进一步学习的方向和大致了解各专业的学科分工等。

本章还就大学学习的特点进行了简单介绍,并详细介绍了创新性思维的相关内容,希望读者能够率先了解大学的学习和思维方法,尽快适应大学生活。

1.5　为进一步深入学习推荐的参考书目

为了进一步深入学习本章有关内容，向读者推荐以下参考书目。

［1］　中华人民共和国教育部.教育部关于公布 2022 年度普通高等学校本科专业备案和审批结果的通知：教高函〔2023〕3 号［A/OL］.（2023-04-06）［2023-08-06］. http://www.moe.gov.cn/srcsite/A08/moe_1034/s4930/202304/t20230419_1056224.html.

［2］　董言治,阎毅.电子信息技术导论［M］.北京：清华大学出版社,2019.

［3］　李云峰,李婷,丁红梅.计算机科学与计算思维导论学习辅导［M］.北京：清华大学出版社,2023.

［4］　金雷.人工智能技术导论［M］.北京：清华大学出版社,2023.

［5］　朱明,樊鑫,马艳华.智能机器人导论（微课视频版）［M］.北京：清华大学出版社,2023.

［6］　贺鹏飞,韩吉衢,董言治,等.信息科学技术导论［M］.2 版.西安：西安电子科技大学出版社,2021.

［7］　王刚.逻辑学［M］.北京：清华大学出版社,2021.

［8］　周建武.逻辑学导论：推理、论证与批判性思维［M］.2 版.北京：清华大学出版社,2021.

［9］　周苏,杨松贵.创新思维与 TRIZ 创新方法（创新工程师版）［M］.北京：清华大学出版社,2023.

［10］　蒋卫东.形象思维学原理与应用［M］.南京：南京大学出版社,2022.

［11］　邓峰.基于创新思维的大学生创新创业能力培养研究［M］.北京：北京工业大学出版社,2022.

1.6　习题

1. 如何理解电子信息工程专业的培养目标和毕业要求？

2. 电子信息工程专业人才培养的教育内容有哪些？

3. 从电子信息工程专业培养目标及就业趋势出发,谈谈怎样规划自己的大学四年生活。

4. 通过对大学学习特点及方法的学习谈谈如何规划自己的未来。

5. 什么是科学思维方法？如何正确运用科学思维方法？

6. 借助搜索引擎在网上查找专业的相关信息和最新进展。

第 2 章

电子电路技术

教学提示：电子电路技术是信息化的基础内容。本章简单介绍电路分析的基本原理与方法，模拟电路、数字电路、射频电路及其所涉及的关键技术。

教学要求：本章要求学生了解电路分析的基本原理与方法，模拟电子电路、数字电子电路以及射频通信电子电路的相关知识。重点是模拟电路、数字电路、射频电路等。

本章介绍电子电路技术，包括以下小节：

2

2.1　引言

信息传输领域的基本矛盾：有限的频谱资源和日益增长的用户需求之间的矛盾。为了解决这个矛盾，通信由点到点之间的通信发展为网络通信。

2.1.1　电子电路技术的发展

电子电路技术的发展大致经过了 3 个阶段。

(1) 电子管时代(1905—1948 年)，1904 年英国物理学家约翰·安布罗斯·弗莱明(John Ambrose Fleming，见图 2.1)利用爱迪生效应发明了电子管(或真空管)，结构和爱迪生的灯泡类似，因为有两个电极，故被称为电子二极管(见图 2.1)，电子二极管主要用于交流电整流器和收音机里的检波器。

图 2.1　约翰·安布罗斯·弗莱明肖像及其电子二极管

1906 年美国发明家李·德·福雷特斯(Lee de Forest，见图 2.2)通过在二极管的灯丝和金属片阴阳两极之间增加一个电极——一根波浪形的金属丝，发明了电子三极管(见图 2.2)，后来金属丝被改成金属网，故称栅极。随后又出现了电子逻辑门，为电子电路技术奠定了深厚的基础。

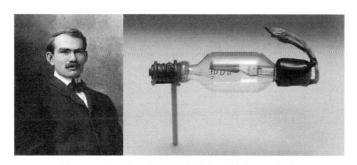

图 2.2　李·德·福雷特斯肖像及其电子三极管

(2) 晶体管时代(1948—1958 年)，晶体管时代是人类电子化和信息化时代最重要的阶段，晶体管之后的 60 年，世界的电子信息产业发生了翻天覆地的变化。1947 年贝尔实验室发表了第一个以锗半导体做成的点接触晶体管，1948 年贝尔实验室的香农发表了信息论的论文，也正式开始进入了晶体管时代。随后的几十年，依靠晶体管技术相继完成了氢弹的研制、太阳能电池以及人造地球卫星的研制。

（3）集成电路时代（1958年至今），1958年罗伯特·诺伊斯（见图2.3）创建的仙童公司和美国德克萨斯仪器公司宣布研制成第一个集成电路。自第一块集成电路问世以来，集成电路已经跨越了小、中、大、超大、特大、巨大等规模，集成度平均每两年提高近3倍，随着集成度的提高，器件尺寸不断减小。集成电路制造技术的发展日新月异，其中最具代表性的集成电路芯片主要包括微控制芯片（MCU）、可编程逻辑器件（PLD）、数字信号处理器（DSP）、大规模存储芯片（ROM/RAM）。

图2.3　罗伯特·诺伊斯

2.1.2　模拟电子技术

模拟电子技术的研究对象是处理仿真的模拟电路。电子电路技术的基础是模拟电子技术，广泛应用于功率放大、模场反馈、信号放大、调制解调电路、混频、整流稳压等领域。例如，高频发射机和 Hi-Fi 音箱就是模拟电子技术成功应用的成果。

功率和电压是模拟电子技术中最重要的两个指标。过去，混合集成电路基本采用的是互补金属氧化物半导体（complementary metal-oxide-semiconductor，CMOS）工艺，而现在，集成电路中的基本元件制造工艺正逐渐向高压 BCD（Bipolar、CMOS、DMOS）工艺方向发展，在如何提高功率、减少导通电阻、增大耐压等方面都得到了突破性的进展。

模拟电子技术不仅适用于生活的方方面面，还更高效实用地帮助人们的生活。在自动化技术领域中，自动化的实现过程不仅包含最基本、最重要的自动控制，同样也会按照某个物理量的变化自动动作。通过这些自动控制的电路，模拟电子技术不仅可以在生产生活中真正实现过程自动化、管理自动化，更可以在所研究的自动控制电路中由最基本的电子器件晶体管组成。

在面对无触头式的开关时，其所研究的问题中什么样的方法和电路产生、变换、传递、放大和测量等各种信号，几乎都是由大多数开关中的二极管或晶体管制成的，而二极管所具有的导电性都可以当作正向电压，导通二极管。因此，在利用各种生活状态时，很多电源电压早已经聚集到了放大状态。

从某些方面来说，无触头式的开关其实就是晶体组成的、可以用于微弱控制电流或者无触头的控制。但晶体管继电器同时也有抗干扰性能差、易受温度变换影响、参数稳定性能较差等缺点，不断弥补自身的不足，并将这些不足之处都一一补足并结合使用。

随着科技的发展，自动化在生产生活中的应用越来越趋于集成化，而电子技术的发展也会直接影响到自动控制的发展。

2.1.3　数字电子技术

数字电子技术和模拟电子技术一样，也是一门实践性很强的课程，它们有许多共同之处，也有着明显的区别。数字电子技术主要研究各种逻辑门电路、集成器件的功能及其应用，逻辑门电路组合和时序电路的分析和设计，集成芯片各引脚功能。数字电子技术是进行数字信号处理的基础，这里的数字信号可以简单地理解为二进制信号。从一般的模拟信号到数字信号,要经过采样、量化、编码,最终一个连续的模拟信号波形就变成了一串离散的、只有高低电平之分"0 1 0 1…"变化的数字信号。

数字信号和模拟信号相比,有以下5个特点。

(1)在数字技术中采用二进制,因此凡元件具有的两个稳定状态都可用来表示二进制(例如,高电平和低电平),所以其基本单元电路简单,电路中各元件对精度要求不严格,允许基本参数有较大偏差,只要能区分两种截然不同的状态即可。这一特点,降低了数字电路对元件的要求,降低了数字电路的成本,对实现数字电路集成化是十分有利的。

(2)抗干扰能力强、精度高。模拟信号由于它的多变性极容易受到干扰,其中包括来自信道的和电子器件的干扰,模拟器件难以保证高的精度(如放大器有饱和失真、截止失真、交越失真,集成电路难免有零点漂移)。而数字电路中有限的波形种类保证了它具有极强的抗干扰性,受扰动的波形只要不超过一定门限总能够通过一些整形电路(如斯密特门)恢复出来,从而保证了极高的准确性和可信性,而且基于门电路、集成芯片所组成的数字电路也简单可靠、维护调度方便,很适合信息的处理。采用二进制数字技术传递加工和处理的是二值信息,不易受外界的干扰,抗干扰能力强。另外,它可用增加二进制数的数位提高精度。

(3)数字信号便于长期存储,使大量可贵的信息资源得以保存。

(4)保密性好。在数字技术中可以通过一些特定的逻辑运算进行加密处理使一些可贵信息资源不易被窃取。

(5)通用性强。单一元件结构和功能简单,可以采用标准化的逻辑部件组合构成各种各样的数字系统。

正是由于这些特点,所以很多电子产品都是数字式的,如数字计算机、数码照相机等。

2.1.4 电子电路技术的应用

21世纪是科学技术突飞猛进的世纪,科学技术正以新的广度和深度加速发展。无论是计算机还是通信技术,能发展到今天的水平都离不开电子电路技术。电子电路技术作为科学的基础技术,可以说渗透到了生活的方方面面,身边的电子产品、电力系统,电子仪器等都用到了电子电路技术,电子电路技术的出现促进了信息化时代的加速出现,丰富了人类的生活。其主要有以下4方面的应用。

1. 电子产品

电子电路技术在生活中应用最广泛的当属电子产品,几乎所有的电子产品都会涉及电子电路技术。手表、手机、电话、电视机、影碟机(VCD、SVCD、DVD)、摄录机、收音机、收录机、组合音箱、激光唱机(CD)、计算机、游戏机、移动通信产品等电子产品都应用到电子电路技术。特别是手机和计算机等电子产品,其基础架构就是由电子电路技术得来的。

2. 电源与电力系统

电力系统的主体结构有电源(水电站、火电厂、核电站等发电厂),变电所(升压变电所、负荷中心变电所等),输电、配电线路和负荷中心。其中,所涉及的电源开关、变压器、控制电路等都是基于电子电路技术产生的。

3. 医学应用

电子电路技术在医学中的应用主要有电子病历、生物芯片、便携式医疗电子检测仪、远程诊疗系统等。电子病历是电子技术和网络技术的结合，可以为医疗机构提供适时的医疗信息，是系统化的居民健康档案，也可以为医疗责任提供证据；利用传感器的生物芯片可以对人体进行 DNA 的检测、快速处理相关信息、亲子鉴定等；电子技术应用于便携式医疗电子检测仪，可以通过微控制器，连接医疗机构网络，实现医生对患者的后期诊疗观察，有利于医疗效果的发挥；同时，利用医学与网络技术、微电子技术等，可以达到医学的远程诊疗，实现医学资源的共享，有利于偏远地区的医学诊疗。

4. 网络通信应用

网络通信技术是与互联网科技、光纤技术、移动通信平台紧密相关的现代化科技工程。网络通信的发展、优化离不开电子电路技术的支持，可以说电子电路技术是促进网络通信技术不断向前进步的重要技术力量；一方面，随着电子电路技术的发展，可以生产更多高速的通信设备，能够有效提高信息的交换速度和传递质量；另一方面，电子技术的不断优化发展可以延长很多通信设备和电子终端的使用寿命，让网络通信技术有更大的生命力，同时也让用户有更好的网络体验。

2.2 电路分析的基本原理与方法

2.2.1 概述

基本的电路划分主要包括模拟电子电路和数字电子电路。对于在模拟电子电路中，常用电路分析方法主要有支路电流法、节点电压法、电源等效变换法、叠加定理、戴维南定理等，每种电路分析方法的原理及其适用范围是不同的。

数字电路主要研究对象是电路的输入输出之间的逻辑关系，因而在数字电路中不能采用模拟电路的分析方法，例如，小信号模型分析法。由于数字电路中的器件主要工作在开关状态，因而采用的分析工具主要是逻辑代数，用功能表、真值表、逻辑表达式、卡诺图等来表达电路的主要功能。

2.2.2 支路电流法

1. 什么是支路电流法

支路电流法是指以支路电流为未知量，应用基尔霍夫定律(KCL、KVL)列方程组进行求解，如图 2.4 所示。

2. 支路电流法的解题步骤

(1) 确定电路中支路、节点、网孔的数目。其中，支路个数用 b 表示、节点个数用 n 表示、网孔个数用 m 表示；

(2) 在图中标出各支路电流的参考方向，对选定的回路标出回路循行方向；

(3) 应用 KCL 对节点列出 $n-1$ 个独立的节点电流方程；

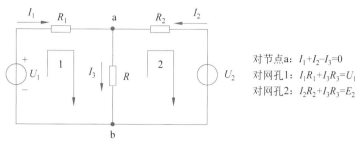

对节点a：$I_1+I_2-I_3=0$
对网孔1：$I_1R_1+I_3R_3=U_1$
对网孔2：$I_2R_2+I_3R_3=E_2$

图 2.4　支路电流法

（4）应用 KVL 对回路列出 $b-(n-1)$ 个独立的回路电压方程（通常可取网孔列出）；
（5）联立求解 b 个方程，求出各支路电流。

3. 支路电流法的适用范围

如果用手工进行计算时，一般适用支路个数不大于 3 的情况，用手工计算方程组比较方便，如果支路个数大于 3 用手工计算就比较麻烦了。支路个数较多的情况可以用矩阵结合 MATLAB 进行计算。

2.2.3　节点电压法

采用回路电流法。对于 b 个支路，n 个节点的电路，只需列出 $b-(n-1)$ 个方程，即网孔 m 个方程，就可以解出各支路电流，比支路电流法要方便很多。但是有时存在这样的电路，即支路较多而节点较少的电路。如图 2.5 电路中，有 5 条支路，2 个节点，若用支路电流法求解，也需列出 4 个独立方程式，如果采用节点电压法则更加方便求解。

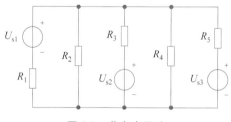

图 2.5　节点电压法

1. 什么是节点电压法

以基尔霍夫电压定律为基础，先求出各节点与参考点之间的电压，然后运用欧姆定律求出各支路电流的方法。

2. 节点电压法计算步骤

本文主要讨论两节点电路，节点电压法计算步骤如下。

① 选定电路中一个节点为参考节点用接地符号表示，另一个节点的节点电位作为电路变量。

② 列写关于节点电位的节点电压方程，即

$$V = \frac{\sum U_s g G + I_s}{\sum G}$$

式中,分子表示电源的电流的代数和,电源电流由两部分构成:一部分是电压源输出的电流,等于电压源的数值除以其串联的电阻;另一部分电流源输出的电流。当电源的输出电流指向待求节点时为正,反之为负。分母表示各支路电阻的倒数之和,但是不包括恒流源串联电阻。

③ 代入已知量,得出待求节点电位。

④ 根据广义基尔霍夫电压定律和欧姆定律可得到各支路的电流。

3. 节点电压法的适用范围

节点电压法适用于节点数少、支路数多的电路中。

2.2.4 电源等效变换法

事实上,理想电源在现实中并不存在。考虑到实际电源内部存在消耗能量的特性,实际电压源可以用一个理想电压源和一个内阻相串联的模型来表示;实际电流源可以用一个理想电流源和一个内阻相并联的模型来表示。

1. 什么是电源等效变化法

如图 2.6 所示,实际电压源和电流源等效变换的条件:若在两个电路中施加相同电压,则它们对外应产生相同的电流。

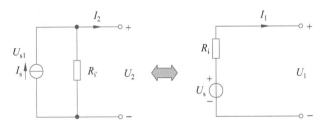

图 2.6 电源等效变换法

任何一个电压源 U_s 和某个电阻 R 串联的电路,都可转换为一个电流为 I_s 和这个电阻 R 并联的电路。理想电压源与理想电流源之间无等效关系。电压源和电流源的等效关系只对外电路而言,对电源内部则是不等效的。

2. 电源等效变换法的解题步骤

通过实际电压源模型与实际电流源模型之间的等效变换对电路图进行化简。

3. 电源等效变换法的适用范围

电源等效变换法适用于多电源的电路中求解某一支路电流或电压的情况。

2.2.5 叠加定理

1. 什么是叠加定理

当电路中有几个电源共同作用时,产生在各支路的电流,等于各个电源分别单独作用时在该支路产生的电流的叠加,如图 2.7 所示。

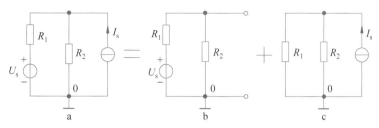

图 2.7 叠加定理

2. 叠加定理解题步骤

叠加定理解题步骤如下。

① 在原电路中标出所求量(总量)的参考方向。

② 画出各电源单独作用时的电路,并标明各分量的参考方向。

③ 分别计算各分量。

④ 将各分量叠加。若分量与总量方向一致取正,相反则取负。

3. 叠加定理的适用范围

叠加定理的适用范围如下。

① 叠加定理仅适用于线性电路,不适用于非线性电路,所有独立电源共同作用产生的响应都等于各个独立电源单独作用时产生的响应的叠加。

② 在各个独立电源分别单独作用时,对那些暂不起作用的独立电源都应视为零值,即电压源用短路代替,电流源用开路代替,而其他元件的连接方式都不应有变动。

③ 叠加定理只能用来计算线性电路的电压或电流,而不能用来计算功率。

2.2.6 戴维南定理

对于某些复杂电路,有时并不需要了解所有支路的工作情况,而只需要知道某一条支路的电流和电压,此时如果用支路电流法、回路电流法或节点电压法进行求解,都需要进行烦琐的电路计算,如果使用戴维南定理与诺顿定理来计算就方便得多。

1. 什么是戴维南定理

具有两个端子与外电路相连接的网络,不论其内部结构如何,都称为二端网络。根据网络内部是否含有独立电源,二端网络可分为有源二端网络和无源二端网络。

戴维南定理:任何一个有源二端线性网络都可以用一个电压为 U_{OC} 的理想电压源和内阻 R_i 串联的电源来等效代替。U_{OC} 就是有源二端网络的开路电压,即将外电路断开后 a、b 两端之间的电压。R_i 等于有源二端网络中所有电源均除去(理想电压源短路,理想电流源开路)后所得到的无源二端网络 a、b 两端之间的等效电阻,如图 2.8 所示。

2. 戴维南等效电路的步骤

戴维南等效电路的步骤如下。

① 将待求电路断开。

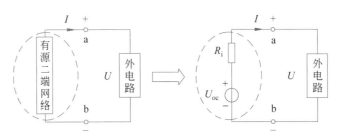

图 2.8　戴维南定理

② 求开路电压。

③ 求等效电阻。

④ 画戴维南等效电路。

以上每步都要结合画图来完成。

3. 戴维南定理的适用范围

戴维南定理适用于复杂电路中只求解某一条支路电流或电压。

2.2.7　逻辑表达式

用逻辑运算符将关系表达式或逻辑量连接起来的有意义的式子称为逻辑表达式。根据与逻辑关系(见图2.9)可得到其逻辑表达式,即

$$Y = A \cdot B$$

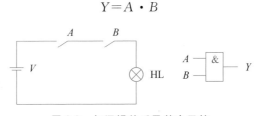

图 2.9　与逻辑关系及其表示符

2.2.8　真值表

真值表是表征逻辑门电路输入端状态和输出端状态逻辑对应关系的表格。列出命题公式真假值的表。通常以 1 表示真,0 表示假。命题公式的取值由组成命题公式的命题变元的取值和命题联结词决定,命题联结词的真值表给出了真假值的算法。根据与门的逻辑功能和逻辑函数表达式可得到与逻辑真值表,如表2.1所示。

表 2.1　与逻辑真值表

输　　入		输　　出
A	*B*	*Y*
0	0	0
0	1	0

续表

输 入		输 出
A	**B**	**Y**
1	0	0
1	1	1

2.2.9 卡诺图

卡诺图是逻辑函数的一种图形表示。一个逻辑函数的卡诺图就是将此函数的最小项表达式中的各最小项相应地填入一个方格图内,此方格图称为卡诺图。卡诺图的构造特点使其具有一个重要性质:可以从图形上直观地找出相邻最小项。两个相邻最小项可以合并为一个与项并消去一个变量。二变量卡诺图如图 2.10 所示。

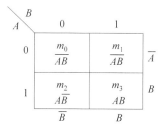

图 2.10 二变量卡诺图

2.3 模拟电路

2.3.1 概述

模拟电子技术是整个电子电路技术的基础,其先后经历了两个发展阶段:一个是分立元件阶段;另一个是集成电路阶段。模拟电子技术是依托于半导体技术、电子管和晶体管技术发展而来的,模拟电路是指用来对模拟信号进行传输、变换、处理、放大、测量和显示等工作的电路。模拟信号是指连续变化的电信号。模拟电路是电子电路的基础,它主要包括放大电路、信号运算和处理电路、振荡电路、调制和解调电路及电源等。

(1) 分立元件阶段

分立元件阶段主要从 1905—1959 年。在这几十年中,真空管问世,且用它构成的电子产生低频到微波范围的振荡,可以放大各种微弱的信号。从而使电子技术进入了实际应用阶段。时间推移至 20 世纪 40 年代末,出现了晶体管,由于晶体管具有体积小、重量轻、功耗低、工作可靠性高等一系列优点,使它在许多领域中取代了电子管。其实,晶体管的出现在一定程度上是半导体物理发展的结果。因为构成晶体管的材料,大部分是硅,是种性能良好的半导体。所以,现在也有人将晶体管的发明称作电子技术发展的里程碑,是有历史依据的。自从晶体管出现,电子电路进入了晶体管电路阶段。

(2) 集成电路阶段

集成电路阶段从 1959 年开始,即集成电路的问世开始,强烈地推动了整个电子技术的历程。集成电路就是在一块小的基片上光刻出多个晶体管、电阻和电容器件,并将它们连接成为一定功能的电子电路。有这样的技术基础,集成电路由起初的小规模集成电路(small scale integrated circuit,SSI)发展到中规模集成电路(medium scale integrated circuit,MSI)、大规模集成电路(large scale integrated circuit,LSI)、超大规模集成电路

(very large scale integrated circuit,VLSI)。成了集成度逐渐提高,器件尺寸逐渐减小的格局。目前,单片集成度已经能够达到数千万元器件,从而可将元器件、电路与系统融合于一体,构成一个集成电子系统。大规模和超大规模集成电路的出现,使电子技术装置发生了根本变化。电子设备的功能、速率、体积功耗、可靠性诸方面都取得了惊人的成就。一场电子技术的革命已经在当今科技的大环境中掀起,电子技术发展至今,已经进入了微电子学时代。这是一个新纪元,也是新一代电子技术的起点。

2.3.2　模拟电路的主要内容

模拟电子技术是电子技术的一个方面,同样也是一门具有基础性意义的神奇领域学科。在这一领域内,物理、信息工程、电气工程、自动化控制工程等各门学科都可以得到良好的结合和应用,并保持旺盛持久的生命力。在计算机理论和应用中,最重要的一门基础学科是模拟电子技术,该学科的研究对象是处理仿真信号的模拟电子电路。

其关键电子器件是半导体二极管和晶体管,以及场效应管,主要研究方向为运算放大电路、信号运算和处理电路、功率放大电路、电源稳压电路、反馈放大电路、信号产生电路等方面。模拟电子技术为计算机应用提供了坚实的基础,在电力技术领域内得到了高度的关注。因此,学习这门学科,不仅可以为学习各种学科打下广泛的基础,同时也可以培养我们分析和解决现实生活中的很多问题的能力。因此,当今的模拟电子技术,早已不再只是一门单纯性的学科,而是一门充满人类智慧的基础理论性学科。而充满科学思想甚至哲学概念的基础性学科,往往也是集结许多学科的基础理论。

2.3.3　模拟电路的应用

模拟电子技术的快速发展,推动了各行业领域内的技术进步。不断改善着人类的生活,加快了信息化时代的发展。典型应用包括以下3个。

1. 推动了计算机技术的不断进步

模拟电子技术的进步推动了电子计算机技术的不断进步。自1946年美国第一台电子计算机研制成功后,伴随模拟电子技术基本器件的更新换代,计算机技术也经历了电子管计算机、晶体管计算机、集成电路计算机和大规模集成电路计算机四个阶段。随着大规模或超大规模集成电路的加速发展,计算机技术正朝着微型化不断进步。

2. 促进了模拟电视的快速发展

20世纪60年代,北京饭店采用了闭路电视系统,标志着我国有线电视系统的开端。80年代末,同轴电缆被微波多路分配系统与调幅光纤所取代,用于干线传输技术,使我国的有线电视网络发展更为合理。90年代初,我国形成了规模完善、基本覆盖全国的有线电视网络。伴随模拟电子技术进步,模拟电视的发展也步入快车道,我国有线电视用户数已跃居世界第一。模拟电视是目前我国媒体传播最主要的方式,促进了国家经济的持续增长,目前,我国模拟电视技术正朝着数字化、功能化和产业化的方向不断发展。

3. 加快了电子产品的更新换代

随着模拟电子技术的不断进步,音视频类、保健类、游戏类等消费电子产品得到了快速发展。音视频类电子产品的输入输出都是模拟信号,因此,应该用模拟接入方式,对信号进行数字化处理,再转回模拟量的方式,便于为人所感知。此外,由于人所能感知的外部信息都是模拟信号,并且,大自然的外部信息也基本是以模拟量而存在的,所以,保健类和游戏类等电子产品,广泛采用了新式加速度测量芯片,提高了电子产品的技术含量。

2.3.4 模拟电路未来的发展方向

有关模拟电子技术的发展状况,其实我国目前集成电路发展已经达到了一个相当高的水平。举例来说,世界上最小的芯片仅有不到一根手指宽,然而集成度却已经达到了令人难以想象的水平。

随着纳米技术的发展,电路的集成度终将达到一个极限,并随着纳米电子的不断发展,逐渐实现了巨大的进步。而我国目前所使用的光纤通信便跟电子学息息相关,这种通信技术不仅有着通信容量大、传输距离远、无辐射、难以窃听等优点,而且通信质量是无线电通信无法比拟的。

模拟电子技术的纳米电子技术,迟早会给人们带来巨大的产业革命,并推动相关产业带动整个人类社会的巨大进步。模拟电子技术虽然发展的历史不够长,但应用的领域却十分广泛。其所代表的现代化社会重要标志,早已成为人类探索的宏观世界和微观世界的物质技术基础。

2.4 数字电路

2.4.1 数字电路的概念

用数字信号完成对数字量进行算术运算和逻辑运算的电路称为数字电路,或数字系统。由于它具有逻辑运算和逻辑处理功能,所以又称数字逻辑电路。现代的数字电路由半导体工艺制成的若干数字集成器件构造而成。逻辑门是数字电路的基本单元。存储器是用来存储二进制数据的数字电路。从整体上看,数字电路可以分为组合逻辑电路和时序逻辑电路两大类。

数字电路的发展与模拟电路一样经历了由分立元件到集成电路等时代。但其发展比模拟电路发展得更快。从 20 世纪 60 年代开始,数字集成器件以双极型工艺制成了小规模逻辑器件,随后发展到中规模逻辑器件;70 年代末,微处理器的出现,使数字集成电路的性能产生质的飞跃。数字集成器件所用的材料以硅材料为主,在高速电路中,也使用化合物半导体材料,如砷化镓等。

逻辑门是数字电路中一种重要的逻辑单元电路。晶体管-晶体管逻辑门(transistor-transistor logic,TTL)电路问世较早,其工艺经过不断改进,至今仍为主要的基本逻辑器件之一。随着互补金属氧化物半导体(complementary metal-oxide-semiconductor,CMOS)工艺的发展,TTL 电路的主导地位受到了动摇,有被 CMOS 器件所取代的趋势。近几年来,可编程逻辑器件(programmable logic device,PLD),特别是现场可编程门阵列(field programmable gate array,FPGA)的飞速进步,使数字电子技术开创了新局面,不仅规模大，而且将硬件与软件相结合，使器件的功能更加完善，使用更灵活。

数字电路或数字集成电路是由许多的逻辑门组成的复杂电路。与模拟电路相比，它主要进行数字信号的处理（即信号以 0 和 1 两个状态表示），因此抗干扰能力较强。数字集成电路有各种门电路、触发器以及由它们构成的各种组合逻辑电路和时序逻辑电路。一个数字系统一般由控制部件和运算部件组成，在时脉的驱动下，控制部件控制运算部件完成所要执行的动作。通过模数转换器（analog-to-digital converter，ADC）、数模转换器（digital-to-analog converter，DAC），数字电路可以和模拟电路互相连接。

1. 数字电路的特点

（1）同时具有算术运算和逻辑运算功能。

数字电路是以二进制逻辑代数为数学基础，使用二进制数字信号，既能进行算术运算又能方便地进行逻辑运算（与、或、非、判断、比较、处理等），因此极其适合运算、比较、存储、传输、控制、决策等应用。

（2）实现简单，系统可靠。

以二进制作为基础的数字电路，可靠性较强。电源电压的小波动对其没有影响，温度和工艺偏差对其工作的可靠性影响也比模拟电路小得多。

（3）集成度高，功能实现容易。

集成度高、体积小、功耗低是数字电路突出的优点。电路的设计、维修、维护灵活方便，随着集成电路技术的高速发展，数字电路的集成度越来越高，集成电路块的功能随着小规模集成电路、中规模集成电路、大规模集成电路、超大规模集成电路的发展也从元件级、器件级、部件级、板卡级上升到系统级。电路的设计组成只需采用一些标准的集成电路块单元连接而成。对于非标准的特殊电路还可以使用可编程逻辑阵列（programmable logic array，PLA）电路，通过编程的方法实现任意的逻辑功能。

2. 数字电路的优点

电子设备从以模拟方式处理信息，转到以数字方式处理信息的原因，主要在以下 5 方面。

（1）稳定性好：数字电路不像模拟电路易受噪声的干扰。

（2）可靠性高：数字电路中只需分辨信号的有与无，故电路的组件参数可以允许有较大的变化（漂移）范围。

（3）可长期存储：数字信息可以利用某种媒介（如磁带、磁盘、光盘等）进行长期存储。

（4）便于计算机处理：数字信号的输出除了具有直观、准确的优点外，最主要的还便于利用电子计算机进行信息的处理。

（5）便于高度集成化：由于数字电路中基本单元的结构比较简单，而且又允许组件有较大的分散性，这就使我们不仅可把众多的基本单元做在同一块硅片上，同时又能达到大批量生产所需要的良率。

2.4.2 组合逻辑电路

组合逻辑电路简称组合电路，它由最基本的逻辑门电路组合而成。其特点：输出值只与当时的输入值有关,即输出唯一地由当时的输入值决定。电路没有记忆功能,输出状态随着输入状态的变化而变化,类似于电阻性电路,如加法器、译码器、编码器、数据选择器等都属于此类。图 2.11 为全加器的逻辑电路图。

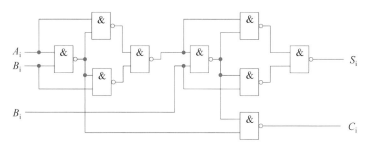

图 2.11　全加器的逻辑电路图

2.4.3　时序逻辑电路

时序逻辑电路简称时序电路,它由最基本的逻辑门电路加上反馈逻辑回路(输出到输入)或器件组合而成。与组合电路相比,最本质的区别在于时序电路具有记忆功能。时序电路的特点:输出值不仅取决于当时的输入值,而且还与电路过去的状态有关。它类似于含储能元件的电感或电容的电路,如触发器、锁存器、计数器、移位寄存器、存储器等电路都是时序电路的典型部件。图 2.12 为时序逻辑电路结构框图。

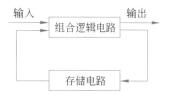

图 2.12　时序逻辑电路结构框图

2.4.4　数字电路的应用

目前,数字电路广泛地应用于电视、雷达、通信、电子计算机、自动控制、航天等科学技术领域。在数字通信系统中,图像及电视信号处理都可以用若干 0 编制成各种代码,分别代表不同的信息含义;在自动控制中,可以利用数字电路的逻辑功能,设计各种各样的数字控制装置;在测量仪表中,可以利用数字电路对测量信号进行处理,并将测试结果显示出来;在高度集成的电子设备领域,可以利用集成电路实现手机、无线通信等设备的设计生产;尤其在数字电子计算机中,可以利用数字电路实现各种功能的数字信息的处理。

2.5　射频电路

2.5.1　概述

射频是指可以用于无线电信号发射与接收的频率,通常包括中波、短波、超短波以及微波以上的频段。

射频电路是电子、通信类各专业的一门主要技术基础课,目的是通过对高频条件下电子元器件和特性参数的再认识,以及对选频传输网络、高频小信号谐振放大、高频谐振功率放大、非线性器件的应用、信号的调制与解调、频谱变换技术和锁相环技术等的教学,使学生掌握基本的高频电路(非线性电子线路或通信电子线路)特点、结构、原理和分析方法。为后续专业课打下必要的基础。

2.5.2 射频电路的组成

射频电路原理分 3 部分:接收电路的结构和工作原理,发射电路的结构和工作原理,本振电路的结构和工作原理。图 2.13 是一个无线通信收发机的系统模型,它包含发射机电路、接收机电路以及通信天线。这个收发机可以应用于个人通信和无线局域网中。在这个系统中,数字处理部分主要是对数字信号进行处理,包括采样、压缩、编码等;然后通过 DAC 变成模拟形式进入模拟信号电路单元。典型射频电路如图 2.13 所示。

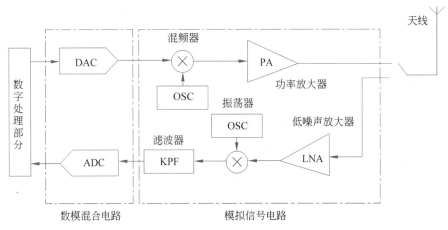

图 2.13 典型射频电路

前面所学的模拟电路大多属于低频电路,射频电路,即高频电路,与低频电路的主要区别如图 2.14 所示

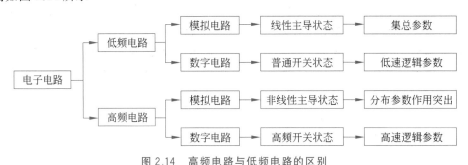

图 2.14 高频电路与低频电路的区别

2.5.3 射频电路的应用

1. 频谱资源的管理与开发
频谱资源的管理与开发主要包括频分复用、时分复用和电磁兼容工程应用等。

2. 无线电定位与测距技术

无线电定位与测距(radio detecting and ranging)技术,即雷达技术应用,雷达是微波技术应用的典型例子。由于第二次世界大战期间对于雷达的急切需求,微波技术才迅速发展起来。现代雷达多数是微波雷达,这主要是由于这些雷达要求它所用的天线能像光探照灯那样,把发射机的功率基本上全部集中于一个窄带波束内辐射出去。

如图2.15所示,设备的发射机通过天线把电磁波能量射向空间某一方向,处在此方向上的物体反射碰到的电磁波。雷达天线接收此反射波,送至接收设备进行处理,提取有关该物体的某些信息,例如,目标物体至雷达的距离,距离变化率或径向速度、方位、高度等。

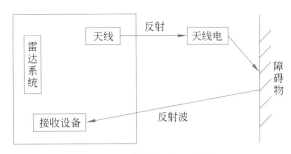

图2.15 雷达工作示意图

3. 软件无线电技术

软件无线电(software defined radio)是将模块化、标准化的硬件单元以总线方式连接成基本平台,然后通过CPU控制下的功能性程序软件来加载实现各种无线电通信功能的一种开放式体系结构。其中,载波频率合成、伪随机序列信号产生、信道选择变换与变频、数字信号的调制解调、中频处理、信源、基带信号和信令处理等都可以通过数字信号处理器(digital signal processor,DSP)与软件来实现。一个实际的软件无线电系统基本组成如图2.16所示。

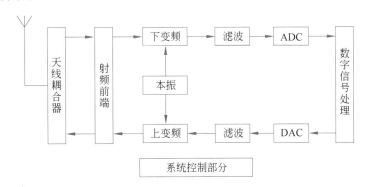

图2.16 软件无线电系统基本组成框图

4. 蓝牙技术与应用

蓝牙(blue tooth)技术采用无线信道,涉及一系列软硬件技术、方法和理论,包括现代无线通信(扩频收发信、数字变频、调制、解调)与网络技术，软件工程，协议测试技术，嵌入式实时操作系统，跨平台开发和用户界面图形化技术，软硬件接口技术，集成芯片技术等的综合应用。

蓝牙设备使用无线电波连接手机和计算机。蓝牙产品包含一块小小的蓝牙模块以及支持连接的蓝牙无线电和软件。当两台蓝牙设备想要相互交流时，它们需要进行配对。蓝牙设备之间的通信在短程(被称为微微网，指设备使用蓝牙技术连接而成的网络)的临时网络中进行。这种网络可容纳2～8台设备进行连接。当网络环境创建成功，一台设备作为主设备，而其他所有设备作为从设备。微微网在蓝牙设备加入和离开无线电短程传感时动态、自动建立。

5. 其他应用

射频电路应用领域还有 ETC、铁路机车车辆识别跟踪、集装箱识别、出入门禁管理、动物识别、跟踪、车辆自动锁死等，总之，人们生活中的很多方面都会有射频电路的身影。

2.6　本章小结

本章简要介绍了电路分析的主要原理和基本分析方法，以及模拟电路、数字电路、射频电路等相关电路。

主要包括电子电路技术的主要原理和分析方法，即常用模拟电路的分析方法和数字电路的分析方法，模拟电路、数字电路以及射频电路的发展历程、主要内容和相关应用等。

2.7　为进一步深入学习推荐的参考书目

为了进一步深入学习本章有关内容，向读者推荐以下参考书目。

[1]　汪建,柳贵东,林春景.电路分析基础[M].北京：清华大学出版社,2023.

[2]　钟洪声,崔红玲.电路分析与电子线路[M].北京：高等教育出版社,2022.

[3]　NEAMEN D A.电子电路分析与设计：模拟电子技术[M].任艳频,张东辉,赵晓燕,译.4版.北京：清华大学出版社,2021.

[4]　高玉良.电路与模拟电子技术[M].4版.北京：高等教育出版社,2022.

[5]　王骥,宋方,林景东,等.模拟电路分析与设计[M].3版.北京：清华大学出版社,2020.

[6]　殷瑞祥.电路与模拟电子技术[M].4版.北京：高等教育出版社,2022.

[7]　林红,郭典,林晓曦,等.数字电路与逻辑设计[M].4版.北京：清华大学出版社,2023.

[8]　林水生,周军.数字电路与系统[M].北京：高等教育出版社,2022.

[9]　欧阳星明,溪利亚,陈国平,等.数字电路逻辑设计[M].3版.北京：人民邮电出版社,2021.

[10]　王红霞,马知远,吴文全,等.高频电子线路实践教程[M].北京：清华大学出版社,2023.

［11］　陈铖颖,范军,尹飞飞,等. CMOS 模拟集成电路版图设计：基础、方法与验证［M］.北京：机械工业出版社,2022.

［12］　GU QI ZHENG.无线通信中的射频收发系统设计［M］.杨国敏,译. 北京：清华大学出版社,2023.

2.8　习题

1. 上网查阅最新的电子电路技术的进展。

2. 上网查阅最新的有关模拟技术的新技术。

3. 上网查阅资料,了解数字电路与计算机的最新进展。

4. 上网查阅资料,了解射频电路的情况。

5. 就你感兴趣的电子电路技术内容的任何一个方面阐述它的历史、现状、发展趋势和涉及的可能知识,并讨论所报告的方面对社会、安全、健康、法律、文化及环境等方面的影响,从系统应用的角度考虑这些制约因素,并提出恰当的解决办法。

第 3 章

处理器技术

教学提示：处理器技术是计算机运算和控制的核心技术。本章简单介绍处理器的关键技术，包括微控制器技术、微处理器技术、可编程逻辑器技术等。

教学要求：本章要求学生了解处理器的主要关键技术，重点是微控制器技术、微处理器技术、可编程逻辑控制器技术和可编程逻辑器件技术等。

本章主要包括以下小节：

3.1 引言

随着人类步入高速信息化时代,处理器技术已经成为引领科技发展和提升国家综合实力的重要武器。中央处理器(central processing unit,CPU)作为计算机系统的运算和控制核心,是信息处理、程序运行的最终执行单元。CPU自产生以来,在逻辑结构、运行效率以及功能外延上取得了巨大进步。

CPU出现于大规模集成电路时代,处理器架构设计的迭代更新以及集成电路工艺的不断提升促使其不断发展完善。从最初专用于数学计算到广泛应用于通用计算,从4位、8位、16位、32位到64位处理器,从各厂商互不兼容到不同指令集架构规范出现,CPU自诞生以来一直在飞速发展。CPU发展已经有50多年的历史了,通常将其分成6个阶段。

(1)第一阶段(1971—1973年)。4位和8位低档微处理器时代,代表产品Intel 4004处理器。1971年,Intel公司生产的4004微处理器将运算器和控制器集成在一个芯片上,标志着CPU的诞生;1978年,Intel 8086处理器的出现奠定了x86指令集架构,随后Intel 8086系列处理器被广泛应用于个人计算机终端、高性能服务器以及云服务器中。

(2)第二阶段(1974—1977年)。8位中高档微处理器时代,代表产品是Intel 8080,此时指令系统已经比较完善了。

(3)第三阶段(1978—1984年)。16位微处理器时代,代表产品是Intel 8086,相对而言,此时指令系统已经比较成熟了。

(4)第四阶段(1985—1992年)。32位微处理器时代,代表产品是Intel 80386,已经可以胜任多任务、多用户的作业。1989年发布的Intel 80486处理器实现了5级标量流水线,标志着CPU的初步成熟,也标志着传统处理器发展阶段的结束。

(5)第五阶段(1993—2005年)。奔腾系列微处理器的时代。1995年11月,Intel公司发布了Pentium处理器,该处理器首次采用超标量指令流水线结构,引入了指令的乱序执行和分支预测技术,大大提高了处理器的性能。因此,超标量指令流水线结构一直被后续出现的现代处理器,如AMD(Advanced Micro Devices)公司的锐龙、Intel公司的酷睿系列等所采用。

(6)第六阶段(2005年至今)。处理器逐渐向更多核心,更高并行度发展。典型的代表有Intel公司的酷睿系列处理器和AMD公司的锐龙系列处理器。

为了满足操作系统的上层工作需求,现代处理器进一步引入了并行化、多核化、虚拟化以及远程管理系统等功能,不断推动着上层信息系统向前发展。

CPU是电子计算机的主要设备之一,即核心配件。其功能主要是解释计算机指令以及处理计算机软件中的数据。CPU是计算机中负责读取指令,对指令译码并执行指令的核心部件。主要包括两部分,即控制器和运算器,其中还包括高速缓冲存储器及实现它们之间联系的数据、控制的总线。电子计算机三大核心部件就是CPU、内部存储器、输入输出设备。CPU的功效主要为处理指令、执行操作、控制时间和处理数据。

在计算机体系结构中,CPU是对计算机的所有硬件资源(如存储器、输入输出单元)

进行控制调配、执行通用运算的核心硬件单元。CPU 是计算机的运算和控制核心。计算机系统中所有软件层的操作,最终都将通过指令集映射为 CPU 的操作。

3.2 微控制器技术

3.2.1 概述

计算机技术带来了科研和生活的许多重大变革,可以说,其标志着人类社会进步文明的又一次飞跃。更得益于大规模集成电路的进步与发展,即计算机的重要分支——微型计算机的发展,微型计算机的典型发展就是微控制器和微处理器的出现。

微控制器(microcontroller unit,MCU),又称单片机或单片微控制器,是把 CPU 的频率与规格适当缩减,并将内存、计数器、USB、ADC 转换、UART、PLC、DMA 等周边接口,甚至 LCD 驱动电路都整合在单一芯片上,形成芯片级的计算机,为不同的应用场合做不同组合控制,如手机、PC 外围、遥控器,至汽车电子工业上的步进发动机、机器手臂的控制等,都可见到 MCU 的身影。

MCU 按其存储器类型可分为无片内 ROM(read-only memory,只读存储器)型和带片内 ROM 型两种。对于无片内 ROM 型的芯片,必须外接可擦可编程只读存储器(erasable programmable read only memory,EPROM)才能应用(典型为 8031);带片内 ROM 型的芯片又分为片内 EPROM 型(典型芯片为 87C51)、片内掩模(mask)ROM 型(典型芯片为 8051)、片内 Flash 型(典型芯片为 89C51)等类型。MCU 按用途可分为通用型和专用型两种。根据数据总线的宽度和一次可处理的数据字节长度可分为 8 位、16 位、32 位 MCU。

目前,国内 MCU 应用市场最广泛的是消费电子领域,其次是工业领域和汽车电子领域。消费电子领域包括家用电器、电视、游戏机和音视频系统等,工业领域包括智能家居、自动化、医疗应用及新能源生成与分配等,汽车电子领域包括汽车动力总成和安全控制系统等。

3.2.2 发展历程

微控制器是将微型计算机的主要部分集成在一个芯片上的单芯片微型计算机。微控制器诞生于 20 世纪 70 年代中期,经过 40 多年的发展,其成本越来越低,性能越来越强大,使其应用无处不在,遍及各个领域。例如,电动机控制、条码阅读器/扫描器、消费类电子、游戏设备、电话、HVAC、楼宇安全与门禁控制、工业控制与自动化和白色家电(洗衣机、微波炉)等。

自从 1974 年 12 月美国 Fairchild 公司第一个推出 8 位微控制器 F8 以来,其以惊人的速度发展,从 4 位机、8 位机发展到 16 位机、32 位机,集成度越来越高,功能越来越强,应用范围越来越广。到目前为止,微控制器的发展主要可分为以下 4 个阶段。

(1)第一阶段:4 位微控制器(1971—1973 年)。这种微控制器的特点是价格便宜,控制功能强,片内含有多种 I/O 接口,如并行 I/O 接口、串行 I/O 接口、定时器/计数器接口、中断功能接口等。根据不同用途,还配有许多专用接口,如打印机接口、键盘及显示器接口,PLA 译码输出接口,有些甚至还包括 ADC、DAC、锁相环(PLL)、声音合成等电路。丰富的 I/O 功能大大地增强了 4 位微控制器的控制功能,从而使外部接口电路极为简单。

(2) 第二阶段:低、中档 8 位机(1974—1977 年)。这种 8 位机一般寻址范围通常为不大于 4KB。它是 8 位机的早期产品,如 Mostek 公司的 3870、Intel 公司的 8048 等微控制器即属此类。MCS-48 系列微控制器是 Intel 公司 1976 年以后陆续推出的第一代 8 位微控制器系列产品。它包括基本型(中档)8048、8748 和 8035;强化型(高档)8049、8749、8039、8050 和 8040;简化型(低档)8020、8021、8022。低、中档单片机目前已逐渐被高档 8 位单片机取代。例如,MCS-48 系列现在已经被 MCS-51 系列高档 8 位机所取代。

(3) 第三阶段:高档 8 位机阶段(1978—1981 年)。这一类微控制器常有串行 I/O 接口,多级中断处理,定时器/计数器为 16 位,片内的随机存储器(random access memory,RAM)和 ROM 的容量相对增大,且寻址范围最高可达 64KB,有的片内还带有 ADC。这类单片机有 Intel 公司的 MCS-51、Motorola 公司的 6801 和 Zilog 公司的 Z8 等。由于这类单片机应用领域较广,其结构和性能不断地改进和发展。

(4) 第四阶段:16 位微控制器和超 8 位微控制器(1982 年至今)。此阶段的主要特征是,一方面不断完善高档 8 位机,改善其结构,以满足不同用户的需要;另一方面发展 16 位微控制器及专用微控制器。16 位微控制器除了 CPU 为 16 位外,片内 RAM 和 ROM 的容量也进一步增大,片内带有高速输入输出部件,多通道 10 位 ADC 部件,中断处理为 8 级,其实时处理能力更强。近年来,32 位微控制器已进入实用阶段。

微控制器的发展趋势将向着大容量、高性能化,小容量、低价格化和外围电路内装化等方面发展。

(1) 大容量高性能化:片内存储器大容量化。以往微控制器的 ROM 为 1~4KB,RAM 为 64~128B。因此在某些复杂的应用上,存储器容量不够,不得不外接扩充。为了适应这些领域的要求,运用新的工艺,使片内存储器大容量化。今后,随着工艺技术的不断发展,片内存储器容量将进一步扩大。微控制器的高性能化主要是指进一步改进 CPU 的性能,加快指令运算的速度和提高系统控制的可靠性,并加强了位处理功能、中断和定时控制功能;采用流水线结构,指令以队列形式出现在 CPU 中,从而有很高的运算速度。有的微控制器基本采用了多流水线结构,这类微控制器的运算速度要比标准的微控制器高出 10 倍以上。

(2) 小容量、低价格化:与上述相反,小容量、低价格化的 4 位、8 位微控制器是发展的动向之一。这类微控制器的用途是把以往用数字逻辑集成电路组成的控制电路单片化。

(3) 外围电路内装化:这也是微控制器的发展的主要动向。随着集成度不断提高,有可能把众多的各种外围功能部件集成在片内。除了一般必须具有的 CPU、ROM、RAM、定时器/计数器等外,片内集成的部件还有 ADC、DAC、DMA 控制器、声音发生器、监视定时器、液晶显示驱动器、彩色电视机和录像机用的锁相电路等。

3.2.3　基本组成

微控制器基本组件通常包括 CPU、ROM、RAM、定时器/计数器、中断系统、I/O 接口等。微控制器常需要时钟、复位电路和外部设备等一起构成微控制器系统或者嵌入式系统。常见的微控制器系统结构框图如图 3.1 所示。

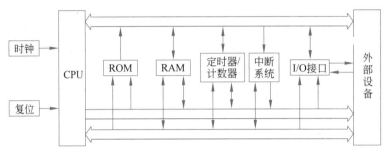

图 3.1　微控制器系统结构框图

3.2.4　微控制器的特点

微控制器的特点如下。

（1）资源受限（引脚少，片内存储器容量不大，可扩或选），开发需要专用工具和特殊方法，有实时约束。

（2）通常极其关注成本，大多要求低功耗，运算能力不强。

（3）技术含量高，支持集成系统，具有很长生命周期。

（4）可靠性好。由于微控制器的各种功能部件都集成在一个芯片上，特别是存储器也集成在芯片内部，布线短，数据大都在芯片内部传送，不易受到外部的干扰，增强了抗干扰能力，使系统运行更可靠。故可靠性明显优于一般通用 CPU 组成的系统。

（5）控制功能强。为了满足工业控制要求，一般微控制器的指令系统中均有极丰富的条件分支转移指令、I/O 接口的逻辑操作以及位处理功能。一般来说，微控制器的逻辑控制功能及运行速度均高于同档次的 CPU。

（6）易扩展。芯片外部有许多供扩展用的三总线及并行、串行输入输出引脚，很容易构成各种规模的计算机应用系统。

（7）一般微控制器内无监控程序或系统管理软件，开发需要相应的仿真系统。

3.2.5　微控制器发展

微控制器可以大体分为两大类：普通单片机和数字信号处理器（DSP）。

1. MCS-51 单片机

MCS-51 单片机是指由美国 Intel 公司生产的一系列单片机的总称，这一系列单片机包括了许多品种，如 8031、8051、8751、8032、8052、8752 等，其中 8051 是最早最典型的产品，该系列其他单片机都是在 8051 的基础上进行功能的增加、删除、修改而来的，所以人们习惯用 8051 来称呼 MCS-51 系列单片机，其具体分类如表 3.1 所示。

表 3.1 MCS-51 系列单片机及相关产品的类型及特点一览表

单片机型号/存储器容量与类别	RAM /B	16 位定时器个数	中断源个数	最高晶振频率/MHz	扩展引脚个数
8031/无 ROM,8051/4KB ROM,8751/4KB EPROM	128	2	5	12	40
8032/无 ROM,8052/8KB ROM,8752/8KB EPROM	256	3	6	12	40
80C31/无 ROM,80C51/4KB ROM,87C51/4KB EPROM	128	2	5	12	40
AT89C51/4KB EEPROM	128	2	5	24	40
AT89C52/8KB EEPROM	256	3	8	24	40
AT89C1051/1KB EPROM	128	2	5	24	20
AT89C2051/2KB EPROM	128	2	5	24	20

MCS-51 单片机是一种集成的电路芯片,采用超大规模集成电路技术把具有数据处理能力的 CPU、RAM、ROM、多种 I/O 接口和中断系统、定时器/计时器等功能(可能还包括显示驱动电路、脉宽调制电路、模拟多路转换器、ADC 等电路)集成到一块硅片上,构成的一个小而完善的计算机系统。CPU 的内部集成有运算器和控制器,运算器完成运算操作(包括数据运算、逻辑运算等),控制器完成取指令、对指令译码以及执行指令。片内资源包括 CPU、数据存储器、程序存储器、定时器/计数器、并行 I/O 接口、全双工串行接口、中断系统、时钟电路,其结构框图如图 3.2 所示。

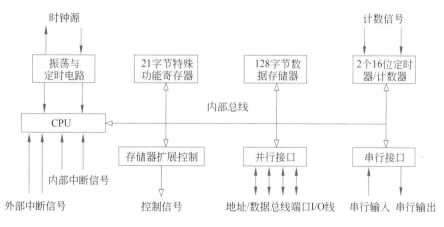

图 3.2 MCS-51 单片机结构框图

MCS-51 单片机是我国引进最早(大约在 1987 年),到目前仍然使用最广泛的单片机之一。荷兰 Philips,美国 Dallas、Atmel、SST、韩国 LG 等多家公司均采用 MCS-51 单片机的内核,生产了与 MCS-51 系列单片机兼容且有自己特色的单片机,不同单片机之间的主要功能大同小异,学好了 MCS-51 系列后,其他单片机也不难掌握。

2. STM32 单片机

STM32 代表 ARM Cortex-M 内核的 32 位单片机,由 ST 公司推出。其中 ST 代表

ST 公司,M 表示微控制器,32 代表 32b,表示这是一个 32b 的单片机。

STM32 系列专为要求高性能、低成本、低功耗的嵌入式应用设计的 ARM Cortex ©-M0、M0＋、M3、M4 和 M7 内核。按内核架构分为不同产品:主流产品(STM32F0、STM32F1、STM32F3)、超低功耗产品(STM32L0、STM32L1、STM32L4、STM32L4＋)、高性能产品(STM32F2、STM32F4、STM32F7、STM32H7),STM32 单片机自带了各种常用通信接口,功能非常强大。主要功能如下。

(1) 通用同步异步接收发送设备(universal synchronous/asynchronous receiver/transmitter,USART),用于跟 USART 接口的设备通信,如 USB 转串行接口模块、ESP8266 WiFi、GPS 模块、GSM 模块、串行接口屏、指纹识别模块。

(2) 内部集成电路(inter-integrated circuit,IIC),用于跟 IIC 接口的设备通信,如 EEPROM、电容屏、陀螺仪 MPU6050、0.96 寸 OLED 模块。

(3) 串行外设接口(serial peripheral interface,SPI),用于跟 SPI 的设备通信,如串行 Flash、以太网 W5500、音频模块 VS1053。

(4) 安全数字输入输出(secure digital input and output,SDIO)、可变静态存储控制器(flexible static memory controller,FSMC)的超级、IIS、SAI、ADC、GPIO。

STM32 系列单片机是目前应用仅次于 MSC-51 单片机的微控制器,其功能强大,可适用于大多数电子产品的开发,如智能手环、微型四轴飞行器、平衡车、扫地机、移动 POS 机、智能电饭锅、3D 打印机等。

3. MSP430 单片机

德州仪器(TI)公司生产的 MSP430 系列单片机是一种基于精简指令集计算机(reduced instruction set computer,RISC)的 16 位混合信号处理器。芯片内部集成 ADC 和 DAC,这使它不仅能够接收和输出数字信号,而且也能够接收和输出模拟信号,因此称其为混合信号处理器。MSP430 系列单片机的组成框图如图 3.3 所示。

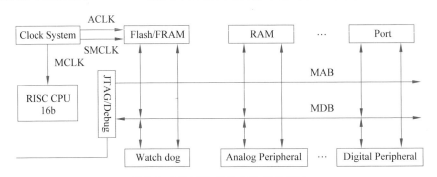

图 3.3　MSP430 单片机的组成框图

传统单片机在静态时的功耗大,无法满足在一些低功耗电池供电系统、掌上系统设计中的要求,而低功耗的 MSP430 系列单片机填补了这一空缺。目前 MSP430 系列单片机在能量表、智能传感、便携式仪器等领域中被灵活使用。

4. DSP

数字信号处理(digital signal processing)是一门涉及许多学科而又广泛应用于许多领域的新兴学科。20世纪60年代以来,随着计算机和信息技术的飞速发展,数字信号处理技术应运而生并得到迅速发展。在过去的20多年里,数字信号处理已经在通信等领域得到极为广泛的应用。DSP是利用计算机或专用处理设备,以数字形式对信号进行采集、变换、滤波、估值、增强、压缩、识别等处理,以得到符合人们需要的信号形式。

世界上第一个单片DSP芯片是1978年AMI公司发布的S2811,1979年美国Intel公司发布的商用可编程器件2920是DSP芯片的一个重要里程碑。这两种芯片内部都没有现代DSP芯片所必须有的单周期乘法器。1980年,日本NEC公司推出的μPD7720是第一个具有乘法器的商用DSP芯片。

此后,最成功的DSP芯片当数TI的一系列产品。TI公司将常用的DSP芯片归纳为三大系列,即TMS320C2000系列(包括TMS320C2X/C2XX)、TMS320C5000系列(包括TMS320C5X/C54X/C55X)、TMS320C6000系列(包括TMS320C62X/C67X)。如今,TI公司的一系列DSP产品已经成为当今世界上最有影响的DSP芯片。

目前DSP芯片应用主要包括如下4方面。

(1)仪器仪表。如频谱分析、函数发生、锁相环、地震处理、数字滤波、模式匹配、暂态分析等。

(2)自动控制。如引擎控制、声控、机器人控制、磁盘控制器、激光打印机控制、电动机控制等。

(3)家用电器。如高保真音响、音乐合成、音调控制、玩具与游戏、数字电话与电视、电动工具、固态应答机等。

(4)信号处理。如数字滤波、自适应滤波、快速傅里叶变换、希尔伯特变换、小波变换、谱分析、卷积、模式匹配、加窗、波形产生等。

3.2.6 微控制器的主要应用

微控制器应用系统软硬件的设计和配置规模都是以满足应用系统功能要求为原则,具有最佳的性能价格比。采用微控制器后,许多硬件电路的功能可以用软件来实现(称为硬件的软化),可以大大减少系统的硬件结构。一方面可以降低成本,另一方面也大大提高了系统的可靠性。微控制器应用系统具有体积小、功耗低、功能强、可靠性高的特点。微控制器在家用电器、办公设备、测控系统、智能仪器仪表、通信系统及机电行业等各个领域获得了广泛应用。随着廉价微控制器的出现,它的应用范围将越来越广泛。

微控制器的应用范围有很多,包括家庭和企业、楼宇自动化、制造业、机器人、汽车、照明、智能能源、工业自动化、通信和物联网(internet of things,IoT)部署。大到火箭制造,小到常用便携电子产品的研发。

简单应用:可以将微控制器用于烤箱、冰箱、烤面包机、移动设备、咖啡机、游戏机、电视和草坪灌溉系统等日常用具。它们在办公机器中也很常见,如复印机、扫描仪、传真机和打印机,以及智能电表、ATM系统。

复杂应用:可以将微控制器在飞机、航天器、远洋轮船、车辆、医疗和生命保障系统以及机器人中执行关键功能。在医疗现场，微控制器可以调节人造心脏、肾脏或其他器官的操作。此外，它们还可以优化假肢等设备的功能。

典型应用领域如下。

（1）机电一体化产品。微控制器与传统机械产品相结合，使传统机械产品结构简化、控制智能化，人机界面更加友好，构成新一代的机电一体化产品，如微控制器控制的编织机、数控机床等。

（2）智能仪器仪表。用微控制器改造原有的测量、控制仪器仪表，促进了仪器仪表向数字化、智能化、多功能化、综合化、柔性化发展，使仪器仪表具有自动量程选择、自动误差修正、自诊断、数据断电保护等功能。由微控制器构成的仪器仪表集测量、处理、控制功能于一体，赋予测量仪器仪表以崭新的面貌。

（3）测控系统。用微控制器构成各种工业控制系统、自适应控制系统、数据采集系统等，如电镀生产线自动控制等。

（4）智能计算机外部设备。如绘图仪、硬盘驱动器均采用了微控制器，针式打印机就由两片微控制器控制，微型计算机的键盘由一片微控制器控制。

（5）智能传感器。微控制器与传感器的结合，构成了智能传感器，可方便实现非线性校正。

（6）通信系统。

3.3　微处理器技术

3.3.1　概述

微处理器是由一片或少数几片大规模集成电路组成的中央处理器。这些电路执行控制部件和算术逻辑部件的功能。微处理器能完成取指令、执行指令，以及与外界存储器和逻辑部件交换信息等操作，是微型计算机的运算控制部分。它可与存储器和外围电路芯片组成微型计算机。

微处理器与传统的中央处理器相比，具有体积小、重量轻和容易模块化等优点。微处理器的基本组成有寄存器堆、运算器、时序控制电路，以及数据和地址总线。

自从人类1947年发明晶体管以来，半导体技术经历了硅晶体管、集成电路、超大规模集成电路、甚大规模集成电路等几代，发展速度之快是其他产业所没有的。半导体技术对整个社会产生了广泛的影响，因此被称为"产业的种子"。中央处理器是指计算机内部对数据进行处理并对处理过程进行控制的部件，伴随着大规模集成电路技术的迅速发展，芯片集成密度越来越高，CPU可以集成在一个半导体芯片上。这种具有中央处理器功能的大规模集成电路被统称为微处理器。需要注意的是，微处理器本身并不等于微型计算机，仅仅是微型计算机的中央处理器。

微处理器已经无处不在，无论是录像机、智能洗衣机、移动电话等家电产品，还是汽车引擎控制，以及数控机床、导弹精确制导等都要嵌入各类不同的微处理器。微处理器不仅是微型计算机的核心部件，也是各种数字化智能设备的关键部件。国际上的超高速巨型计算机、大型计算机等高端计算系统也都采用大量的通用高性能微处理器建造。

3.3.2 发展历程

CPU 的发展已经有很多年的历史了,这期间,按照其处理信息的字长,CPU 可以分为 4 位微处理器、8 位微处理器、16 位微处理器、32 位微处理器以及 64 位微处理器,可以说个人计算机的发展是随着 CPU 的发展而前进的。微型计算机是指以大规模、超大规模集成电路为主要部件,以集成了计算机主要部件——控制器和运算器——的微处理器为核心,所构造出的计算。经过多年的发展,微处理器的发展历程如图 3.4 所示。

图 3.4 微处理器发展历程图

微处理器的发展大致可分为如下 6 个阶段。

(1)第一代(1971—1973 年),通常是以字长为 4 位或低档 8 位的微处理器,典型的是美国 Intel 4004 和 Intel 8008 微处理器。Intel 4004 是一种 4 位微处理器,可进行 4 位二进制的并行运算,它有 45 条指令,速度 0.05MIPS(million instruction per second,百万条指令每秒)。Intel 4004 的功能有限,主要用于计算器、电动打字机、照相机、台秤、电视机等家用电器上,使这些电气设备具有智能化,从而提高它们的性能。Intel 8008 是世界上第一种 8 位微处理器。存储器采用 PMOS 工艺。该阶段计算机工作速度较慢,微处理器的指令系统不完整,存储器容量很小,只有几百字节,没有操作系统,只有汇编语言。主要用于工业仪表、过程控制。

(2)第二代(1974—1977 年),即中高档 8 位微处理器,典型的微处理器有 Intel 8080/8085,Zilog 公司的 Z80 和 Motorola 公司的 M6800。与第一代微处理器相比,第二代集成度提高了 1~4 倍,运算速度提高了 10~15 倍,指令系统相对比较完善,已具备典型的计算机体系结构,以及中断、直接存储器存取等功能。

由于微处理器可用来完成很多以前需要用较大设备才能完成的计算任务,价格又便宜,于是各半导体公司开始竞相生产微处理器芯片。Zilog 公司生产了 8080 的增强型 Z80,Motorola 公司生产了 6800,Intel 公司于 1976 年又生产了增强型 8085,但这些芯片基本没有改变 8080 的基本特点,都属于第二代微处理器。它们均采用 NMOS 工艺,集成度约为 9000 个晶体管,平均指令执行时间为 $1\sim2\mu s$,采用汇编语言、BASIC、FORTRAN 语言编程,使用单用户操作系统。

(3)第三代(1978—1984 年),即 16 位微处理器。1978 年,Intel 公司率先推出 16 位微处理器 8086,同时,为了方便原来的 8 位机用户,Intel 公司又提出了一种准 16 位微处理器 8088。

在 Intel 公司推出 8086、8088 CPU 之后,各公司也相继推出了同类的产品,有 Zilog 公司的 Z8000 和 Motorola 公司的 M68000 等。16 位微处理器比 8 位微处理器有更大的寻址空间、更强的运算能力、更快的处理速度和更完善的指令系统。所以,16 位微处理器已能够替代部分小型机的功能,特别在单任务、单用户的系统中,8086 等 16 位微处理器更是得到了广泛应用。

(4)第四代(1985—1992 年),即 32 位微处理器。1985 年 10 月 17 日,Intel 公司划时代的产品 80386DX 正式发布,其内部包含 27.5 万个晶体管,时钟频率为 12.5MHz,后逐步提高到 20MHz、25MHz、33MHz,最后还有少量的 40MHz 产品。

由于 32 位微处理器的强大运算能力,个人计算机的应用扩展到很多领域,如商业办公和计算、工程设计和计算、数据中心、个人娱乐。80386 使 32 位 CPU 成为个人计算机工业的标准。

(5)第五代(1993—2005 年),64 位微处理器,典型的为奔腾(Pentium)系列微处理器时代。典型产品是 Intel 公司的奔腾系列微处理器芯片及与之兼容的 AMD 公司的 K6 系列微处理器芯片。内部采用了超标量指令流水线结构,并具有相互独立的指令和数据高速缓存。随着 MMX(MultiMedia eXtended)微处理器的出现,使微型计算机的发展在网络化、多媒体化和智能化等方面跨上了更高的台阶。

(6)第六代(2006 年至今)是酷睿(Core)系列微处理器时代。酷睿是一款领先节能的新型微架构,设计的出发点是提供卓然出众的性能和能效,提高每瓦特性能,也就是能效比。早期的酷睿是基于笔记本计算机处理器的。

3.3.3　内部架构

以 16 位微处理器 Intel 8086(见图 3.5)为例,可分成两部分:一部分是执行部件(execution unit,EU),即执行指令的部分;另一部分是总线接口部件(bus interface unit,BIU),与 8086 总线联系,执行从存储器取指令的操作。微处理器分成 EU 和 BIU 后,可使执行指令和取指令的操作重叠进行。EU 有一个寄存器堆,由 8 个 16 位的寄存器组成,可用于存放数据、变址和堆栈指针、算术运算逻辑部件(arithmetic and logic unit,ALU)执行算术运算和逻辑操作,标志寄存器(flags register,FR)寄存这些操作结果的条件。EU 中的这些部件是通过数据总线传送数据的。BIU 也有一个寄存器堆,其中 CS、DS、SS 和 ES 是存储空间分段的分段寄存器,IP 是指令指针。内部寄存器也是暂时存放数据的寄存器。指令队列是把预先取来的指令流存放起来。BIU 还有一个地址加法器,把分段寄存器值和偏移量相加,取得 20 位的物理地址。数据和地址通过总线控制逻辑与外面的 8086 系统总线相联系。8086 有 16 位数据总线,处理器与片外传送数据时,一次可传送 16 位二进制数。8086 具有一个初级流水线结构,可以实现片内操作与片外操作的重叠。

3.3.4　基本组成

微处理器的功能可以分为算术逻辑部件(arithmetic and logic unit,ALU)、存储器、I/O

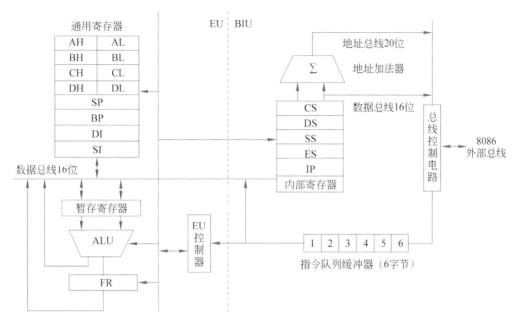

图 3.5 Intel 8086 微处理器内部结构图

接口和总线等部分,其中算术逻辑部件是其主要组成部分。

1. 算术逻辑部件

算术逻辑部件主要完成算术运算(+、一、×、/、比较)和各种逻辑运算(与、或、非、异或、移位)等操作。ALU 是组合电路,本身无寄存操作数的功能,因而必须有保存操作数的两个寄存器:暂存器 TMP 和累加器 AC。累加器既向 ALU 提供操作数,又接收 ALU 的运算结果。

寄存器阵列实际上相当于微处理器内部的 RAM,它包括通用寄存器组和专用寄存器组两部分,通用寄存器(A,B,C,D)用来存放参加运算的数据、中间结果或地址。它们一般均可作为两个 8 位寄存器使用。处理器内部有了这些寄存器之后,就可避免频繁地访问存储器,缩短指令长度和指令执行时间,提高机器的运行速度,也给编程带来方便。专用寄存器包括程序计数器(PC)、堆栈指示器(SP)和标志寄存器(FR),它们的作用是固定的,用来存放地址或地址基值。

(1) PC 用来存放下一条要执行的指令地址,因而它控制着程序的执行顺序。在顺序执行指令的条件下,每取出一字节的指令,PC 的内容就自动加 1。当程序发生转移时,就必须把新的指令地址(目标地址)装入 PC,这通常由转移指令来实现。

(2) SP 用来存放栈顶地址。堆栈是存储器中的一个特定区域。它按"后进先出"的方式工作,当新的数据压入堆栈时,栈中原存储信息不变,只改变栈顶位置,当数据从栈弹出时,弹出的是栈顶位置的数据,弹出后自动调整栈顶位置。也就是说,数据在进行压栈、出栈操作时,总是在栈顶进行。堆栈一旦初始化(即确定了栈底在内存中的位置)后,SP 的内容(即栈顶位置)便由 CPU 自动管理。

(3) FR 也称程序状态字(program state word,PSW)寄存器,用来存放算术、逻辑运算指令执行后的结果特征,如结果为 0 时,产生进位或溢出标志等。

定时与控制逻辑是微处理器的核心控制部件,负责对整个计算机进行控制,包括从存储器中取指令、分析指令(即指令译码)确定指令操作和操作数地址、取操作数、执行指令规定的操作、送运算结果到存储器或 I/O 端口等。它还向微型计算机的其他各部件发出相应的控制信号,使 CPU 内、外各部件间协调工作。

内部总线用来连接微处理器的各功能部件,并传送微处理器内部的数据和控制信号。

必须指出,微处理器本身并不能单独构成一个独立的工作系统,也不能独立地执行程序,必须配上存储器、输入输出设备构成一个完整的微型计算机后才能独立工作。

2. 存储器

微型计算机的存储器用来存放当前正在使用的或经常使用的程序和数据。存储器按读写方式分为 RAM 和 ROM。RAM 也称读写存储器,工作过程中 CPU 可根据需要随时对其内容进行读或写操作。RAM 是易失性存储器,即其内容在断电后会全部丢失,因而只能存放暂时性的程序和数据。ROM 的内容只能读出不能写入,断电后其所存信息仍保留不变,是非易失性存储器。所以 ROM 常用来存放永久性的程序和数据。如初始导引程序、监控程序、操作系统中的基本输入输出系统(basic input/output system,BIOS)等。

3. I/O 接口

输入输出接口电路是微型计算机的重要组成部件。它是微型计算机连接外部输入输出设备及各种控制对象,并与外界进行信息交换的逻辑控制电路。由于外部设备的结构、工作速度、信号形式和数据格式等各不相同,因此它们不能直接挂接到系统总线上,必须用输入输出接口电路来进行中间转换,才能实现与 CPU 间的信息交换。I/O 接口也称 I/O 适配器,不同的外部设备必须配备不同的 I/O 适配器。I/O 接口电路是微型计算机应用系统必不可少的重要组成部分。任何一个微型计算机应用系统的研制和设计,实际上主要是 I/O 接口的研制和设计。

4. 总线

总线是计算机系统中各部件之间传送信息的公共通道,是微型计算机的重要组成部件。它由若干条通信线和起驱动、隔离作用的各种三态门器件组成。微型计算机在结构形式上总是采用总线结构,即构成微型计算机的各功能部件(微处理器、存储器、I/O 接口电路等)之间通过总线相连接,这是微型计算机系统结构上的独特之处。采用总线结构后,使系统中各功能部件之间的相互关系转变为各部件面向总线的单一关系,一个部件(功能板/卡)只要符合总线标准,就可以连接到采用这种总线标准的系统中,从而使系统功能扩充或容易更新、结构简单、可靠性大大提高。在微型计算机中,根据它们所处位置和应用场合,总线被分为以下 4 级。

(1) 片内总线:位于微处理器芯片内部,故称为芯片内部总线。用于微处理器内部 ALU 和各种寄存器等部件间的互连及信息传送。由于受芯片面积及对外引脚数的限制,片内总线大多采用单总线结构,这有利于芯片集成度和成品率的提高,如果要求加快内部数据传送速度,也可采用双总线或三总线结构。

（2）片总线：片总线又称元件级（芯片级）总线或局部总线。微型计算机主板、单扳机，以及其他一些插件板、卡（如各种 I/O 接口板/卡），它们本身就是一个完整的子系统，板/卡上包含 CPU、RAM、ROM、I/O 接口等各种芯片，这些芯片之间也是通过总线来连接的，因为这有利于简化结构、减少连线、提高可靠性，方便信息的传送与控制。通常把各种板、卡上实现芯片之间相互连接的总线称为片总线。

（3）内总线：内总线又称系统总线或板级总线。因为该总线是用来连接微型计算机各功能部件而构成一个完整微型计算机系统的，所以称其为系统总线。系统总线是微型计算机系统中最重要的总线，人们平常所说的微型计算机总线就是指系统总线，如 PC 总线、AT 总线（ISA 总线）、PCI 总线等。系统总线是本书要讨论的重点内容之一。

系统总线上传送的信息包括数据信息、地址信息、控制信息。因此，系统总线包含 3 种不同功能的总线，即数据总线（data bus，DB）、地址总线（address bus，AB）和控制总线（control bus，CB）。

① DB 用于传送数据信息。DB 是双向三态形式的总线，它既可以把 CPU 的数据传送到存储器或 I/O 接口等其他部件，也可以将其他部件的数据传送到 CPU。数据总线的位数是微型计算机的一个重要指标，通常与微处理的字长一致。例如，Intel 8086 微处理器字长 16 位，其数据总线宽度也是 16 位。需要指出的是，数据的含义是广义的，它可以是真正的数据，也可以是指令代码或状态信息，有时甚至可以是一个控制信息。因此，在实际工作中，DB 上传送的并不一定仅仅是真正意义上的数据。

② AB 是专门用来传送地址的，由于地址只能从 CPU 传向外部存储器或 I/O 端口，所以 AB 总是单向三态的，这与 DB 不同。AB 的位数决定了 CPU 可直接寻址的内存空间大小，如 8 位微型计算机的地址总线为 16 位，则其最大可寻址空间为 $2^{16}=64$KB，16 位微型计算机的地址总线为 20 位，其可寻址空间为 $2^{20}=1$MB。一般来说，若地址总线为 n 位，则可寻址空间为 2^n 字节。

③ CB 用来传送控制信号和时序信号。在控制信号中，有的是微处理器送往存储器和 I/O 接口电路的，如读写信号、片选信号、中断响应信号等；也有的是其他部件反馈给 CPU 的，如中断申请信号、复位信号、总线请求信号、限备就绪信号等。因此，控制总线的传送方向由具体控制信号而定，一般是双向的，控制总线的位数要根据系统的实际控制需要而定。实际上控制总线的具体情况主要取决于 CPU。

（4）外总线：也称通信总线。用于两个系统之间的连接与通信，如两台微型计算机系统之间、微型计算机系统与其他电子仪器或电子设备之间的通信。常用的通信总线有 IEEE-488 总线、VXI 总线和 RS-232 串行总线等。外总线不是微型计算机系统本身固有的，只有微型计算机应用系统中才有。

3.3.5　典型发展

1. K5

K5 是 AMD 公司第一个独立生产的 x86 级 CPU，发布时间在 1996 年。由于 K5 在开发上遇到了问题，其上市时间比 Intel 公司的 Pentium 晚了许多，再加上性能不好，这个不成功的产品一度使得 AMD 公司的市场份额大量丧失。K5 的性能非常一般，整数运算能力不如 Cyrix 的 6x86,但是仍比 Pentium 略强;浮点运算能力远远比不上 Pentium,但稍强于 Cyrix。综合来看,K5 属于实力比较平均的那一种产品。K5 低廉的价格显然比其性能更能吸引消费者,低价是这款 CPU 最大的卖点。

2. K6

AMD 公司自然不甘心 Pentium 在 CPU 市场上呼风唤雨,因此它们在 1997 年又推出了 K6。K6 这款 CPU 的设计指标非常高,它拥有全新的 MMX 指令以及 64KB L1 Cache(比 Pentium MMX 多了一倍),整体性能要优于 Pentium MMX,接近同主频 PⅡ 的水平。K6 与 K5 相比,可以平行地处理更多的指令,并运行在更高的时钟频率上。AMD 公司在整数运算方面做得非常成功,K6 稍微落后的地方是在运行需要使用到 MMX 或浮点运算的应用程序方面,比起同样频率的 Pentium 要差许多。K6 拥有 32KB 数据 L1 Cache,32KB 指令 L1 Cache,集成了 880 万个晶体管,采用 $0.35\mu m$ 技术,五层 CMOS,C4 工艺反装晶片,内核面积 $168mm^2$(新产品为 $68mm^2$),使用 Socket7 架构。Cyrix 是一家老资格的 CPU 开发商了,早在 x86 时代,它和 Intel、AMD 公司就形成了三雄并立的局面。

3. Athlon(K7)

相对于 K6-Ⅱ 而言,K6-Ⅲ 最大的变化就是内部集成了 256KB 二级缓存(新赛扬只有 128KB),并以 CPU 的主频速度运行。K6-Ⅲ 的这一变化将能够更大限度地发挥高主频的优势。此外,该微处理器还带有 64KB 一级缓存(32KB 用于指令,另 32KB 用于数据),而且在主板上还集成了以系统总线频率同步运行的三级缓存,其容量大小为 512KB～2MB。1999 年 6 月 23 日,AMD 公司推出了具有重大战略意义的 K7 微处理器,并将其正式命名为 Athlon。K7 有两种规格的产品:第一种采用 $0.25\mu m$ 工艺制造,使用 K7 核心,工作电压为 1.6V(其缓存以主频速度的一半运行);第二种采用 $0.18\mu m$ 工艺制造,使用 K75 核心;工作电压有 1.7V 和 1.8V 两种。上述两种类型的 K7 微处理器内部都集成了 2130 万个晶体管,外频均为 200MHz。

Athlon 包含 128KB 的 L1 Cache(PⅡ/PⅢ 只有 32KB);512KB～1MB L2 Cache 的片外缓存。同时,它还采用了全新的宏处理结构,拥有 3 个并行的 x86 指令译码器,可以动态推测时序,乱序执行;K7 拥有一个强劲的浮点处理单元(floating-point processing unit,FPU),在"3DNOW!"指令的帮助下会有更进一步的 3D 和多媒体处理能力,这个先进的 FPU 使 K7 拥有超越其他 x86 微处理器 2 倍的性能。另外,K7 采用了一种类似于 Slot 1 的全新的 Slot A 架构,从物理结构上二者可以互换,但后者的电器性能和前者完全不兼容。在总线方面,使用的是 Digital 公司的 Alpha 系统总线协议 EV6,外频达 200MHz;Athlon 是 AMD 公司第一个具有对称多处理(symmetric multiprocessing,SMP)能力的桌面 CPU,即使用者可以用 Athlon 构建双微处理器甚至 4 微处理器系统。AMD 公司在 2000 年 6 月连续推出了新款的 Thunderbird(雷鸟)、Duron(毒龙)微处理器,再次向 Intel Coppermine(铜矿)核心的微处理器发出了强有力的挑战。

4. Thunderbird

Thunderbird 是 AMD 公司面向高端的 Athlon 系列的延续产品,采用 $0.18\mu m$ 的制

造工艺,共有 Slot A 和 Socket A 两种不同的架构,它们在设计上大致相同:均内置 128KB 的一级缓存和 256KB 的二级缓存,其二级缓存与 CPU 主频速度同步运行;工作电压为 1.70~1.75V,相应的功耗也比老的 Athlon 要小;集成 3700 万个晶体管,核心面积达到 120mm^2。

5. Duron

Duron 微处理器是 AMD 公司首款基于 Athlon 核心改进的低端微处理器,它原来的研发代号称为 Spitfire(烈火)。Duron 外频也是 200MHz,内置 128KB 的一级缓存和 64KB 的全速二级缓存,它的工作电压为 1.5V,因而功耗要较 Thunderbird 小。而且它的核心面积是 100mm^2,内部集成的晶体管数量为 2500 万个,比 K7 核心的 Athlon 多 300 万个。这些特点符合了 AMD 公司面对低端市场的策略,即低成本、低功耗而又高性能。在浮点性能上,基于 K7 体系的 Duron 明显优于采用 P6 核心设计的 Intel 系列微处理器。Duron 具有 3 个全流水乱序执行单元,一个用于加/减运算,一个用于复合指令,还有一个是浮点存储单元。

6. 其他微处理器发展

1975 年,IBM 公司生产了几款基于 RISC 设计的处理器。其中,801 就是 RISC 之父 John Cocke 的杰作。最终 15 年后设计出 Power 架构系列产品,若干年后更出现一个影响深远的 RISC 结构的芯片系列 ARM。这是 20 世纪 80 年代后,RISC 架构被工业界认可后发展起来的一种微处理器,HP 公司的 PA-RISC。

1975 年,Motorola 公司推出 6800,该款处理器拥有 78 条指令集。Motorola 公司很多款单片装处理器和微处理器的设计思想都来源于 6800,即使曾经很流行的功能强大的 6809,也是继承了 6800 血统。1985 年,Motorola 公司推出 MC68010 和已经命名为 88000 的 32 位 RISC 处理器系列。但 1990 年由于要全力研制 PowerPC 而被迫停产。

Z80 是由从 Intel 公司离职的 Federico Faggin 设计的 8 位微处理器,被认为是 8080 的增强版,是当年很牛的一款单片机,比后来风光无限的 51 系列更早进入中国,20 世纪 80 年代初学校都是以 Z80 为基础教学,那种需要用电视作显示器的单板计算机就是用的这种芯片。

半导体行业另一巨头,NSC 公司就是后来收购了设计 x86 系列处理器的 Cyrix 公司。1983 年,由 NSC 公司推出 NS32032,也是一款 RISC 处理器,但是可惜的是 RISC 架构的处理器在个人计算机应用中只有 PowerPC 芯片的市场还算比较成功,其他都很失败,不过在另一领域:嵌入式应用,RISC 架构的处理器确是风光无限。

ARM 是一家芯片设计公司,自己不生产芯片,而是通过授权生产来发展 ARM 系列处理器。ARM 公司是一家既不生产芯片也不销售芯片的公司,它通过出售芯片技术授权,建立新型的微处理器设计、生产和销售商业模式。更重要的是,这种商业模式取得巨大的成功,采用 ARM 技术 IP 核的微处理器遍及各类电子产品:汽车、消费电子、成像、工业控制、海量存储、网络、安保和无线等市场,ARM 技术几乎无处不在。总共有 30 家半导体公司与 ARM 签订了硬件技术使用许可协议,其中包括 Intel、IBM、LG 半导体、NEC、Sony、Philips 和 NSC 这样的大公司。至于软件系统的合伙人,则包括 Microsoft、升阳和 MRI 等一系列知名公司。

7. 中国研发

2004 年 2 月 18 日,由清华大学自主研发的 32 位微处理器 THUMP 芯片终于领到了由国家教育部颁发的"身份证":典型工作频率 400MHz,功耗 1.17MW/MHz,芯片颗粒 40 片,最高工作频率可达 500MHz,是当时国内工作频率最高的微处理器。

此后,随着我国启动发展国产处理器的"泰山计划",为国产处理器的发展点燃了"星星之火",这些火种演变成了现在国产处理器设计的三支国家队——飞腾、申威和龙芯。除了"泰山计划"外,我国还通过"863 计划"对国产处理器进行支持。从"十一五"开始,国家通过核高基国家科技重大专项对国产处理器重点企业进行了扶持。"十二五"以来,国家通过集成电路产业优惠政策、产业基金等措施扶持国产处理器产业,国内培育出了一批国产处理器设计单位和研究机构,发展走向正轨。其中,传统的设计机构如龙芯、飞腾、申威、海思、紫光展锐等公司竞争力正在提升,君正、兆芯、海光等新秀公司也在快速成长,科研机构包括中国科学院计算技术研究所、北大众志、国防科技大学、江南计算技术研究所、北京大学、浙江大学等都在积极参与,形成了百花齐放的局面。

3.3.6 微处理器的主要应用

微处理器的主要作用如下。

(1)工业控制领域。作为 32 位 RISC 架构,基于 ARM 核的微控制器芯片不但占据了高端微控制器市场的大部分市场份额,同时也逐渐向低端微控制器应用领域扩展,ARM 微控制器的低功耗、高性价比,向传统的 8 位/16 位微控制器提出了挑战。

(2)无线通信领域。目前,已有超过 85% 的无线通信设备采用了 ARM 技术,ARM 以其高性能和低成本,在该领域的地位日益巩固。

(3)网络应用。随着宽带技术的推广,采用 ARM 技术的 ADSL(asymmetric digital subscriber line)芯片正逐步获得竞争优势。此外,ARM 在语音及视频处理上进行了优化,并获得广泛支持,也对 DSP 的应用领域提出了挑战。

(4)消费类电子产品。ARM 技术在目前流行的数字音频播放器、数字机顶盒和游戏机中得到广泛采用。

(5)成像和安全产品。现在流行的数码照相机和打印机中绝大部分采用 ARM 技术,手机中的 32 位 SIM(subscriber identity module)智能卡也采用了 ARM 技术。

3.4 可编程逻辑控制器技术

3.4.1 概述

可编程逻辑控制器(PLC)是专门为在工业环境下应用而设计的数字运算操作电子系统。它采用可编程的存储器,在其内部存储执行逻辑运算、顺序控制、定时、计数和算术运算等操作的指令,通过数字式或模拟式的输入输出来控制各种类型的机械设备或生产过程。

3.4.2 简介及发展历史

可编程逻辑控制器是一种具有微处理器的用于自动化控制的数字运算控制器,可以将控制指令随时载入内存进行存储与执行。可编程逻辑控制器由 CPU、指令及数据内存、输入输出接口、电源、DAC 等功能单元组成。早期的可编程逻辑控制器只有逻辑控制的功能,后来随着不断发展,这些当初功能简单的计算机模块已经有了包括逻辑控制、时序控制、模拟控制、多机通信等各类功能,名称也改为可编程控制器(Programmable Controller),但是由于它的简写 PC 与个人计算机(Personal Computer)的简写相冲突,加上习惯的原因,人们还是经常使用可编程逻辑控制器这一称呼,并仍使用 PLC 这一缩写。

现在工业上使用的可编程逻辑控制器已经相当或接近一台紧凑型计算机的主机,其在扩展性和可靠性方面的优势使其被广泛应用于目前的各类工业控制领域。不管是在计算机直接控制系统还是集中分布式控制系统(distributed control system,DCS)或者现场总线控制系统(field bus control system,FCS)中,总是有各类 PLC 的大量使用。PLC 的生产厂商很多,如西门子、施耐德、三菱、台达等,几乎涉及工业自动化领域的厂商都会有其 PLC 产品提供。

3.4.3 基本结构及工作原理

1. 基本组成

可编程逻辑控制器实质是一种专用于工业控制的计算机,其硬件结构基本上与微型计算机相同,基本组成如图 3.6 所示,基本构成详细描述如下。

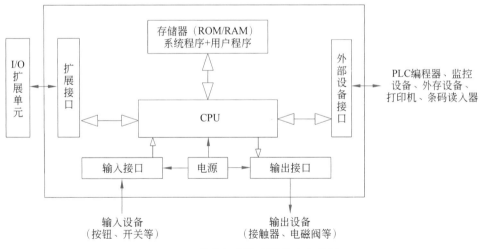

图 3.6 可编程逻辑控制器基本架构图

(1) 电源。电源用于将交流电转换成 PLC 内部所需的直流电,目前大部分 PLC 采用开关式稳压电源供电。

(2) CPU。CPU 是 PLC 的控制中枢,也是 PLC 的核心部件,其性能决定了 PLC 的性能。CPU 由控制器、运算器和寄存器组成,这些电路都集中在一块芯片上,通过地址总线、控制总线与存储器的输入输出接口电路相连。CPU 的作用是处理和运行用户程序，进行逻辑和数学运算，控制整个系统使之协调。

（3）存储器。存储器是具有记忆功能的半导体电路，它的作用是存放系统程序、用户程序、逻辑变量和其他一些信息。其中，系统程序是控制 PLC 实现各种功能的程序，由 PLC 生产厂家编写，并固化到 ROM 中，用户不能访问。

（4）输入接口。输入接口是 PLC 与被控设备之间的连接部件，是信号进入 PLC 的桥梁，它的作用是接收主令元件、检测元件传来的信号。输入的类型有直流输入、交流输入、交直流输入。

（5）输出接口。输出接口也是 PLC 与被控设备之间的连接部件，它的作用是把 PLC 的输出信号传送给被控设备，即将 CPU 送出的弱电信号转换成电平信号，驱动被控设备的执行元件。输出的类型有继电器输出、晶体管输出、晶闸管输出。

PLC 除上述几部分外，根据机型的不同还有多种外部设备，其作用是帮助编程、实现监控以及网络通信。常用的外部设备有编程器、打印机、计算机等。

2. 工作原理

当可编程逻辑控制器投入运行后，其工作过程一般分为 3 个阶段，即输入采样、用户程序执行和输出刷新。完成上述 3 个阶段称作一个扫描周期。在整个运行期间，可编程逻辑控制器的 CPU 以一定的扫描速度重复执行上述 3 个阶段。

（1）输入采样。在输入采样阶段，可编程逻辑控制器以扫描方式依次读入所有输入状态和数据，并将它们存入 I/O 映像区中的相应的单元内。输入采样结束后，转入用户程序执行和输出刷新阶段。在这两个阶段中，即使输入状态和数据发生变化，I/O 映像区中的相应单元的状态和数据也不会改变。因此，如果输入是脉冲信号，则该脉冲信号的宽度必须大于一个扫描周期，才能保证在任何情况下，该输入均能被读入。

（2）用户程序执行。在用户程序执行阶段，可编程逻辑控制器总是按由上而下的顺序依次扫描用户程序（梯形图）。在扫描每条梯形图时，又总是先扫描梯形图左边的由各触头构成的控制线路，并按先左后右、先上后下的顺序对由触头构成的控制线路进行逻辑运算，然后根据逻辑运算的结果，刷新该逻辑线圈在系统 RAM 存储区中对应位的状态；或者刷新该输出线圈在 I/O 映像区中对应位的状态；或者确定是否要执行该梯形图所规定的特殊功能指令。

（3）输出刷新。当扫描用户程序结束后，可编程逻辑控制器就进入输出刷新阶段。在此期间，CPU 按照 I/O 映像区内对应的状态和数据刷新所有的输出锁存电路，再经输出电路驱动相应的外部设备。这时，才是可编程逻辑控制器的真正输出。

3. 功能特点

可编程逻辑控制器的功能如下。

（1）可靠性高。由于 PLC 大都采用单片微型计算机，因而集成度高，再加上相应的保护电路及自诊断功能，提高了系统的可靠性。

（2）编程容易。PLC 的编程多采用继电器控制梯形图及命令语句，其数量比微型计算机指令要少得多，除中、高档 PLC 外，一般的小型 PLC 只有 16 条左右。由于梯形图形象而简单,因此容易掌握、使用方便,甚至不需要计算机专业知识就可进行编程。

（3）组态灵活。由于PLC采用积木式结构,用户只需要简单地组合,便可灵活地改变控制系统的功能和规模,因此,可适用于任何控制系统。

（4）输入输出功能模块齐全。PLC的优点之一是针对不同的现场信号（如直流或交流、开关量、数字量或模拟量、电压或电流等）,均有相应的模板可与工业现场的元件（如按钮、开关、传感电流变送器、电动机启动器或控制阀等）直接连接,并通过总线与CPU主板连接。

（5）安装方便。与计算机系统相比,PLC的安装既不需要专用机房,也不需要严格的屏蔽措施。使用时只需把检测器件与执行机构和PLC的I/O接口端子正确连接,便可正常工作。

（6）运行速度快。由于PLC的控制是由程序控制执行的,因而无论其可靠性还是运行速度,都是继电器逻辑控制无法相比的。

近年来,微处理器的使用,特别是随着单片机大量采用,大大增强了PLC的能力,并且使PLC与微型机控制系统之间的差别越来越小,特别是高档PLC更是如此。

3.4.4　主要应用

可编程逻辑控制器的应用如下。

（1）开关量控制。开关量的开环控制是PLC的最基本控制功能。PLC的指令系统具有强大的逻辑运算能力,很容易实现定时、计数、顺序（步进）等各种逻辑控制方式。大部分PLC就是用来取代传统的继电接触器控制系统。

（2）模拟量控制。对于模拟量的闭环控制系统,除了要有开关量的输入输出外,还要有模拟量的输入输出点,以便采样输入和调节输出实现对温度、流量、压力、位移、速度等参数的连续调节与控制。目前的PLC不但大型、中型机具有这种功能外,还有些小型机也具有这种功能。

（3）数字量控制。控制系统具有旋转编码器和脉冲伺服装置（如步进电动机）时,可利用PLC实现接收和输出高速脉冲的功能,实现数字量控制。较为先进的PLC还专门开发了数字控制模块,可实现曲线插补功能。近来又推出了新型运动单元模块,还能提供数字量控制技术的编程语言,使PLC实现数字量控制更加简单。

（4）数据采集及处理。由于PLC主要用于现场控制,所以采集现场数据是十分必要的功能,在此基础上将PLC与上位计算机或触摸屏相连接,既可以观察这些数据的当前值,又能及时进行统计分析,有的PLC具有数据记录单元,可以用一般个人计算机的存储卡插入该单元中保存采集到的数据。PLC的另一个特点是自检信号多,利用这个特点,PLC控制系统可以实现自诊断式监控,减少系统的故障,提高系统的可靠性。

现代PLC具有数学运算（含矩阵运算、函数运算、逻辑运算）、数据传送、数据转换、排序、查表、位操作等功能,可以完成数据的采集、分析及处理。这些数据可以与存储在存储器中的参考值比较,完成一定的控制操作,也可以利用通信功能传送到别的智能装置,或将它们打印制表。数据处理一般用于大型控制系统,如无人控制的柔性制造系统;也可用于过程控制系统,如造纸、冶金、食品工业中的一些大型控制系统。

（5）运动控制。PLC可以用于圆周运动或直线运动的控制。从控制机构配置来说,早期直接用于开关量I/O模块连接位置传感器和执行机构,现在一般使用专用的运动控制模块。如可驱动步进电动机或伺服电动机的单轴或多轴位置控制模块。世界上各主要PLC厂家的产品几乎都有运动控制功能,广泛用于各种机械、机床、机器人、电梯等场合。

(6)过程控制。过程控制是指对温度、压力、流量等模拟量的闭环控制。作为工业控制计算机,PLC能编制各种各样的控制算法程序,完成闭环控制。比例积分微分(proportional plus integral plus derivative,PID)控制是一般闭环控制系统中用得较多的调节方法。大中型PLC都有PID模块,目前许多小型PLC也具有此功能模块。PID处理一般是运行专用的PID子程序。过程控制在冶金、化工、热处理、锅炉控制等场合有非常广泛的应用。

(7)通信及联网。PLC通信含PLC间的通信及PLC与其他智能设备间的通信。随着计算机控制的发展,工厂自动化网络发展得很快,各PLC厂商都十分重视PLC的通信功能,纷纷推出各自的网络系统。新近生产的PLC都具有通信接口,通信非常方便。

3.5　可编程逻辑器件技术

3.5.1　概述

可编程逻辑器件(programmable logic device,PLD)是20世纪70年代发展起来的由用户编程以实现某种逻辑功能的新型逻辑器件。

可编程逻辑器件与传统逻辑器件的区别在于其功能不固定,可以通过软件的方法对其编程从而改变其逻辑功能。PLD属于专用集成电路(application specific integrated circuit,ASIC)的一个重要分支,是半导体厂商作为一种通用器件生产的半定制逻辑器件。微电子技术的发展,使得设计与制造集成电路的任务已不完全由半导体厂商来独立承担,系统设计师们可以用更短的设计周期,在实验室里设计定制ASIC芯片。对于PLD有一种说法,即What you want is what you get(所见即所得),这是PLD的一个优势。由于PLD的灵活性以及近年来科技的快速发展,其也正向高集成、高性能、低功耗、低价格的方向发展,并具备了与ASIC同等的性能。近几年,PLD的应用有了突飞猛进的增长,被广泛应用于各行各业的电子及通信设备中。图3.7为PLD的发展流程。

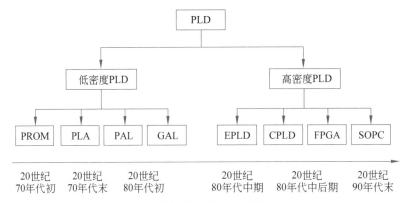

图 3.7　PLD 的发展流程

从集成度上,可以把PLD分为低密度和高密度两种类型。其中,低密度PLD通常指那些集成度小于1000逻辑门的PLD。20世纪70年代初至80年代中期的PLD,如PROM、PLA可编程逻辑阵列,PAL(programmable array logic,可编程阵列逻辑)和GAL(generic array logic,通用阵列逻辑)均属于低密度PLD。低密度PLD与中小规模集成电路相比,有着集成度高、速度快、设计灵活方便、设计周期短等优点,因此在推出之初得到了广泛的应用。

低密度PLD的基本结构如图3.8所示,它是根据逻辑函数的构成原则提出的,由输入缓冲、与阵列、或阵列和输出结构4部分组成。其中,由与门构成的与阵列用来产生乘积项,由或门构成的或阵列用来产生乘积项之和,因此,与阵列和或阵列是电路的核心。输入缓冲电路可以产生输入变量的原变量和反变量,输出结构相对于不同的PLD差异很大,有组合输出结构、时序输出结构、可编程的输出结构等。输出信号往往可以通过内部通路反馈到与阵列,作为反馈输入信号。

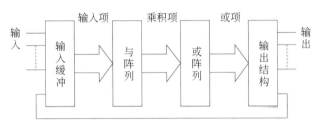

图3.8 低密度PLD的基本结构

随着科学技术的发展,低密度PLD无论是资源、I/O端口性能,还是编程特性都不能满足实际需要,已被淘汰。高密度PLD通常指那些集成度大于1000门的PLD。20世纪80年代中期以后产生的EPLD(erasable programmable logic device,可擦除可编辑逻辑器件)、CPLD(complex programmable logic device,复杂可编程逻辑器件)、FPGA(field programmable gate array,现场可编程门阵列)和SOPC(system on programmable chip,可编程片上系统)均属于高密度PLD。EPLD在结构上类似于GAL。其与GAL相比,无论是与阵列的规模还是输出逻辑宏单元的数目都有了大幅度增加,EPLD的缺点主要是内部互连能力较弱。

PLD的两种主要类型是FPGA和CPLD。国际上生产FPGA/CPLD的主流公司,并且在国内占有市场份额较大的主要是Xilinx(2022年已被AMD公司收购)、Altera(2015年已被Intel公司收购)和Lattice三家公司。Xilinx公司的FPGA器件有XC2000、XC3000、XC4000、XC4000E、XC4000XLA、XC5200系列等,可用门数为1200~18 000。Altera公司的CPLD器件有MAX系列和FLEX系列,FLEX系列有FLEX6000、FLEX8000、FLEX10K、FLEX10KE系列等,提供门数为5000~25 000。Lattice公司的ISP-PLD有ISPLSI1000、ISPLSI2000、ISPLSI3000、ISPLSI6000系列等,集成度可多达25 000个PLD等效门。

3.5.2 FPGA

FPGA是在PAL、GAL、EPLD、CPLD等可编程逻辑器件的基础上进一步发展的产物,是作为 ASIC 领域中的一种半定制电路而出现的。它既解决了定制电路的不足,又克服了原有可编程逻辑器件门电路数有限的缺点。

FPGA 由 3 个基本部分组成:可编程输入输出模块(input/output block,IOB)/输入输出单元(input/output element,IOE)、可配置逻辑模块(configurable logic block, CLB)/可编程逻辑阵列块(logic array block,LAB)、可编程布线资源(programmable interconnect,PI),结构如图 3.9 所示。除此之外还有内嵌的块 RAM、功能单元和专用硬核等各种功能单元。

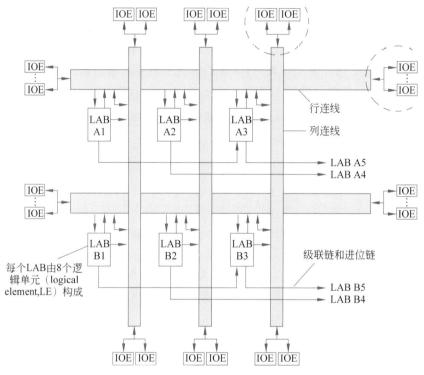

图 3.9　FPGA 结构图

1. IOB/IOE

IOB/IOE 位于芯片内部四周,是芯片与外界电路的接口部分,完成不同电气特性下对输入输出信号的驱动与匹配要求。主要由逻辑门、触发器和控制单元组成,在内部逻辑阵列与外部芯片封装引脚之间提供一个可编程接口,通过可编程逻辑可以将外部引脚设置为输入或输出端子。如图 3.10 所示,通过 D 触发器和控制逻辑,外部引脚输入信号可以直接作为组合逻辑输入,也可以加入可编程延迟驱动寄存器。Quartus 编译器可以对这些延迟编程,在提供零保持时间的同时自动最小化建立时间,可编程延迟也可以为输出寄存器增加寄存器到输出引脚的延迟。

为了便于管理和适应多种电器标准,FPGA 的 IOB/IOE 被划分为若干组(bank),每组的接口标准由其接口电压 VCCIO 决定,一组只能有一种 VCCIO,即具有相同电气标准的端口才能连接在一起,不同组的 VCCIO 可以不同。通过 FPGA 开发软件的配置,可

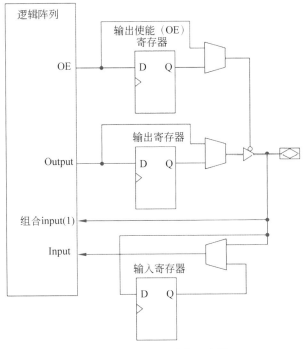

图 3.10 IOB/IOE 结构示意图

适配不同的电气标准与 I/O 物理特性,调整驱动电流的大小,改变上拉电阻和下拉电阻。目前,I/O 口的频率也越来越高,一些高端的 FPGA 通过数据方向寄存器(data direction register,DDR)技术可以支持高达 2Gb/s 的数据速率。

2. CLB/LAB

CLB/LAB 是 FPGA 内的基本逻辑单元,用于构造用户指定的逻辑功能。CLB/LAB 的实际数量和特性会依器件的不同而不同,一个 CLB/LAB 通常包括 8~16 个 LE(Xilinx 公司称其为 Slice),LE 是 FPGA 实现逻辑的最基本结构,每个 LE 包含多至 4 个 4 或 6 输入的查找表(look up table,LUT)多路复用器、触发器和控制逻辑。每个 CLB/LAB 模块不仅可以用于实现组合逻辑、时序逻辑,还可以配置为分布式 RAM 和分布式 ROM。CLB 是实现逻辑功能的基本单元,通常规则排列成一个阵列,散布于整个芯片中。

FPGA 中组合逻辑的实现方法是基于 LUT 构成的,即 CLB/LAB 中的 LUT 主要完成组合逻辑的功能。LUT 本质上就是一个 RAM。一个 n 输入查找表可以实现 n 个输入变量的任何逻辑功能组合,如 n 输入"与"、n 输入"异或"等。一个 n 输入的组合逻辑函数,其值有 2^n 个可能的结果,把这些可能的结果计算出来,并存放在 2^n 个静态随机存储器(static random access memory,SRAM)单元中。n 个输入线作为 SRAM 的地址线,按地址可以输出对应单元的结果。输入大于 n 的组合逻辑必须分开用几个 LUT 实现。目前 FPGA 中多使用 4 输入的 LUT,所以每个 LUT 可以看成一个有 4 位地址线的 16×1 的 RAM。当用户通过原理图或 HDL 描述了一个逻辑电路以后,FPGA 开发软件会自动计算逻辑电路所有可能的输出,并把输出结果事先写入 RAM。这样输入信号进行逻辑运算就等于输入地址进行查表,找出地址对应的内容,然后输出即可。

3. PI

PI 包括各种长度的连线线段和一些可编程连接开关,它们将各个 CLB 之间或 CLB 与 IOB 之间以及 IOB 之间连接起来,构成特定功能的电路。

PI 位于 CLB 之间,用于传递信息,编程后形成连线网络,提供 CLB 之间、CLB 与 IOB 之间的连线。布线资源连通 FPGA 内部的所有单元,而连线的长度和工艺决定着信号在连线上的驱动能力和传输速度。

FPGA 芯片内部有着丰富的布线资源,根据工艺、长度、宽度和分布位置的不同划分为 4 类:①全局布线资源,用于芯片内部全局时钟和全局复位/置位的布线;②长线资源,用于完成芯片组间的高速信号和第二全局时钟信号的布线;③短线资源,用于完成基本逻辑单元之间的逻辑互连和布线;④分布式的布线资源,用于专有时钟、复位等控制信号线。在实际中设计者不需要直接选择布线资源,布局布线器可自动根据输入逻辑网表的拓扑结构和约束条件选择布线资源来连通各个模块单元。从本质上讲,布线资源的使用方法和设计的结果有密切、直接的关系。

4. 嵌入式块 RAM

大多数 FPGA 都具有嵌入式块 RAM,这大大拓展了 FPGA 的应用范围和灵活性。块 RAM 可被配置为单端口 RAM、双端口 RAM、内容地址存储器(content addressable memory,CAM)以及先进先出(first in first out,FIFO)等常用存储结构。CAM 在其内部的每个存储单元中都有一个比较逻辑,写入 CAM 中的数据会和内部的每个数据进行比较,并返回与端口数据相同的所有数据的地址,因而在路由的地址交换器中有广泛的应用。除了块 RAM,还可以将 FPGA 中的 LUT 灵活地配置成 RAM、ROM 和 FIFO 等结构。在实际应用中,FPGA 芯片内部块 RAM 的数量也是选择 FPGA 的一个重要因素。

5. 内嵌功能单元

内嵌功能单元主要指数字时钟管理器(digital clock manager,DCM)或延迟锁相环(delay locked loop,DLL)、锁相环(phase locked loop,PLL)、数字控制阻抗(digitally controlled impedance,DCI),可以完成时钟高精度、低抖动的倍频和分频,以及占空比调整和移相等功能。

FPGA 内部设有全局时钟网络,由外部的专用时钟引脚驱动,用于为 FPGA 内部的逻辑资源(IOE、LE 和内存块)提供时钟。除此之外,锁相环输出、逻辑阵列和双功能时钟引脚也可以驱动全局时钟网络。

6. 内嵌专用硬核

随着 FPGA 集成度的增加和功能的增强,芯片生产商在芯片内部集成了一些专用的硬核,如专用乘法器、收发速度可达数 10Gb/s 的串并收发器 SerDes、PowerPC、DSP Core 模块、PCI-Express、TEMAC 核等,嵌入专用硬核的种类及数量随 FPGA 型号的不同而不同。与软核实现方式相比,硬核实现具有更低的功耗和逻辑资源占有率。

处理器硬核及软核(Altera 公司的 Nios Ⅱ、Xilinx 公司的 MicroBlaze),使得单片 FPGA 成了系统级的设计载体。FPGA 作为系统开发使用时,需要配合相应的系统级设计工具 EDK 和 Platform Studio 进行软硬件协同设计开发。

3.5.3　CPLD

CPLD 是从 PAL 和 GAL 器件发展而来的器件,相对而言规模大、结构复杂,属于大规模集成电路范围,是一种用户根据各自需要而自行构造逻辑功能的数字集成电路。其基本设计方法是借助集成开发软件平台,用原理图、硬件描述语言等方法,生成相应的目标文件,通过下载电缆("在系统"编程)将代码传送到目标芯片中,实现设计的数字系统。它具有编程灵活、集成度高、设计开发周期短、适用范围广、开发工具先进、设计制造成本低、对设计者的硬件经验要求低、标准产品无须测试、保密性强、价格大众化等特点,可实现较大规模的电路设计,因此被广泛应用于产品的原型设计和产品生产中。几乎所有应用中小规模通用数字集成电路的场合均可应用 CPLD。CPLD 已成为电子产品不可缺少的组成部分,它的设计和应用成为电子工程师必备的一种技能。

CPLD 主要由可编程 I/O 控制模块、LAB、可编程连线阵列(programmable interconnect array,PIA)基本逻辑单元、布线池和其他辅助功能模块构成。Altera 公司的MAX7000 系列芯片基本结构如图 3.11 所示,其他型号 CPLD 的结构与此非常类似。

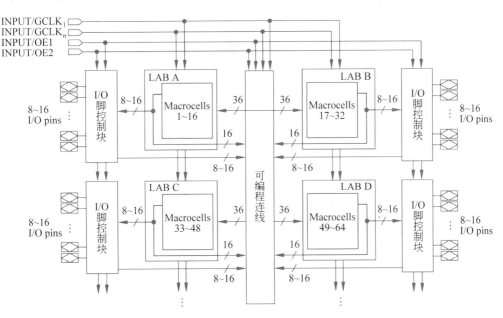

图 3.11　MAX7000 系列 CPLD 芯片基本结构图

1. 可编程 I/O 控制模块

可编程 I/O 控制模块作用与 FPGA 的基本 I/O 相同,但是 CPLD 应用范围局限性较大,I/O 的性能和复杂度与 FPGA 相比有一定的差距,支持的 I/O 标准较少,频率也较低。

2. LAB

CPLD 中 LAB 是由可编程逻辑宏单元(macro cell,MC)围绕中心的可编程互连矩阵单元组成。其中,MC 结构较复杂,并具有复杂的 I/O 单元互连结构,可由用户根据需要生成特定的电路结构,完成一定的功能。由于 CPLD 内部采用固定长度的金属线进行各逻辑块的互连,所以设计的逻辑电路具有时间可预测性,避免了分段式互连结构时序不完全预测的缺点。

宏单元就是由一些与阵列、或阵列加上触发器构成的。其中,与阵列、或阵列完成组合逻辑功能,触发器用于完成时序逻辑。与 CPLD 基本逻辑单元相关的另一个重要概念是乘积项。乘积项是宏单元中与阵列的输出,其数量标志着 CPLD 容量。乘积项阵列实际上就是与阵列、或阵列,每个交叉点都是一个可编程熔丝,如果导通就是实现与逻辑,在与阵列后一般还有一个或阵列,用于完成最小逻辑表达式中的或关系。宏单元的结构是基于乘积项的。

3. PIA

PIA 纵横交错地分布在 CPLD 中,其作用是实现逻辑块与逻辑块之间、逻辑块与 I/O 块之间,以及全局信号到逻辑块和 I/O 块之间的连接。

不同制造商对 PIA 的称呼也不同,Xilinx 公司称其为开关矩阵(switch matrix),Altera 公司称其为可编程连线阵列(programmable interconnect array),Lattice 公司称其为全局布线池(global routing pool)。当然,它们之间存在一定的差别,但所承担的任务是相同的。这些连线的编程工作是由开发软件的布线程序自动完成的。

4. 布线池、布线矩阵

CPLD 中的布线资源比 FPGA 要简单得多,布线资源也相对有限,一般采用集中式布线池结构。布线池本质就是一个开关矩阵,通过节点可以完成不同宏单元的输入输出项之间的连接。由于 CPLD 内部互连资源比较缺乏,所以在某些情况下器件布线会遇到一定的困难。由于 CPLD 的布线池结构固定,所以 CPLD 的输入引脚到输出引脚的标准延时固定,被称为引脚延时,用 T_{pd} 表示,T_{pd} 延时反映了 CPLD 可以实现的最高频率,也就清晰地表明了 CPLD 的速度等级。

3.5.4　FPGA 和 CPLD 的区别

早在 20 世纪 80 年代中期,FPGA 已经在 PLD 设备中扎根,CPLD 和 FPGA 包括一些相对大数量的可编辑逻辑单元。CPLD 逻辑门的密度为几千到几万个逻辑单元,而 FPGA 逻辑门的密度通常为几万到几百万个逻辑单元。

CPLD 和 FPGA 的主要区别是它们的系统结构。CPLD 是一个有限制性的结构,缺乏编辑灵活性,但是却有可以预计的延迟时间和逻辑单元对连接单元高比率的优点。FPGA 有很多的连接单元,可以更加灵活地编辑,但是结构却复杂得多。

CPLD 和 FPGA 另一个区别是大多数的 FPGA 含有高层次的内置模块(例如,加法器和乘法器)和内置的记忆体。一个与此有关的重要区别是很多新的 FPGA 支持完全的或者部分的系统内重新配置,允许它们的设计随着系统升级或者动态重新配置而改变。一些 FPGA 可以让设备的一部分重新编辑而其他部分继续正常运行。

尽管 FPGA 和 CPLD 都是可编程 ASIC 器件,有很多共同特点,但由于 CPLD 和

FPGA 结构上的差异,使其具有各自的特点。

（1）CPLD 更适合完成各种算法和组合逻辑,FPGA 更适合于完成时序逻辑。也就是说,FPGA 更适合触发器丰富的结构,而 CPLD 更适合触发器有限而乘积项丰富的结构。

（2）CPLD 的连续式布线结构决定了它的时序延迟是均匀的和可预测的,而 FPGA 的分段式布线结构决定了其延迟的不可预测性。

（3）在编程上 FPGA 比 CPLD 具有更大的灵活性。CPLD 通过修改具有固定内部连线电路的逻辑功能来编程,FPGA 主要通过改变内部连线的布线来编程;FPGA 可在逻辑门下编程,而 CPLD 是在逻辑块下编程。

（4）FPGA 的集成度比 CPLD 高,具有更复杂的布线结构和逻辑实现。

（5）CPLD 比 FPGA 使用起来更方便。CPLD 的编程采用 EEPROM 或 FASTFLASH 技术,无需外部存储器芯片,使用简单。而 FPGA 的编程信息需存放在外部存储器上,使用方法复杂。

（6）CPLD 的速度比 FPGA 快,并且具有较大的时间可预测性。这是由于 FPGA 是门级编程,并且 CLB 之间采用分布式互连,而 CPLD 是逻辑块级编程,并且其逻辑块之间的互连是集总式的。

（7）在编程方式上,CPLD 主要是基于 EEPROM 或 FLASH 存储器编程,编程次数可达 1 万次,优点是系统断电时编程信息也不丢失。CPLD 又可分为在编程器上编程和在系统编程两类。FPGA 大部分是基于 SRAM 编程,编程信息在系统断电时丢失,每次上电时,需从器件外部将编程数据重新写入 SRAM 中。其优点是可以编程任意次,可在工作中快速编程,从而实现板级和系统级的动态配置。

（8）CPLD 保密性好,FPGA 保密性差。

（9）一般情况下,CPLD 的功耗要比 FPGA 大,且集成度越高越明显。

3.6　本章小结

本章讨论了与处理器相关的处理器技术、微控制器技术、微处理器技术、可编程逻辑控制器技术等。

处理器技术的发展制约着计算机技术的发展,进而很大程度影响着工业、农业、医疗、教育、军事等行业的发展。面对世界各国发起的信息战、电子战。掌握处理器技术可谓是重中之重,微控制器技术和微处理器技术都制约着计算机、测控、通信、电子产品、安防等领域的发展,可编程逻辑控制器技术同样制约着互联网等领域的发展,因此,发展处理器技术是提升我国科技水平的关键一环。

3.7　为进一步深入学习推荐的参考书目

[1]　陈学平. Altium Designer 21 电路设计与制作［M］. 北京:清华大学出版社,2022.

［2］ PALNITKAR S. Verilog HDL 数字设计与综合［M］. 夏宇闻, 胡燕祥, 刁岚松, 译. 2 版. 北京：电子工业出版社, 2022.

［3］ 李翠锦, 武丽莉, 余晓玫, 等. EDA 技术及 VHDL 程序设计［M］. 北京：清华大学出版社, 2022.

［4］ 陈海宴. 51 单片机原理及应用：基于 Keil C 与 Proteus［M］. 4 版. 北京：北京航空航天大学出版社, 2022.

［5］ 张静, 武艳, 黄晓峰, 等. 单片机应用技术项目教程：基于 Keil C51 与 Proteus 设计与仿真［M］. 北京：清华大学出版社, 2023.

［6］ 赵全利. Multisim 电路设计与仿真：基于 Multisim 14.0 平台［M］. 北京：机械工业出版社, 2022.

［7］ 刘江海, 方洁, 杨沛, 等. EDA 技术与应用［M］. 北京：机械工业出版社, 2022.

3.8 习题

1. 上网查阅最新的微控制器的进展。

2. 上网查阅最新的有关微处理器的新技术。

3. 上网查阅文献, 了解微控制器的最新应用。

4. 上网查阅文献, 了解可编程逻辑控制器的新进展。

5. 就你感兴趣的处理器技术内容的任何一个方面阐述它的历史、现状、发展趋势和涉及的可能知识；并讨论所报告的方面对社会、安全、健康、法律、文化及环境等方面的影响, 以及这些制约因素对项目实施的影响和应承担的责任有哪些。

第4章

电路设计相关软件环境

教学提示：电路设计相关软件环境是信息技术的软件基础。本章简单介绍与电路技术相关的微控制器相关开发环境、微处理器相关开发环境以及可编程逻辑器件开发环境。

教学要求：本章要求学生了解微控制器相关开发环境、微处理器相关开发环境以及可编程逻辑器件开发环境，重点是微控制器的相关开发环境、微处理器的相关开发环境。

本章主要包括以下小节：

4.1 引言

随着硬件水平及计算机技术的不断发展，不断涌现出更加方便、全面、可靠的电路设计开发环境。主要包括微控制器相关开发环境、微处理器相关开发环境以及可编程逻辑器件开发环境。

集成开发环境（Integrated Development Environment，IDE）指用于软件开发的工具，通常包含编辑器、编译器、调试器、图形用户界面等集成多种工具的应用程序。电路设计及仿真需要用到相应的集成开发环境，不同的器件对应不同的开发环境，随着计算机水平的不断提升，出现了很多便于工程师开发和利用的多功能开发环境，本章主要介绍微控制器、微处理器以及可编程逻辑器件的相关软件开发环境，了解他们的特点和适用场景。

4.2 电路设计软件环境

4.2.1 概述

电路设计作为一门基础学科，涉及模拟电路知识、数字电路知识、射频电路知识以及与通信相关的理论知识，电路设计软件环境也随着硬件技术和软件技术的不断提升，逐渐朝着方便、快捷、全面、安全、简洁的方向发展。

电路设计不仅需要很强的硬件知识作为基础，而且对软件能力也有很高的要求，更需要实际工程的相关经验，近年来，随着计算机技术的不断发展，出现了很多方便、快捷的电路设计软件环境，方便工程师和爱好者进行相关集成电路（integrated circuit，IC）设计。

4.2.2 常用电路设计软件环境

1. Altium Designer

Altium Designer 是原 Protel 软件开发商 Altium 公司推出的一体化的电子产品开发系统，主要运行在 Windows 操作系统。这套软件通过把原理图设计、电路仿真、印制电路板（printed-circuit board，PCB）绘制编辑、拓扑逻辑自动布线、信号完整性分析和设计输出等技术的完美融合，为设计者提供了全新的设计解决方案，使设计者可以轻松进行设计，熟练使用这一软件使电路设计的质量和效率大大提高。

2. Protel

Protel 是 Altium 公司在 20 世纪 80 年代末推出的电路行业的 CAD 软件，它当之无愧地排在众多 EDA 软件的前面，是电路设计者的首选软件。几乎所有的电路公司都要用到它，早期的 Protel 主要作为 PCB 自动布线工具使用，运行在 DOS 环境，对硬件的要求很低。其功能较少，只有电原理图绘制与 PCB 设计功能，PCB 自动布线的布通率也低。Protel 工作在 Windows 95 环境下，是个完整的全方位电路设计系统，它包含了电原理图绘制、模拟电路与数字电路混合信号仿真、多层 PCB 设计、可编程逻辑器件设计、图表生成、电路表格生成、支持宏操作等功能，并具有客户-服务器（client-server）体系结构，同时还兼容一些其他设计软件的文件格式。使用多层 PCB 的自动布线,可实现高密度 PCB 的 100% 布通率。

3. EWB

EWB 软件是交互图像技术有限公司在 20 世纪 90 年代初推出的 EDA 软件,但在国内开始使用却是近几年的事。相对其他 EDA 软件,它较小巧,只有 16MHz,功能也比较单一,就是进行模拟电路和数字电路的混合仿真,它的仿真功能十分强大,几乎能 100% 地仿真出真实电路的结果,而且它在桌面上提供了万能表、示波器、信号发生器、扫频仪、逻辑分析仪、数字信号发生器、逻辑转换器等工具,它的器件库中则包含了许多大公司的晶体管、集成电路和数字门电路芯片,器件库中没有的元器件,还可以由外部模块导入。

在众多的电路仿真软件中,EWB 是最容易上手的,它的工作界面非常直观,原理图和各种工具都在同一个窗口内,未接触过它的人稍加学习就可以很熟练地使用该软件。对于电路设计工作者来说,它是个极好的 EDA 工具,许多电路你无须动用烙铁就可得知它的结果,而且若想更换元器件或改变元器件参数,只需点点鼠标即可,它也可以作为电学知识的辅助教学软件,利用它可以直接从屏幕上看到各种电路的输出波形。

4. PSpice

PSpice 是较早出现的 EDA 软件,1984 年就由 MicroSIM 公司推出。在电路仿真方面,它的功能可以说是最为强大,在国内被普遍使用。工作于 Windows 环境,整个软件由原理图编辑、电路仿真、激励编辑、元器件库编辑、波形图等部分组成,使用时是一个整体,但各部分各有各的窗口。它可以进行各种各样的电路仿真、激励建立、温度与噪声分析、模拟控制、波形输出、数据输出,并在同一个窗口内同时显示模拟与数字的仿真结果。无论对哪种器件、哪些电路进行仿真,包括绝缘栅双极晶体管(insulated gate bipolar transistor,IGBT)、脉宽调制电路、ADC、DAC 等,都可以得到精确的仿真结果。

5. Multisim

Multisim 是 NI 公司推出的以 Windows 为基础的仿真工具,适用于板级的模拟/数字电路板的设计工作。它包含了电路原理图的图形输入、电路硬件描述语言输入方式,具有丰富的仿真分析能力。

4.3 微控制器开发环境

微控制器主要指单片机,开发单片机的集成开发环境(IDE)工具有很多,主要分为两大类,通用开发环境和专用开发环境。

4.3.1 通用开发环境

通用开发环境是指支持多种芯片的一种 IDE 工具,如支持 STM32xx、GD32xx、LPC18xx、PIC32xx 等各种不同厂家的单片机。

1. Keil

Keil C51 是美国 Keil Software 公司出品的 51 系列兼容单片机 C 语言软件开发系统,与汇编语言相比,C 语言在功能、结构性、可读性、可维护性上有明显的优势,因而易学易用。Keil 提供了包括 C 编译器、宏汇编、链接器、库管理和一个功能强大的仿真调试器等在内的完整开发方案,通过一个集成开发环境(µVision)将这些部分组合在一起。运行 Keil 软件需要 Windows 98、Windows NT、Windows 2000、Windows XP 等操作系统。如果使用 C 语言编程,那么 Keil 几乎就是不二之选,即使不使用 C 语言而仅用汇编语言编程,其方便易用的集成环境、强大的软件仿真调试工具也会令使用者事半功倍。

2. IAR

IAR Systems 是全球领先的嵌入式系统开发工具和服务的供应商。提供的产品和服务涉及嵌入式系统的设计、开发和测试的每个阶段,包括带有 C/C++ 编译器和调试器的 IDE、实时操作系统和中间件、开发套件、硬件仿真器及状态机建模工具。针对不同类型单片机,IAR 分为多种不同类型的 IDE:IAR EWARM、IAR EW8051、IAR EWSTM8、IAR EWAVR32、IAR EWMSP430、IAR EWRH850 等。

3. Embedded Studio

Embedded Studio 是一款主要针对 ARM 和 RISC-V 处理器的开发环境。拥有强大的项目管理器和先进的编辑器,可以显著节省内存,支持常见微控制器,并且可以实现跨平台支持。开发人员可以获得专业嵌入式 C 编程和开发所需的所有工具和功能。其高度优化的运行时库可确保以最少的代码获得最佳性能。同样,针对 ARM 和 RISC-V 处理器分为两种类型的 IDE:Embedded Studio for ARM、Embedded Studio for RISC-V。

4. 其他

通用开发环境绝大部分都是收费工具(也有部分免费,像 Keil 针对部分单片机免费使用)。通用开发工具还有很多,如 ARM Development Studio、CrossWorks、TASKING 等。

4.3.2 专用开发环境

专用开发环境是指支持特定型号芯片/特定环境的一种 IDE 工具,如只支持 STM32xx 这一系列的单片机,而不支持 STM32xx 之外的其他单片机。

1. STM32CubeIDE

STM32CubeIDE 是一款支持 STM32(各大系列)的集成开发环境。

2. RT-Thread Studio

RT-Thread Studio 和 STM32CubeIDE 类似,集成了 RT-Thread RTOS 的集成开发环境。RT-Thread Studio 推荐使用 RT-Thread RTOS,目前主要支持 STM32、AT32、ES32 单片机,未来会增加(适配)更多单片机型号。

3. Arduino IDE

Arduino IDE 主要是针对 Arduino 系列开发套件的一款集成开发环境。Arduino 其实核心也是一款单片机,只是 Arduino IDE 是开发更上一层(应用层)的工具。Arduino

IDE 是一款支持三大主流操作系统(Windows、Linux、macOS)的工具。

4. MPLAB IDE

MPLAB IDE 是 Microchip 公司针对自家单片机设计的一款开发环境。MPLAB IDE 相对通用开发环境难用很多。

5. 其他

专用开发环境其实有很多,比通用开发环境要多,如 SW4STM32、Atmel Studio、e²studio 等。专用开发环境资料更少,需要花费更多时间学习,通常情况下,如果单片机支持通用开发环境,建议选择通用开发环境。

4.4　微处理器开发环境

微处理器能完成取指令、执行指令,以及与外界存储器和逻辑部件交换信息等操作,是微型计算机的运算控制部分。它可与存储器和外围电路芯片组成微型计算机。

4.4.1　微处理器软件环境

微处理器的开发和设计主要涉及功能描述、电路设计、软件编程和仿真测试等流程。主要基于 EDA 技术,其核心思想也是硬件描述语言的设计方法和思想。

4.4.2　微处理器开发

1. 通用微处理器

通用微处理器当然是 CPU(如 Intel 公司的桌面 CPU,ARM 公司的嵌入式 CPU),可以运行任何程序,处理各种数据。但问题是 CPU 对某些应用效率太低(处理能力不够、无法实时处理或是能耗太大)。例如,处理图案(graphic)不行,于是出现了图形处理单元(graphics processing unit,GPU);信号处理不行,于是出现了数字信号处理器(digital signal processor,DSP)。GPU 可以做图像处理,也可以做深度神经网络(deep neural network,DNN)的训练(training)和推理(inference)。

对于微处理器的设计开发,一般采用 Quartus Ⅱ,采用硬件描述语言 Verilog HDL 来实现。以简单的 CPU 为例开发流程如下。

(1) 功能描述及架构设计。CPU 架构实现如图 4.1 所示。

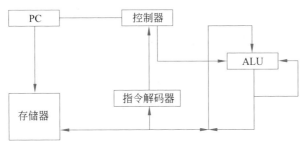

图 4.1　CPU 架构实现

（2）各个子模块的软件实现。采用 Verilog HDL 进行软件功能实现。

（3）设计顶层原理图。采用 Quartus Ⅱ 开发平台生成顶层原理图。

（4）功能仿真。对整体结构和功能实现仿真测试。

2. 专用微处理器

专用微处理器的覆盖范围也很广，有的能够运行标准的 C 程序，如很多专用指令集处理器（application-specific instruction-set processor，ASIP）；有的只有很简单的可编程性，如一些可配置硬件加速器（configurable hardware accelerator）。其流程为覆盖指令集架构（instruction set architecture，ISA）、微结构（硬件）和工具链（软件）的设计和实现。

4.5　可编程逻辑器件开发环境

可编程逻辑器件（PLD）主要也是涉及 EDA 技术，在大学阶段和研究生阶段主要接触的是 FPGA。EDA 技术在当代发展迅猛，同时各种 EDA 软件也如雨后春笋般呈现在用户面前，一般分为两种类型：一种是 PLD 芯片制造商为推广自己的芯片而开发的专业 EDA 软件；另一种是 EDA 软件商提供的第三方软件。例如，知名的 Synplify、Synopsys、Cadence 等，可以支持大部分公司的 PLD。

4.5.1　常用 EDA 工具软件

1. Synplify

Synplify 软件开发环境是由 Synplify 公司专为 FPGA 和 CPLD 开发设计的逻辑综合工具，在综合优化方面的优点非常突出，得到了用户的广泛好评，它支持用 Verilog HDL 和 VHDL 描述的系统级设计，具有强大的行为及综合能力。综合后，能生成 Verilog HDL 或 VHDL 网表，以进行功能级仿真。

图 4.2　综合过程流程图

综合过程分为 3 步，首先是语言综合，将 VHDL 的设计编译成结构单元；其次是算法优化，采用优化算法对设计进行优化，去除冗余项，提高可靠性和速度；最后是工艺映射，将设计映射为相应的 PLD 的网表文件。其综合过程流程图如图 4.2 所示。

2. Synopsys

Synopsys 软件开发环境是另一种系统综合软件，它因综合功能强大而被广泛使用。Synopsys 综合器的综合效果比较理想，系统速度快，消耗资源少。对系统的优化过程大致分为两步：①设计规则，提出必须满足的设计要求，如最大延时、最大功耗、最大扇出数目、驱动强度等；②提出各种设计约束，一般有反应时间约束、芯片面积约束等。综合器根据设计要求，采用相应算法，力争使综合效果达到最佳。Synopsys 支持完整的 VHDL 和 Verilog HDL 子集，另外，它的元件库中包含着许多现成的实现方案，调用非常方便。正是因为这些突出的优点，Synopsys 逐渐成为设计人员普遍接受的标准工具。

3. MAX+ plus Ⅱ

MAX+plusⅡ软件是 Altera 公司专为本公司的 PLD 芯片开发设计的软件。该软件功能齐全，使用方便，易懂好学，已成为最广为接受的 EDA 工具之一。

4.5.2　Quartus Ⅱ 软件介绍

Quartus Ⅱ软件是 Altera 公司的综合开发工具，它集成了 Altera 公司的 FPGA/CPLD 开发流程中所涉及的所有工具和第三方软件接口。通过使用此综合开发工具，设计者可以创建、组织和管理自己的设计。其技术特点如下。

（1）广泛的适用范围，Quartus Ⅱ软件支持的元件种类众多。

（2）支持 Windows、Solaris、HPUX 和 Linux 等多种操作系统。

（3）支持多时钟定时分析、LogicLock 基于块的设计、SOPC，内嵌 SignalTapⅡ逻辑分析器、功率估计器等高级工具。

（4）QuartusⅡ是全集成化的设计平台，支持多种输入方式。具有逻辑综合、布局布线、模拟、时序分析、器件编程等功能。

（5）易学易用。QuartusⅡ软件提供丰富的图形用户接口，软件界面新颖友好，通过短期学习就能熟练掌握。

4.6　本章小结

本章简要介绍了电路设计相关的软件环境，包括微控制器相关开发环境、微处理器相关开发环境以及可编程逻辑器件开发环境。熟悉相关开发环境，可以更好加深对相关专业的理解和应用。

4.7　为进一步深入学习推荐的参考书目

为了进一步深入学习本章有关内容，向读者推荐以下参考书目。

［1］　周振超，冯暖，沈超，等. EDA 技术与应用［M］. 北京：清华大学出版社，2023.

［2］　李翠锦，武丽莉，余晓玫，等. EDA 技术及 VHDL 程序设计［M］. 北京：清华大学出版社，2022.

［3］　熊伟，侯传教，梁青，等. 基于 Multisim 14 的电路仿真与创新［M］. 北京：清华大学出版社，2021.

［4］　李莉. 深入理解 FPGA 电子系统设计：基于 Quartus Prime 与 VHDL 的 Altera FPGA 设计［M］. 北京：清华大学出版社，2020.

［5］　王金明. FPGA 设计与 VHDL 实现［M］. 北京：电子工业出版社，2021.

［6］　毕盛，赖晓铮，汪秀敏，等. 嵌入式微控制器原理及设计：基于 STM32 及 Proteus 仿真开发［M］. 北京：电子工业出版社，2022.

［7］　谢楷，赵建. MSP430 系列单片机系统工程设计与实践［M］. 北京：机械工业出版社，2022.

4.8 习题

1. 当今主流的微控制器开发环境有哪些？
2. 了解相关开发环境的操作流程。
3. 熟悉可编程逻辑器件开发环境的使用流程。
4. 上网查阅最新的微控制器、微处理器以及可编程逻辑器件开发环境的进展。
5. 就你感兴趣的电路设计相关软件内容的任何一方面阐述它的历史、现状、发展趋势和涉及的可能知识，并讨论所报告的方面对社会、安全、健康、法律、文化及环境等方面的影响。

第5章

网络技术基础

教学提示：网络技术是电子信息技术的基础构成内容。本章简单介绍通信网络基础、数据通信网络、互联网、无线传感器网络、物联网、移动互联网、云计算、区块链等领域所涉及的主要关键技术。

教学要求：本章要求学生了解通信网络基础、互联网、物联网、无线传感网络等相关技术及其现状和发展趋势，重点了解云计算、区块链等最新技术。

本章介绍物联网技术，包括以下小节：

5.1 通信网络基础

信息传输领域的基本矛盾是有限的频谱资源和日益增长的用户需求之间的矛盾。为了解决这个矛盾，通信由点到点之间的通信发展为网络通信。

5.1.1 从点到点通信到通信网络

图 5.1 为不同的通信方式。

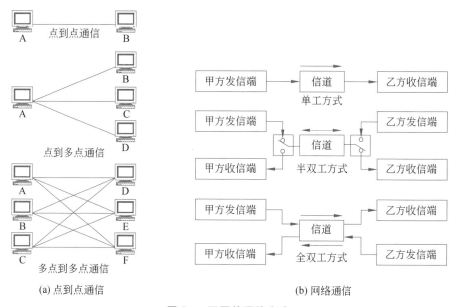

(a) 点到点通信   (b) 网络通信

图 5.1 不同的通信方式

点到点通信模型是基本的通信形式。要实现多用户间的通信，则需要一个合理的拓扑结构将多个用户有机地连接在一起，并定义标准的通信协议，以使它们能协同工作，这样就形成了一个通信网络。

信息技术、管理科学、经济与社会的发展，促成了物联网的出现，如图 5.2 所示。

通信网络的发展大致经过了 3 个阶段。

第一阶段（1880—1970 年），属于模拟通信网络时代，网络的主要特征是模拟化、单业务单技术。这一时期电话通信网络占统治地位，电话业务是网络运营商的主要业务，这一时期整个通信网络都是面向话音业务来优化设计的。

第二阶段（1971—1994 年），是骨干通信网络由模拟网向数字网转变的阶段。这一时期数字技术和计算机技术在网络中被广泛使用，除传统公用电话交换网（public switched telephone network，PSTN）外，还出现了多种不同的业务网。这一时期是现代通信网络最重要的一个发展阶段，它几乎奠定了未来通信网络发展的所有技术基础，如数字技术、分组交换技术等奠定了未来网络实现综合业务的基础。

第三阶段（1995 年至今），这一时期可以说是信息通信技术发展的黄金时期，出现了

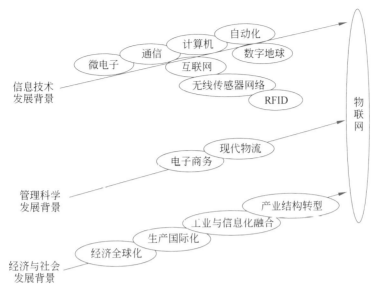

图 5.2　物联网的形成

很多新技术和新业务。这一时期骨干通信网络实现了全数字化,骨干传输网络实现了光纤化,同时数据通信业务增长讯速,独立于业务网的传送网也已形成。

5.1.2　通信网络的关键技术

为了实现网络通信,需要使用交换技术。网络用户之间不再直接通信,而是经过交换机进行链路连接。

常用的交换方式有两种。

(1)电路交换:用于语音通信。在两个用户通话之前,系统需要为两个用户连接一条链路,供通信双方专用。等通信结束后,系统会释放该链路,以便其他用户使用。

(2)分组交换:用于数据通信。在数据传输过程中,不需要专门链路,而是根据路由情况,选择合适的路径传输数据。

对网络发展影响最大的技术主要有以下 3 种。

(1)计算机技术。硬件方面,计算成本下降,计算能力大大提高;软件方面,分布处理技术、数据库技术已发展成熟,极大地提高了大型信息处理系统的处理能力,降低了其开发成本。其影响是个人计算机得以普及,智能网(intelligent network,IN)、电信管理网得以实现,这些为下一步的网络智能以及业务智能奠定了基础。另外,终端智能化使得许多原来由网络执行的控制和处理功能可以转移到终端来完成,骨干网的功能可由此而简化,这有利于提高其稳定性和信息吞吐能力。

(2)光传输技术。大容量光传输技术的成熟和成本的下降,使得基于光纤的传输系统在骨干网中迅速普及并取代了线缆技术。实现宽带多媒体业务,在网络带宽上已不存在问题了。

(3)Internet。1995 年后,基于 IP 技术的 Internet 的发展和迅速普及,使得数据业务的增长速率远远超过电话业务。近几年内,数据业务等其他业务全面超越电话业务,成为运营商的主营业务和主要收入来源,促进了通信产业的进一步发展。

5.1.3 通信网络的组成

通信网络的定义:通信网络是由一定数量的节点(包括终端节点、交换节点)和连接这些节点的传输系统有机地组织在一起的,按约定的信令或协议完成任意用户间信息交换的通信体系。用户使用它可以克服空间、时间等障碍来进行有效的信息交换。

在通信网络上,信息的交换可以通过以下方式进行。

(1) 两个用户间进行。

(2) 两个计算机进程间进行。

(3) 一个用户和一个设备间进行。

交换的信息包括如下内容。

(1) 用户信息(如话音、数据、图像等)。

(2) 控制信息(如信令信息、路由信息等)。

(3) 网络管理信息。

由于信息在网上通常以电或光信号的形式进行传输,因而现代通信网络又称电信网。

网络只是实现大规模、远距离通信系统的一种手段。与简单的点到点通信系统相比,它的基本任务并未改变。

通信的有效性和可靠性仍然是网络设计时要解决的两个基本问题,只是由于用户规模、业务量、服务区域的扩大,使解决这两个基本问题的手段变得复杂了。

实际的通信网络是由软件和硬件按特定方式构成的一个通信系统,每次通信都需要软硬件设施的协调配合来完成。从硬件构成来看,通信网络由终端节点、交换节点、业务节点和传输系统构成,它们完成通信网络的接入、交换和传输等基本功能。软件设施则包括信令、协议、控制、管理、计费等,它们主要完成通信网络的控制、管理、运营和维护,实现通信网络的智能化。

通信网络的硬件构成主要包括以下 4 方面。

(1) 终端节点。最常见的终端节点有电话机、传真机、计算机、视频终端和专用小交换机(private branch exchange,PBX)等,它们是通信网络上信息的产生者,同时也是通信网络上信息的使用者,其主要功能是处理用户信息和信令信息。

(2) 交换节点。交换节点是通信网络的核心设备,最常见的有电话交换机、分组交换机、路由器、转发器等。交换节点负责集中、转发终端节点产生的用户信息,但它自己并不产生和使用这些信息。

(3) 业务节点。最常见的业务节点有智能网中的业务控制点(service control point,SCP)、智能外部设备、语音信箱系统,以及 Internet 上的各种信息服务器等。它们通常由连接到通信网络中的计算机系统、数据库系统组成。

(4) 传输系统。传输系统为信息的传输提供传输信道,并将网络节点连接在一起。通常传输系统的硬件组成应包括线路接口设备、传输媒介、交叉连接设备等部分。

5.1.4 通信网络的分类

通信产业经过 100 多年的发展,已经形成了错综复杂的网络体系,对它们可以按照不同的标准进行分类。

(1) 按业务类型,可以将通信网络分为电话通信网络(如 PSTN、移动通信网络等)、数据通信网络(如 X.25、Internet、帧中继网等)、广播电视网等。

(2) 按空间距离,可以将通信网络分为广域网(wide area network,WAN)、城域网(metropolitan area network,MAN)和局域网(local area network,LAN)。

(3) 按信号传输方式,可以将通信网络分为模拟通信网络和数字通信网络。

(4) 按运营方式,可以将通信网络分为公用通信网络和专用通信网络。

5.1.5 通信网络的拓扑

网络的拓扑结构是一个非常重要的内容,认识一个复杂的网络,最重要的是要搞清楚它的拓扑结构。这是一种与网络规划、设计及网络性能有关的划分方法。

拓扑的概念源于图论,从拓扑学的观点来看,将计算机网络中所有节点抽象为"点",通信链路抽象为"线",形成点、线构成的几何图形。采用拓扑学方法将网络抽象成几何图形,称其为网络的拓扑结构。

1. 网状网

网状网的结构如图 5.3(a)所示。它是一种完全互连的网,网内任意两节点间均由直达线路连接,N 个节点的网络需要 $N(N-1)/2$ 条传输链路。

其优点是线路冗余度大,网络可靠性高,任意两点间可直接通信;缺点是线路利用率低,网络成本高,另外,网络的扩容也不方便,每增加一个节点,就需增加 N 条线路。

网状结构通常用于节点数目少,又有很高可靠性要求的场合。

2. 星状网

星状网的结构如图 5.3(b)所示。星状网又称辐射网,该结构与网状网相比,增加了一个中心转接节点,其他节点都与转接节点有线路相连。N 个节点的星状网需要 $N-1$ 条传输链路。

其优点是降低了传输链路的成本,提高了线路的利用率;缺点是网络的可靠性差,一旦中心转接节点发生故障或转接能力不足时,全网的通信都会受到影响。

通常在传输链路费用高于转接设备、可靠性要求又不高的场合,可以采用星状结构,以降低建网成本。

3. 复合型网

复合型网的结构如图 5.3(c)所示。它是由网状网和星状网复合而成的。它以星状网为基础,在业务量较大的转接交换中心之间采用网状网结构,因而整个网络结构比较经济,且稳定性较好。

由于复合型网兼具了星状网和网状网的优点,因此目前在规模较大的局域网和电信骨干网中广泛采用分级的复合型网络结构。

4. 总线网

总线网的结构如图 5.3(d)所示。它属于共享传输介质型网络,总线网中的所有节点都连至一个公共的总线上,任何时候只允许一个用户占用总线发送或接收数据。

其优点是需要的传输链路少,节点间通信无须转接节点,控制方式简单,增减节点也很方便;缺点是网络服务性能的稳定性差,节点数目不宜过多,网络覆盖范围也较小。

总线结构主要用于计算机局域网、电信接入网等网络中。

5. 环状网

环状网的结构如图 5.3(e)所示。该结构中所有节点首尾相连,组成一个环。N 个节点的环状网需要 N 条传输链路。环状网可以是单向环,也可以是双向环。

其优点是结构简单,容易实现,双向自愈环状结构可以对网络进行自动保护;缺点是节点数较多时转接时延无法控制,并且环状结构不好扩容,每加入一个节点都要破环。

环状结构目前主要用于计算机局域网、光纤接入网、城域网、光传输网等网络中。

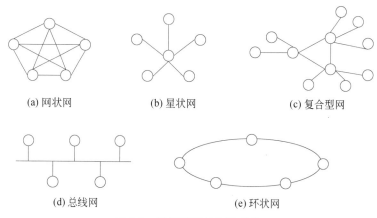

(a) 网状网　　　　(b) 星状网　　　　(c) 复合型网

(d) 总线网　　　　(e) 环状网

图 5.3　通信网络的拓扑结构

5.1.6　交换技术

实现通信网络的方法主要有两种。

(1) 在任意两个用户之间提供点到点的连接,从而构成一个网状网的结构,如图 5.4(a)所示。

该方法中每对用户之间都需要独占一个永久的通信线路,由于该方法存在着巨大的浪费并且不便集中管理,故不适用于构建大型广域通信网络。

(2) 在网络中引入交换节点,组建交换式网络,如图 5.4(b)所示。

在交换式网络中,用户终端都通过用户线与交换节点相连,交换节点之间通过中继线相连,任何两个用户之间的通信都要通过交换节点进行转接交换。

在网络中,交换节点负责用户的接入、业务量的集中、用户通信连接的创建、信道资源的分配、用户信息的转发,以及必要的网络管理与控制功能的实现。

交换的真正含义是让网络根据用户实际的需求为其分配通信所需的网络资源,即用

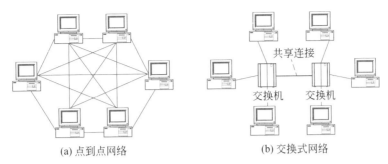

(a) 点到点网络　　　　　　　(b) 交换式网络

图 5.4　通信网络

户有通信需求时,网络为其分配资源,通信结束后,网络再回收分配给用户的资源,让其他用户使用,从而达到网络资源共享,降低通信成本的目的。

其中,网络负责管理和分配的最重要资源就是通信线路上的带宽资源。

在交换式网络中,用户终端至交换节点可以使用有线接入方式,也可以采用无线接入方式,可以采用点到点的接入方式,也可以采用共享介质的接入方式。

传统有线电话网中使用有线、点到点的接入方式,即每个用户使用一条单独的双绞线接入交换节点。如果多个用户采用共享介质方式接入交换节点,则需解决多址接入的问题。目前常用的多址接入方式有频分多址(frequency division multiple access,FDMA)、时分多址(time division multiple access,TDMA)、码分多址(code division multiple access,CDMA)等。

交换式网络主要有以下两个优点。

(1) 大量的用户可以通过交换节点连到骨干通信网络上。由于大多数用户并不是永久地处于通信状态,因此骨干网上交换节点间可以用少量的中继线路以共享的方式为大量用户服务,这样大大降低了骨干网的建设成本。

(2) 交换节点的引入也增加了网络扩容的方便性,便于网络的控制与管理。实际中的大型交换网络都是由多级复合型网络构成的,为用户建立的通信连接往往涉及多段线路、多个交换节点。

5.2　数据通信网络

5.2.1　数据通信的概念

数据通信是指由源点产生的数据,按照一定的通信协议,形成数据流在信道中传送到终点的过程。主要是人机或机机通信。

数据通信包括数据传输、数据交换和数据处理 3 部分。所以,数据通信研究的内容包括传输、通信接口和通信处理 3 方面。

5.2.2　数据通信系统

1.数据通信系统的组成

数据通信系统由以下 3 部分组成。

（1）终端设备子系统,由数据终端设备及有关的传输控制设备组成。

（2）数据传输子系统,由传输信道和两端的数据电路终端设备组成。

（3）数据处理子系统,指包括通信控制器在内的电子计算机。

2. 数据通信系统的分类

按照不同的划分标准,数据通信系统可划分为不同的类型。

（1）按照传输和设备子系统是否与处理子系统相连接,可分为脱机系统和联机系统。

（2）按照处理子系统对数据处理的形式,可分为联机实时系统、远程批处理系统和分时处理系统。

在一个通信系统中,任意两台设备之间直接相连是不切实际的。有效的解决方法是把所有设备都连接到一个通信网络上。

数据通信网络由硬件和软件两部分组成,硬件指数据传输设备、数据交换设备和通信线路等,软件指支持硬件配置实现网络协议功能的各种程序。

（3）按照覆盖的物理范围不同,可分为如下4种。

① 广域网（WAN）,指覆盖范围很广的远程网络,由节点交换机及其连接的线路组成。目前主要采用分组交换技术。

② 局域网（LAN）,指通过通信线路,把较小地域范围内的各种设备连接在一起的通信网络。

③ 城域网（MAN）,指覆盖范围界于前两者之间的,面向企业的公用网络。

④ 个域网（PAN）,指个体附件的小范围网络。

无线网络可分3类：系统互连网络、无线LAN和无线网络。

数据通信网络又称计算机网络,是通信技术与计算机技术密切结合的产物,如图5.5所示。

图 5.5　基于电话网的计算机网络

这两种技术既相互渗透又密切结合,主要体现在两方面。

（1）通信技术为多台计算机之间进行信息传输和交换提供了必要的手段。

（2）计算机技术应用于各个通信领域,极大地提高了通信系统的各项性能。

计算机网络已经历了由单一网络向互联网发展的过程,如图5.6所示。

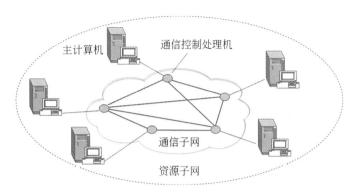

图 5.6　基于通信子网的计算机网络

5.3　互联网技术

5.3.1　互联网的概念

互联网是大家最熟悉的通信网络,它已经成为我们日常生活中的一部分。互联网是构成计算机网络的基础,如图 5.7 所示。

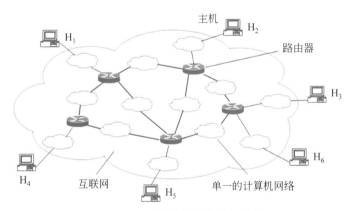

图 5.7　基于互联网的计算机网络

TCP/IP 体系结构以网络互连为基础,提供了一个建立不同计算机网络间通信的标准框架。目前,几乎所有的计算机设备和操作系统都支持该体系结构,它已经成为通信网络的工业标准。

5.3.2　互联网协议

1. OSI 参考模型

OSI(open system interconnection,开放系统互连)参考模型是国际标准化组织(International Standards Organization,ISO)在 1977 年提出的开放系统互连协议的标准框架。这里"开放"的含义是指任何两个遵守 OSI 标准的系统均可进行互连。

如图 5.8 所示，OSI 参考模型可以分为 7 个独立层次，各层的具体功能如下。

（1）应用层：为用户提供到 OSI 环境的接入和分布式信息服务。

（2）表示层：将应用进程与不同的数据表示方法独立开来。

（3）会话层：为应用间的通信提供控制结构，包括建立、管理、终止应用之间的会话。

（4）传输层：为两个端点之间提供可靠的、透明的数据传输，以及端到端的差错恢复和流量控制能力。

（5）网络层：使高层与连接建立所使用的数据传输和交换技术独立开来，并负责建立、保持、终止一个连接。

（6）数据链路层：发送带有必需的同步、差错控制和流量控制信息的数据块（帧），保证物理链路上数据传输的可靠性。

（7）物理层：负责物理介质上无结构的比特流传输，定义接入物理介质的、机械的、电气的、功能的特性。

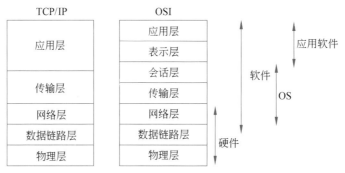

图 5.8　TCP/IP 与 OSI 参考模型

2. TCP/IP 参考模型

TCP/IP 参考模型可以分为 5 个独立层次，各层的具体功能如下。

（1）应用层：包含支持不同的用户应用的应用逻辑。每种不同的应用层需要一个与之相对应的独立模块来支持。

（2）传输层：为应用层提供可靠的数据传输机制。对每个应用，传输层保证所有的数据都能到达目的地应用，并且保证数据按照其发送时的顺序到达。

（3）网络层：执行在不同网络之间互联网协议（internet protocol，IP）分组的转发和路由的选择。其中，使用 IP 执行转发，使用 RIP、OSPF、BGP 等发现和维护路由，人们习惯上将该层简称为 IP 层。

（4）数据链路层：负责一个端系统和它所在的网络之间的数据交换。

（5）物理层：定义数据传输设备与物理介质或它所连接的网络之间的物理接口。

互联网的成功主要归功于 TCP/IP 的简单性和开放性。

从技术上看，TCP/IP 的主要贡献在于，明确了异构网络之间基于网络层实现互连的思想。

5.4 无线传感器网络

5.4.1 无线传感器网络的概念

随着半导体技术、微机电系统技术、无线通信和数字电子技术的进步和日益成熟,出现了具有感知能力、计算能力和通信能力的微型传感器。

1988 年,Mark Weiser 提出了 Ubiquitous Computing(缩写为 Ubicomp 或 UC)思想,即常讲的普适计算,促使计算、通信和传感器 3 项技术相结合,产生了无线传感器网络(wireless sensor network,WSN,简称传感网)。

传感网是一种新型的网络和计算技术,它可以将客观世界中不断变化的信息持续高效地传递给人们,为人们提供各种形式的服务,在军事、商业、医疗、环境保护以及灾难拯救等领域具有广阔的应用前景。

传感网包含 3 个基本要素:传感器、感知对象和观察者。

1. 传感网的特点

传感网作为一种新型的智能网络系统,具有极其广阔的应用前景。同传统网络相比,传感网具有如下显著特点。

(1) 传感器节点数目大,密度高,采用空间位置寻址。

(2) 传感器节点的能量、计算能力和存储容量有限。

(3) 传感网的拓扑结构易变化,具有自组织能力。

(4) 传感网具有自动管理和高度协作性。

(5) 传感器节点具有数据融合能力。

(6) 传感网是以数据为中心的网络。

(7) 传感网存在诸多安全威胁。

2. 传感网的应用

传感网的主要应用领域如下。

(1) 军事应用。

(2) 环境监测。

(3) 工业应用。

(4) 医疗应用。

(5) 其他方面的应用。

3. 传感网的协议体系结构

传感网作为一种自组织通信网络,它的基本组成单位是传感器节点和汇聚(或基站)节点。

网络协议体系结构是网络的协议分层以及网络协议的集合,是对网络及其部件所应完成功能的定义和描述。对传感网来说,其网络协议体系结构不同于传统的计算机网络和通信网络,图 5.9 是传感网协议体系结构示意图。

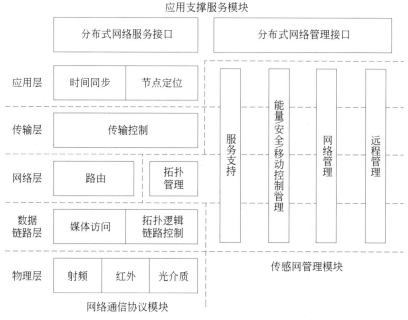

图 5.9　传感网协议体系结构示意图

5.4.2　无线传感器网络的组成

通常情况下,一个典型的无线传感器网络的基本组成结构如图 5.10 所示。它主要由以下部分组成。

(1) 分布式传感器节点。

(2) 汇聚节点。

(3) 互联网。

(4) 管理节点(即用户)。

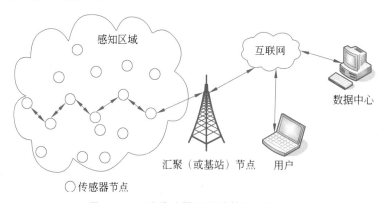

图 5.10　无线传感器网络的基本组成结构

大量传感器节点散布在感知区域内部或附近,这些节点都可以采集数据,并利用自组织多跳路由无线方式构成网络,把数据传送到汇聚节点;同时汇聚节点也可以将数据信息发送给各节点。

汇聚节点直接与互联网或卫星通信网络以有线方式或无线方式相连,通过互联网或无线方式实现与管理节点之间的相互通信。

管理节点对无线传感器网络进行配置和管理,发布测控任务以及收集监测数据。

传感器节点是一个微型化的嵌入式系统,它构成了无线传感器网络的基础层支持平台。

1. 传感器节点

典型的传感器节点由以下 4 部分组成。

(1) 数据采集的感知模块。感知模块由传感器和 ADC 组成,负责感知监控对象的信息。

(2) 数据处理模块。数据处理模块包括存储器和微处理器等部分,负责控制整个传感器节点的操作,存储和处理本身采集的数据以及其他节点发来的数据。

(3) 无线通信模块。无线通信模块完成节点间的交互通信工作,一般为无线电收发装置。

(4) 节点供电的电源供给模块。能源供给单元负责供给节点工作所消耗的能量,一般为小体积的电池。

有些节点上还装配电源产生器、移动系统或执行机构、定位系统及信号处理(包括声音、图像、数据处理及数据融合)等扩展设备,以获得更完善的功能。

图 5.11 是传感器节点硬件基本组成示意图。

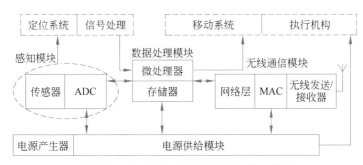

图 5.11 传感器节点硬件基本组成示意图

由于具体的应用背景不同,目前国内外出现了多种传感器节点的硬件平台。典型的传感器节点包括美国 Crossbow 公司开发的 Mote 系列节点 Mica2、MicaZ 及 Mica2Dot,Infineon 公司 2023 年发布的全新传感器平台 XENSIV 等。

与应用相关的传感器有光传感器、热传感器、压力传感器以及湿度传感器等。虽然具体应用不同,传感器节点的设计也不尽相同,但其基本结构是一样的。

2. 汇聚节点

汇聚节点的处理能力、存储能力和通信能力相对传感器节点更强,它连接着传感网与互联网等,实现两种协议栈协议之间的转换,同时发布管理节点的监测任务,并将收集到的数据转发到外部网络上。

汇聚节点既可以是一个具有增强功能的传感器节点,有足够的能量提供给更多的内存与计算资源;也可以是没有监测功能仅带有无线通信接口的特定网关设备。

5.5 物联网技术

5.5.1 物联网的发展

1. 物联网的发展历程

1995 年,比尔·盖茨在《未来之路》中提出了"物-物"相连的概念,给出了物联网的雏形。

1998 年,美国麻省理工学院(Massachusetts Institute of Technology,MIT)提出 EPC 系统,给出了物联网的构想。

1999 年,美国提出物联网概念,给出了物联网的 3 个主要组成部分:物品编码、射频识别和互联网。

2005 年,国际电信联盟(International Telecommunications Union,ITU)在《ITU 互联网报告 2005:物联网》中,提出了物联网的概念。

2008 年,全球首个国际物联网会议"物联网 2008"召开。

2009 年,温家宝总理提出"感知中国"的概念。推进 3G 与物联网技术融合;成立中国移动物联网研究院。

2010 年,中国成立传感(物联)网技术产业联盟。温家宝总理在政府工作报告中指出,要加快物联网的研发应用。

2013 年,谷歌智能眼镜的发布是物联网和可穿戴技术的革命性进步。

2014 年,Amazon 公司发布 Echo 智能音箱,为进军智能家居中心市场铺平道路。同年,工业物联网标准联盟的成立,也间接表明物联网具有改变任何制造和供应链流程运作方式的潜力。

2016 年,中国边缘计算产业联盟(Edge Computing Consortium,ECC)正式成立。

2017 年,中国工信部发出《关于全面推进移动物联网(NB-IoT)建设发展的通知》,要求到 2020 年 NB-IoT 基站规模达到 150 万。

2017—2019 年,物联网的发展变得更便宜、更容易、更被广泛接受,从而引发了整个行业的创新浪潮。自动驾驶汽车在不断完善,区块链和人工智能已经开始融入物联网平台,智能手机/宽带普及率的提升将继续让物联网成为未来有吸引力的价值主张。

2019 年,LoRa 在我国正式获批。

2020 年,首个物联网应用商店建立。

2021 年,国务院印发《"十四五"数字经济发展规划的通知》,物联网建设发展进入黄金时期。

2022 年,中央网信办等 10 部门印发《数字乡村发展行动计划(2022—2025 年)》,部署了包括数字基础设施升级、智慧农业创新发展、智慧绿色乡村打造在内的 8 方面重点行动,将推动 5G、人工智能、物联网等新一代技术不断与农业生产融合发展。

2023年,商务部等13部门办公厅(室)印发《全面推进城市一刻钟便民生活圈建设三年行动计划(2023—2025)》,鼓励利用物联网、云计算、大数据、人工智能等技术,推动商品、门店、会员及供应链数字化,提升服务质量和管理效率,降低综合成本。

2. 物联网的概念及含义

1999年,美国麻省理工学院最早提出物联网概念:把所有物品通过射频识别(radio frequency identification,RFID)、条码等信息传感设备与互联网连接起来,实现智能化识别和管理。

2005年,国际电信联盟对物联网概念进行了扩展。

(1) 任何时刻、任何地点、任意物品之间的互联(any time、any place、any things connection)。

(2) 无所不在的网络(ubiquitous networks)。

(3) 无所不在的计算(ubiquitous computing)。

国际电信联盟的物联网概念示意图如图5.12所示。

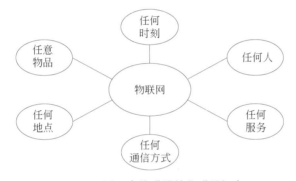

图 5.12　国际电信联盟的物联网概念

从图5.12可以看出,物联网是在任何时刻、地点,任何物品、人,采用任何网络(包括汇聚、连接、收集、计算等),以满足提供的任何服务。按照国际电信联盟给出的这个定义,物联网主要解决物品到物品、人到物品、人到人之间的互联。

物联网通过接口与无线接入,联入互联网,实现物物相连,如图5.13所示。

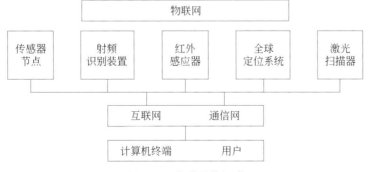

图 5.13　物联网的组成

3. 物联网的特点

物联网具有以下特点。

（1）物联网是指对具有全面感知能力的物体及人的互联集合。两个或两个以上物体如果能交换信息即可称为物联。

使物体具有感知能力需要在物品上装置不同类型的识别装置，如电子标签、条码与二维码等，或通过传感器、红外感应器等感知其存在。同时，这一概念也排除了网络系统中的主从关系，能够自组织。

（2）物联必须遵循约定的通信协议，并通过相应的软硬件实现。互联的物品要互相交换信息就需要实现不同系统中的实体的通信。

为了成功地通信，它们必须遵守相关的通信协议，同时需要相应的软硬件实现这些规则，并可以通过现有的各种接入网与互联网进行信息交换。

（3）物联网可以实现对各种物品（包括人）进行智能化识别、定位、跟踪、监控和管理等功能。这也是组建物联网的目的。

4. 物联网与传统互联网的区别

物联网与传统互联网的最大区别如下。

（1）H2T（human to thing），是指人利用通用装置与物品之间的连接。

（2）H2H（human to human），是指人之间不依赖于个人计算机而进行的互联。

需要利用物联网才能解决的是传统互联网没有考虑的、对于任何物品连接的问题。

从技术层面上看，物联网是指物体通过智能感知装置，经过传输网络到达指定数据处理中心，实现人与人、物与物、人与物之间信息交互与处理的智能化网络。

若将传感器的概念进一步扩展，把射频识别、二维条码等信息的读取设备、音视频录入设备等数据采集设备都认为是一种传感器，并提升到智能感知水平，则范围扩展后的传感网也可以认为是物联网。

传感网与物联网是一个概念的两种不同表述，都是依托各种信息设备实现物理世界和信息世界的无缝融合。此外，也有观点认为，物联网是从产业和应用角度，传感网是从技术角度对同一事物的不同表述。

从应用的角度来看，物联网主要是在提升数据传输率、改善民生、提高生产率、降低企业管理成本等方面发挥重要作用。

物联网与现存的其他网络，如传感网、互联网、泛在网以及其他网络通信技术之间的关系如图 5.14 所示。

5.5.2　物联网的组成

Guy Pujolle 提出一种采用自主通信技术的物联网自主体系结构，如图 5.15 所示。自主通信是指以自主件（self ware）为核心的通信。

自主件在端到端层次以及中间节点，执行网络控制面已知的或者新出现的任务。自主件可以确保通信系统的可进化特性。

物联网的这种自主体系结构包括如下内容。

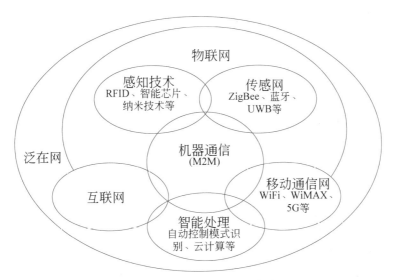

图 5.14 物联网与其他网络的关系

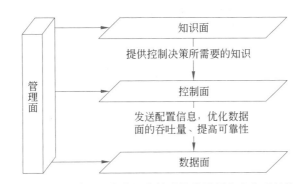

图 5.15 一种采用自主通信技术的物联网自主体系结构

（1）数据面。数据面主要用于数据分组的传送。

（2）控制面。控制面通过向数据面发送配置信息,优化数据面的吞吐量,提高可靠性。

（3）知识面。知识面是最重要的一个面,它提供整个网络信息的完整视图,并且提炼成为网络系统的知识,用于指导控制面的适应性控制。

（4）管理面。管理面用于协调数据面、控制面和知识面的交互,提供物联网的自主能力。

物联网实现的是全球物品的信息实时共享。显然,首先要做的是实现全球物品的统一编码,即对在地球上任何地方生产出来的任何一件物品,都要给它打上电子标签。

射频识别系统包括 EPC 标签和读写器。EPC 标签是编号（每个商品有唯一的号码,即牌照）的载体,当 EPC 标签贴在物品上或内嵌在物品中时,该物品与 EPC 标签中的产品电子代码就建立起了一对一的映射关系。

一个 EPC 物联网体系架构主要由 EPC 编码、EPC 标签及 RFID 读写器、中间件系统、ONS 服务器和 EPC IS 服务器等部分构成，如图 5.16 所示。

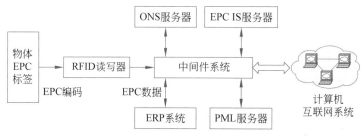

图 5.16　EPC 物联网体系架构

RFID 读写器从含有一个 EPC 或一系列 EPC 的标签上读取物品的电子代码，然后将读取的物品电子代码送到中间件系统中进行处理。当读取的数据量较大而中间件系统处理不及时的时候，可应用 ONS 服务器来存储部分读取数据。

中间件系统以该 EPC 数据为信息源，在本地 ONS 服务器获取包含该产品信息的 EPC IS 服务器的网络地址。

当本地 ONS 服务器不能查阅到 EPC 编码所对应的 EPC IS 服务器地址时，向远程 ONS 服务器发送解析请求，获取物品的对象名称；继而通过 EPC IS 服务的各种接口获得物品信息的各种相关服务。

整个 EPC 网络系统借助计算机互联网系统，利用在互联网的基础上发展产生的通信协议和描述语言而运行。

因此，也可以说物联网是架构在互联网基础上的，关于各种物理产品信息服务网络的总和。

5.5.3　物联网的关键技术

物联网的基本组成如图 5.17 所示。

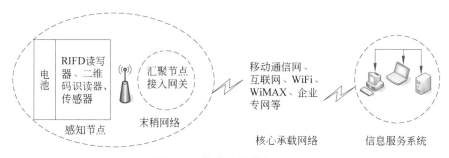

图 5.17　物联网的基本组成

感知节点由各种类型的采集和控制模块组成，包括 RFID 读写器、二维码识读器和传感器，如温度传感器、声音传感器、振动传感器、压力传感器等，完成物联网应用的数据采集和设备控制等功能。

感知节点的组成包括 4 个基本单元。

（1）传感单元（由传感器和模数转换功能模块组成，如 RFID、二维码识读设备、温感设备）。

（2）处理单元（由嵌入式系统构成,包括微处理器、存储器、嵌入式操作系统等）。

（3）通信单元（由无线通信模块组成,实现末梢节点间,以及节点与汇聚节点的通信等）。

（4）电池/供电部分。

感知节点综合了以下关键技术。

（1）传感器技术。

（2）嵌入式计算技术。

（3）智能组网技术。

（4）无线通信技术。

（5）分布式信息处理技术。

通过各类集成化的微型传感器协作地实时监测、感知和采集各种环境或监测对象的信息,通过嵌入式系统对信息进行处理,并通过随机自组织无线通信网络,以多跳中继方式将所感知信息传送到接入网络的汇聚节点和接入网关,最终到达信息服务系统。

末梢网络即接入网络,包括汇聚节点、接入网关等,完成应用末梢感知节点的组网控制和数据汇聚,或完成向感知节点发送数据的转发等功能。

在感知节点之间组网之后,如果感知节点需要上传数据,则将数据发送给汇聚节点,汇聚节点收到数据后,通过接入网关完成和承载网络的连接;当用户应用系统需要下发控制信息时,接入网关接收到承载网络的数据后,由汇聚节点将数据发送给感知节点,完成感知节点与承载网络之间的数据转发和交互功能。

感知节点与末梢网络承担物联网的信息采集和控制任务,构成传感网,实现传感网的功能。

核心承载网络可以有很多种,主要承担接入网与信息服务系统之间的数据通信任务。根据具体应用需要,核心承载网络可以是公共通信网,如移动通信网、互联网、WiFi、WiMAX及企业专用网,甚至是新建的专用于物联网的通信网。

物联网技术涵盖了从信息获取、传输、存储、处理直至应用的全过程,在材料、器件、软件、网络、系统各方面都要有所创新才会促进其发展。

国际电信联盟报告提出,物联网主要需要4项关键性应用技术。

（1）标签物品的RFID技术。

（2）感知事物的传感器技术（sensor technology）。

（3）思考事物的智能技术（smart technology）。

（4）微缩事物的纳米技术（nanotechnology）。

显然,这是侧重了物联网的末梢网络。对于核心承载网络来说,核心承载网通信技术包括移动通信网、互联网、无线局域网和企业专用网。

由于物联网应用是由大量传感网节点构成的,在信息感知的过程中,采用各个节点单独传输数据到汇聚节点的方法是不可行的,需要数据融合技术和智能处理技术进行处理。

5.5.4　物联网的应用

物联网是通信网络的应用延伸和拓展,是信息网络上的一种增值应用。感知、传输、应用3个环节构成物联网产业的关键要素。感知识别是基础和前提；传输是平台和支撑；应用则是目的，是物联网的标志和体现。

物联网发展不仅需要技术，更需要应用，应用是物联网发展的强大推动力。物联网的主要应用领域如下。

（1）现代物流。物联网覆盖现代物流从末梢神经到整个系统运行的全过程，现代物流从末梢神经到整个运行过程的实时监控和实时决策必须由物联网来支持。

（2）智能交通。智能交通突出特点是需要具备对驾驶环境和交通状况的全面实时感知和理解的能力，其中具备自主规划与控制及人机协同操作功能的智能车辆是实现未来智能交通系统的关键。

（3）智能安防。智能安防是通过AI技术与安防软硬件的结合，实现事前预防、事中响应预警、事后追查、省时省力的安防管控，解决了传统安防只能事后取证，且取证难的痛点。

（4）公共安全。公共安全中需要感知的对象、内容和数量非常巨大，感知之间的关联关系也错综复杂，物联网的智能化应用将转变传统管理模式，大幅度提高公共管理水平。

（5）现代农业。数字农业建设目标是实现农业生产管理的数字化、网络化与智能化，数字农业的核心是精准农业。

（6）现代医疗。物联网技术可以将医院管理、医疗保健、健康监控、医学教育与培训连接成一个有机的整体。

（7）数字环保。利用计算机技术、互联网技术、虚拟现实技术等，根据环境保护的要求，对环境保护业务实现规范和整合，对环境数据进行深入的分析和挖掘，从而最大限度地提高环境保护信息化水平、监督执法水平、工作协调水平。

（8）国防军事。如图5.18所示，利用无线传感器网络，及时、准确地获取整个战场区域，以及人难以到达的区域的地形、气象、水温，敌我双方的兵力部署、武器配备、人员调动情况，"透明"地洞察战场情况，是现代信息时代战争的取胜法宝。

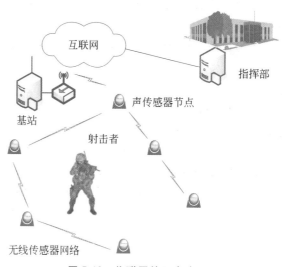

图5.18　物联网的军事应用

5.6　移动互联网

5.6.1　移动互联网的概念

移动互联网是在传统互联网基础上，伴随 3G 移动通信网的高速成长而迅速发展起来的一种新的网络和业务形态，是传统互联网与 3G 移动通信网从网络到业务高度融合的产物。

移动互联网是以移动网络作为网络接入方式的互联网及服务，它包括 3 个要素：移动终端、移动网络和应用服务。

移动互联网是移动通信和互联网从终端技术到业务全面融合的产物，它可以从广义和狭义两个角度来理解。

（1）从广义角度理解，移动互联网指用户使用手机、平板计算机、笔记本计算机等移动终端，通过移动或无线网络访问互联网并使用互联网服务。

（2）从狭义角度理解，移动互联网是指用户使用手机通过移动网络获取访问互联网并使用互联网服务。

一般而言，电信行业所指的移动互联网主要是指狭义角度，包括通过 4G 和 5G 网络使用互联网服务（WAP 与 Web 方式）。

移动互联网既是一种已存在的网络和服务的实体，又是一种新的技术形态，即以 IP 网络技术、移动通信技术和计算机技术为核心的一个庞大的技术体系，是移动宽带化、宽带移动化两种趋势长期发展并以 3G 技术为纽带实现交汇融合的产物。

移动互联网不是对传统桌面互联的完全替代，而是一个革命性的扩展。原有的个人计算机在固定地点通过光纤等宽带有线线路的上网方式仍然得以保存，在原来无法上网的室外、移动状态等情形下，通过移动和无线方式可以上互联网了。

5.6.2　移动互联网的特点

移动互联网的主要特点如下。

（1）终端移动性。移动互联网业务使得用户可以在移动状态卜接入和使用互联网服务，移动互联网终端也就是智能手机或者 iPad 等，便于用户随身携带和随时使用，人们可以在任何完整或零碎的时间使用。

（2）终端智能感知能力。移动互联网终端因其计算机软硬件结构和丰富的传感外部设备，可以定位自己所处的方位，采集周围的声音、温度等信息，因而具备智能感知的能力。

（3）个性化。移动互联网的终端完全为个人使用，相应的其操作系统和各种应用也针对个人，采用社会化网络服务、博客等 Web 2.0 技术与终端个性化和网络个性化相互结合，个性化呈现能力非常强。另外，移动网络对使用者个人的行为特征、位置信息等能够精确反映和提取，并可与电子地图等技术相结合形成信息。

（4）业务私密性。在使用移动互联网业务时，所使用的内容和服务更私密，如手机支付业务、保密通信、手机门卡、手机水卡等。

图 5.19 为移动互联网与桌面互联网及移动通信网之间的关系。

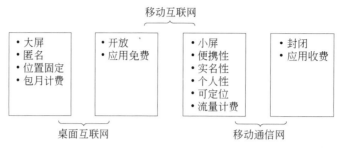

图 5.19　移动互联网与桌面互联网及移动通信网之间的关系

5.7　云计算技术

5.7.1　云计算的概念

云技术就是利用网络的技术。

云计算是一个美好的网络应用模式，由 Google 公司首先提出。云计算最基本的概念是，通过网络将庞大的计算处理程序自动分拆成无数个较小的子程序。

云计算是一种基于互联网的商业计算模型，它是分布式处理（distributed processing）、并行处理（parallel processing）和网格计算（grid computing）等技术的发展及商业实现。

云计算不但是当前信息行业非常流行且十分时尚的一个词汇，而且是被广泛讨论的热点。从不同的角度对云计算概念的看法也各不相同。

（1）有人认为云计算是一个以互联网为中心的软件。

（2）有人认为云计算是一种基于 Web 的服务，以此实现虚拟化并创造出基于服务的业务模式。

（3）有人直接将云计算作为用户友好的网络计算。

究竟何谓云计算呢？云计算并不是凭空出现的，它由多种因素促成，具有一定的必然性。云计算是分布式处理技术的一种，可以从狭义和广义两个角度理解。

（1）狭义的云计算是指 IT 基础设施的交付和使用模式，指通过网络以按需、易扩展的方式获得所需的资源。

（2）广义云计算是指服务的交付和使用模式，指通过网络以按需、易扩展的方式获得所需的服务。这种服务可以是 IT 与软件、互联网相关的，也可以是任意其他的服务。

5.7.2　云计算的特点

云计算具有超大规模、虚拟化和可靠安全的特点。

云计算的核心是要提供服务。例如，Microsoft 公司的云计算有以下 3 个典型特点。

（1）软件＋服务。

（2）平台战略。

（3）自由选择。

未来的互联网世界将会是"云＋端"的组合。图5.20为云计算示意图。

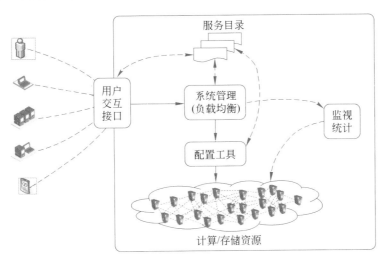

图 5.20 云计算示意图

20世纪60年代，John McCarthy提出：计算迟早有一天会变成一种公用基础设施。这意味着计算能力可以作为一种商品进行流通，就像煤气、水电一样取用方便、费用低廉。用户可以便捷地使用各种终端设备访问云端中的数据和应用，这些设备可以是便携式计算机和手机，甚至是电视等大家熟悉的各种电子产品，同时用户在使用各种设备访问云中服务时，得到的是完全相同的无缝体验。

关于云计算的一个比较准确的定义：云计算是一种计算模式，它可以把IT资源、数据和应用以服务的方式通过网络提供给用户，如图5.21所示。

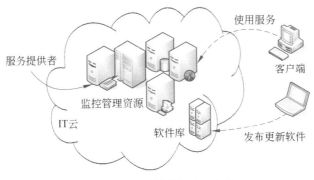

图 5.21 云计算的概念示意图

由云计算的这个定义可知，云计算最大的特征是通过互联网进行传输。从广义上讲，云计算是一种动态的、易扩展的且通常是通过互联网提供虚拟化的资源计算方式。

提供资源的网络被称为"云"。从最根本的意义来讲，云计算就是数据存储在云端，应用和服务也存储在云端,能够充分利用数据中心强大的计算能力,实现用户业务系统的自适应性。

5.7.3　云计算的分类

云计算的基本特征如下。

（1）虚拟化。

（2）高可靠性、可用性和扩展性。

（3）按需服务。

（4）超大规模。

（5）高性价比。

如图 5.22 所示,可以按照部署方式和服务对象将云计算划分为公共云、私有云和混合云。

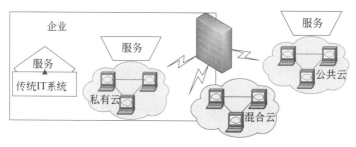

图 5.22　云计算的分类

当云计算按其服务方式提供给公众用户时,称其为公共云。公共云是由第三方(供应商)提供的云计算服务。

公共云尝试为用户提供无后顾之忧的各种各样的 IT 资源,无论是软件、应用程序基础结构,还是物理基础结构,云提供商都负责安装、管理、部署和维护。

私有云或称专属云,是指为企业内提供云服务(IT 资源)的数据中心,这些云在商业企业和其他团体组织防火墙之内,由本企业管理,不对外开放。

私有云可提供公共云所具有的许多功能。

混合云是公共云和私有云的混合,这类云一般由企业创建,而管理职责由企业和公共云提供商共同负责。

混合云利用既在公共空间又在私有空间中的服务,用户可以通过一种可控的方式部分拥有或部分与他人共享。

5.7.4　云计算的应用

云计算可以如下 3 种方式支撑物联网的应用发展。

（1）单中心、多终端应用模式。其特点：①分布范围较小；②私有云。

（2）多中心、多终端应用模式。其特点：①区域跨度大；②公共云；③私有云。

（3）信息与应用分层处理,海量终端应用模式。其特点：①用户范围广；②信息及数据种类多；③安全性要求高。

云计算的关键技术：虚拟化技术。

国内常见的云计算平台如下。

（1）阿里云。相比传统的操作系统，依托云计算的阿里云 OS 具有明显的优势。最为明显的优势在于其所提供的三大基础服务——云存储、云应用和云助手，皆是基于成熟的云计算体系，为我们提供了稳定可靠的服务。

（2）百度应用引擎（BAE）平台。对于大数据的规模大、类型多、价值密度低等特征，百度云平台提供的 BAE 提供高并发的处理能力，满足处理速度快的要求。

（3）新浪应用引擎（SAE）云计算平台。作为典型的云计算，SAE 采用"所付即所用，所付仅所用"的计费理念，通过日志和统计中心精确地计算每个应用的资源消耗（包括 CPU、内存、磁盘等）。

（4）腾讯云。腾讯云有着深厚的基础架构，并且有着多年对海量互联网服务的经验，可以为开发者及企业提供云服务器、云存储、云数据库和弹性 Web 引擎等整体一站式服务方案。

（5）华为云。华为云通过基于浏览器的云管理平台，以互联网线上自助服务的方式，为用户提供云计算 IT 基础设施服务。

（6）盛大云。盛大云是一个安全、快捷、自助化基础设施即服务（infrastructure as a service，IaaS）和平台即服务（plat form as a service，PaaS）的门户入口。

国外常见的云计算平台如下。

（1）Amazon S3。2006 年 3 月，Amazon 公司首先推出的云计算服务是简单存储服务（simple storage service，S3）。它实现了 IaaS 云层的存储云功能，并且作为公共存储云提供给个人或企业用户使用。

（2）Amazon EC2。2006 年 8 月，Amazon 公司推出了远程云计算平台服务，即 Amazon 网络服务（Amazon Web service，AWS）现有业务中最大的弹性计算云（elastic compute cloud，EC2）。Amazon 公司有约 4 万台服务器分布在美洲和欧洲，用以支持 EC2 服务。

（3）Simple Queue Service。2007 年 7 月，Amazon 公司推出了简单队列服务（simple queue service，SQS）。这项服务使托管主机可以存储计算机之间发送的消息。通过这项服务，应用程序编写人员可以在分布式程序之间进行数据传递，而无须考虑消息丢失问题。

（4）Google App Engine。Google App Engine（GAE）是 Google 公司于 2008 年 4 月推出的云计算服务。这是一个可伸缩的 Web 应用程序云平台，它运用云计算技术，跨越多个服务器和数据中心来虚拟化应用程序。

（5）Microsoft 公司的云计算服务为用户提供包括电子邮件、日程表、协作工具和通信软件在内的诸多工具。Microsoft 公司已经发布了完整的融入云计算的产品和策略，如 Azure 系列云计算服务，网络传递、轻巧版的 Office 应用软件及 Live Mesh 中介软件等。

5.8　区块链技术

区块链是一个信息技术领域的术语。从本质上讲,它是一个共享数据库,存储于其中的数据或信息,具有不可伪造、全程留痕、可以追溯、公开透明、集体维护等特征。基于这些特征,区块链技术奠定了坚实的"信任"基础,创造了可靠的"合作"机制,具有广阔的应用前景。

5.8.1　发展现状

自 2009 年诞生至今,区块链技术在短短 10 年内取得了长足的发展,在金融、供应链、物联网、知识产权保护、房地产、奢侈品以及食品药品追溯等行业领域迅速发展。

从区块链平台的发展来看,目前已经有比特币、以太坊、EOS、HyperLedger 等多个公共区块链开发与应用平台,它们为快速开发与部署区块链提供了一个方便与快捷的基础。

在以太坊应用平台上,2023 年 7 月 21 日 24 时数据统计显示,已经具有 7744 个应用,网络成功处理的交易笔数 112.1 万,已经构筑了一个强大的区块链分布式应用生态体系。

此外,还有不少研究人员正在基于区块链探索未来网络基础设施的架构。通过区块链技术,使能未来网络中人、设备、服务的统一身份认证和管理,使能人与机器、机器与机器之间的可信通信,使能基于智能合约的多智能体实时交易,这些将成为融合互联网、工业互联网乃至卫星通信网络的下一代未来网络的核心与关键。

区块链技术的集成应用在新的技术革新和产业变革中起着重要作用。我国将区块链发展上升为国家战略。

5.8.2　区块链本质

区块链是一种新的信息与网络技术,它采用加密、哈希和共识机制来保证网络中每个节点所记录的信息(也称分布式账本)真实有效。主要分为应用层、扩展层、协议层,其架构设计图如图 5.23 所示。

区块链与以往的技术相比,其核心特点归结有两点:一是自治。区块链是真正意义上的分布式(点对点)网络,不需要任何中心节点。此外,区块链上的每个节点都各自独立地记录网络信息,按照自己的策略进行各种网络操作。这样,区块链就能够形成自治。二是可信。区块链的共识机制保证网络中所有节点的信息是真实、可靠且同步的,任何试图篡改信息的做法都不能得逞。

区块链的自治是对目前互联网组织与体系架构的一种挑战。目前的互联网无疑已经被一些主流权力平台所垄断。Google 可通过算法推荐网页浏览者所能阅读到的新闻。Amazon 公司可通过算法定价来"量身定制"商品的价格。个人隐私以及社交信息则被 Facebook、Twitter 和微信这样的社交网络平台牢牢捏在手中。在区块链拥护者看来,区块链的自治性可以扭转互联网乾坤,通过自己的数据自己做主、自主选择算法策略的方式,将互联网的权力交回用户手上,从而回归互联网的初心。

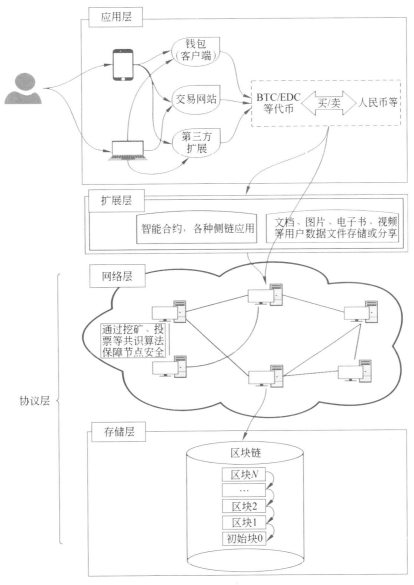

图 5.23 区块链架构设计图

区块链的可信是对目前互联网乃至整个人类社会信任架构的一种挑战。以往的信任往往都会锚定到某个权威机构或者组织,通过层层传递的信任链,人类才能进行合约签订、商品交易等经济社会行为,甚至发行货币。这种信任模型成为人类社会发展的基石。然而,基于区块链的信任模型不是基于权威机构,而是基于数学,基于整个区块链系统。区块链信任模型颠覆了传统的信任体系,从而为变革人类经济和社会活动提供了关键基础。在区块链拥护者看来,区块链信任模型可以将互联网从信息时代推向价值和意义时代,从根本上创新人类经济和社会活动,并开启人类信息文明的新纪元。

5.8.3 区块链原理、设计与应用

区块链包括 3 个基本概念。

（1）交易（transaction）：一次对账本的操作，导致账本状态的一次改变，如添加一条转账记录。

（2）区块（block）：记录一段时间内发生的所有交易和状态结果，是对当前账本状态的次共识。

（3）链（chain）：由区块按照发生顺序串联而成，是整个账本状态变化的日志记录。

如果把区块链作为一个状态机，则每次交易就是试图改变一次状态，而每次共识生成的区块，就是参与者对于区块中交易导致状态改变的结果进行确认。

在实现上，首先假设存在一个分布式的数据记录账本，这个账本只允许添加、不允许删除。账本底层的基本结构是一个线性的链表，这也是其名字"区块链"的来源。链表由一个个区块串联组成，后继区块记录前导区块的哈希值。新的数据要加入，必须放到一个新的区块中，而这个块（以及块里的交易）是否合法，可以通过计算哈希值的方式快速检验出来，任意维护节点都可以提议一个新的合法区块，然而必须经过一定的共识机制来对最终选择的区块达成一致。

区块链技术已经从单纯的技术探讨走向了应用落地的阶段。国内外已经出现大量与之相关的企业和团队。有些企业已经结合自身业务摸索出了颇具特色的应用场景，更多的企业还处于不断探索和验证的阶段。实际上，要找到合适的应用场景，还是要从区块链技术自身的特性出发进行分析。

区块链在不引入第三方中介机构的前提下，可以提供去中心化、不可篡改、安全可靠等特性保证，因此，所有直接或间接依赖于第三方担保机构的活动，均可能从区块链技术中获益。区块链技术在生活中的主要应用如图 5.24 所示。

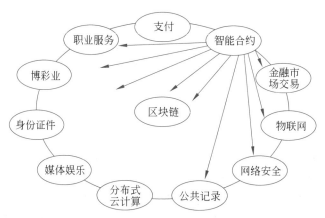

图 5.24 区块链在生活中的主要应用

区块链自身维护着一个按时间顺序持续增长、不可篡改的数据记录，当现实或数字世界中的资产可以生成数字摘要时，区块链便成为确权类应用的完美载体，提供包含所属权和时间戳的数字证据。可编程的智能合约使得在区块链上登记的资产可以获得在现实世

界中难以提供的流动性，并能够保证合约规则的透明和不可篡改，这就为区块链上诞生更多创新的经济活动提供了土壤，为社会资源价值提供更加高效且安全的流动渠道。

面向大众消费者的区块链应用需要做到公开、透明、可审计，既可以部署在无边界的公有链，也可以部署在应用生态内多中心节点共同维护的区块链；面向企业内部或多个企业间的商业区块链场景，则可将区块链的维护节点和可见性限制在联盟内部，并用智能合约重点解决联盟成员间的信任或信息不对等问题，以提高经济活动效率。

未来可能深入应用区块链技术的场景如下。

（1）金融服务：区块链带来的潜在优势，包括降低交易成本、减少跨组织交易风险等领域的区块链应用目前最受关注，全球不少银行和金融交易机构都是主力推动者，部分投资机构也在应用区块链技术降低管理成本和管控风险。从另一方面，要注意其可能引发的问题和风险。例如，DAO这样的众筹实验，提醒应用者在业务和运营层面都要谨慎处理。

（2）征信和权属管理：征信和权属的数字化管理是大型社交平台和保险公司都梦寐以求的。目前该领域的主要技术问题包括缺乏足够的数据和分析能力；缺乏可靠的平台支持以及有效的数据整合管理等。区块链被认为可以促进数据交易和流动，提供安全可靠的支持，征信行业的门槛比较高，需要多方资源共同推动。

（3）资源共享：以Airbnb为代表的共享经济公司欢迎去中心化应用，这样可以降低管理成本。该领域主题相对集中，受到大量的投资关注。

（4）贸易管理：区块链技术可以帮助自动化国际贸易和物流供应链领域中烦琐的手续和流程，基于区块链设计的贸易管理方案会为参与的多方企业带来极大的便利。另外，贸易中销售和法律合同的数字化、货物监控与检测、实时支付等方向都可能成为创业公司的突破口。

（5）物联网：物联网也是很适合应用区块链技术的一个领域，预计未来会有大应用出现，特别是租赁、物流等特定场景，都是很合适结合区块链技术的场景。

当然，对于商业系统来说，技术支持只是一种手段，根本上需要满足业务需求。区块链作为一个底层的平台技术，要利用好它，需要根据行业特性进行综合考虑设计，对其上的业务系统和商业体系提供合理的支持。有理由相信，区块链技术落地的案例会越来越多。这也会进一步促进新技术在传统行业中的应用，带来更多的创新业务和场景。

5.8.4　区块链与数字货币

区块链通过集体维护，分布式记录、存储的特征实现去中心化，通过非对称技术加密数学和可靠数据库技术完成信用背书，保障区块链系统开源、透明、安全。在中心化、信任缺失的互联网时代具有显著优势。

比特币是区块链的一个"杀手级"应用，区块链是比特币的底层技术，且其作用绝不仅仅局限在比特币上。未来，区块链有望触及金融行业底层架构，革新包括商业银行在内的金融机构基础设施。此外，区块链技术还能在法律、零售、物联、医疗等领域得到应用，使这些行业不再依靠第三方建立信用和信息共享，提高整个行业的运行效率和整体水平。

数字货币与电子货币、虚拟货币均不同。数字货币不仅可以提高资金的安全性，通过区块链实现追踪资金去向，同时还可以满足人们的去账户匿名支付需求。目前我国央行推出的数字货币（DCEP）是基于区块链技术推出的全新加密电子货币体系。区块链技术可以使整个数字货币体系中所有规则透明化、所有数据内容公开化、无法篡改和操纵，符合央行希望通过数字货币提升经济交易活动便利性和透明度的要求。

5.8.5　区块链面临的挑战

历经十载锤炼，区块链正在不断渗透到各行各业中，已经展现出良好的发展态势。然而，要想真正发挥区块链的价值，还面临着巨大的挑战，这些挑战有科学与技术方面的，也有政策与法律方面的。正所谓"成也萧何，败也萧何"，在区块链的重重挑战中，最为关键的仍然与区块链的自治与可信特性相关。

要想真正实现区块链的可信，就必须做到整个网络的共识，而要在全网范围内达成共识，势必会影响交易吞吐量。因此，这导致了区块链面临的一个重大挑战：可扩展性问题。在区块链领域，一直都存在着一个"不可能三角"，即在一个区块链系统中，可扩展性、无中心和安全性三者最多只能取其二。要想在一个区块链系统中完全获得这3种属性几乎是不可能的，而这3种属性又恰恰是一个理想的区块链系统所应具备的。因此，任何一个区块链系统的架构策略都会包含这三者的折中与权衡。目前，区块链的交易吞吐量都较低，比特币每10分钟打包一个区块，而以太坊每秒也只能处理大概15笔交易。这个数据和淘宝每秒百万以上的交易吞吐量相比，完全是小巫见大巫。在确保可信的前提下，克服可扩展性问题的挑战，对于区块链技术研究而言，还有一段较长的路要走。

要想真正实现区块链的可信，区块链网络的规模必须足够大。一个规模不大的网络，采用区块链本质上是没有意义的。然而，从现状而言，许多组织和机构都在小规模范围内尝试使用区块链，导致区块链技术和平台多样化。在全球最大开源代码托管平台 GitHub 上，有超过 6500 个活跃区块链项目，这些项目使用不同的平台、不同的开发语言、不同的协议、共识机制和隐私保护方案。那么，要实现区块链的可信特性，就必然要将这些异构的区块链连接起来。这就导致了区块链面临的另一个重大挑战：互操作性问题。在互联网时代，我们已经饱受"信息孤岛、异构数据融合与异构协议互操作"之苦，不同区块链的跨链挑战将有过之而无不及。

区块链的第3个大的挑战：监管问题。区块链技术诞生于一群称为"网络朋克"的无政府主义者中。区块链最早、最成功的应用是比特币，比特币被广泛地应用在"暗网"中，被作为洗钱和非法交易的途径。基于区块链的首次代币发行（initial coin offering，ICO）被人恶意利用，成为金融欺诈的一个手段。从这个视角而言，在保持区块链的"自治"优势的前提下，融入现实世界的监管体系中是区块链广泛应用的必经之路。

深入区块链本质，我们会发现区块链确实有着变革互联网乃至人类社会的潜质。再深入分析，我们同样也会发现区块链要想真正发挥其潜能，亦面临着不小的挑战。克服这些挑战，有待区块链技术的进一步完善与创新，也有待于目前监管体系的主动变革与创新。如果我们理性而客观地厘清区块链本质，必定能让区块链推动网络创新，造福人类社会。

5.9　本章小结

本章简要介绍了通信网络、互联网、无线传感器网络、物联网、移动互联网、云计算、区块链等现代网络技术,这些都是发展迅速的领域。主要包括通信网络的构成、拓扑、协议、交换等,互联网、无线传感器网、物联网、区块链的基本概念、组成、关键技术、相互关系等。

5.10　为进一步深入学习推荐的参考书目

为了进一步深入学习本章有关内容,向读者推荐以下参考书目。

[1]　沈庆国,邹仕祥,陈茂香. 现代通信网络[M]. 北京:人民邮电出版社,2017.

[2]　郭德仁. 数据通信网络技术[M]. 北京:电子工业出版社,2021.

[3]　杨心强. 数据通信与计算机网络教程[M]. 北京:清华大学出版社,2021.

[4]　陈新华,苏梅英,曹立强. 移动互联网芯片技术体系研究[M]. 北京:电子工业出版社,2021.

[5]　蔡剑. 价值互联网[M]. 北京:清华大学出版社,2021.

[6]　刘建明,林弘宇,陶雄强. 物联网与能源互联网[M]. 北京:电子工业出版社,2021.

[7]　史艳翠,杨巨成. 无线传感器网络[M]. 北京:清华大学出版社,2021.

[8]　许毅. 无线传感器网络技术原理及应用[M]. 北京:清华大学出版社,2019.

[9]　王利强. 无线传感器网络[M]. 北京:清华大学出版社,2018.

[10]　黄建波. 从零开始学物联网、云计算和大数据[M]. 北京:清华大学出版社,2021.

[11]　杨东晓,张锋,鲍坤夫. 云计算及云安全实验指导[M]. 北京:清华大学出版社,2021.

[12]　黄华,叶海. 云计算数据中心运维管理[M]. 北京:清华大学出版社,2021.

[13]　LAURENCE T. 区块链精要[M]. 鄢倩,等译. 北京:清华大学出版社,2021.

[14]　HOBERMAN S. 区块链重构规则[M]. DAMA 中国. 万向区块链实验室,译. 北京:清华大学出版社,2021.

[15]　XIAO P. Java 物联网、人工智能和区块链编程实战[M]. 王颖,周致成,黄星河,译. 北京:清华大学出版社,2021.

5.11　习题

1. 上网查阅资料,了解最新的通信网络的进展。

2. 上网查阅资料,了解最新的物联网中使用的新技术,并了解物联网技术与人工智能技术的联系。

3. 上网查阅资料,了解互联网的最新情况。

4. 上网查阅资料,了解无线传感器网络的最新进展。

5. 上网查阅资料,了解云计算的情况。

6. 查阅相关资料,简述区块链技术在日常生活中主要解决了哪些问题。

7. 就你感兴趣的网络技术内容的任何一方面阐述它的历史、现状、发展趋势和涉及的可能知识,并讨论所报告方面的技术标准体系、知识产权、产业政策和法律法规,理解不同社会文化对工程活动的影响。

第6章

信息获取与应用技术

教学提示：在人类进入信息时代的今天，人们的一切活动都是以信息获取与信息使用为中心的。信息获取是信息过程的第一环节，是信息科学技术研究的重要对象。本章简单介绍信息获取与信息使用所涉及的主要关键技术：感测技术、自动控制技术等。

教学要求：本章要求学生了解信息获取与信息使用所涉及的主要关键技术，重点是感测技术的基本概念、系统的构成、工作原理、基本结构、应用，以及自动控制系统的基本概念、发展历史、典型控制方法等相关内容。

本章主要包括以下小节：

6.1 感测技术概述

感测技术是将传感器技术、自动检测技术和电子测量技术等联系紧密的课程有机地整合而成的一门专业基础课,主要研究传感器的基本原理、常见电量的测量方法和常见非电量的电测法。这3部分内容合称为传感器与测试技术,简称感测技术。

6.1.1 感测技术的基本概念及意义

人类对自然界的一切认识与改造均离不开对自然界信息的获取,因此获取信息的活动是人类最基本的活动之一。

在日常生活中,人类可凭借感觉器官获取满足生活的大量信息,但在浩瀚的科学技术领域中,要想获取揭示事物内在规律的信息,无论在获取信息的幅值上,还是时间、空间上,或在分辨信息的能力方面,人类的感觉和大脑功能都是十分有限的。感测作为定量地获取事物信息的一种手段成为现代科学技术研究的一个重要领域。

人类对客观世界的认识和改造总是以测试工作为基础的。人类在早期从事生产活动时就已经对长度(距离)、面积、时间和重量进行测量,其最初的计量单位或是和自身生理特点相联系(如长度),或是与自然环境相联系(如时间)。秦始皇在建立了统一的中央政府以后,立即建立了统一的度量衡制度,说明恰当的测试工作对发展生产和社会交往的重要性。在测试技术发展史中,应该着重提一下伽利略的功绩,伽利略不满足古代思想家对宇宙进行哲理性的定性描述,主张根据观测和实验对自然界的现象和运动规律进行定量的描述,开创了实验科学,从而开创了近代意义的自然科学。

感测技术包括测量技术及试验技术。定量地描述事物的状态变化和特征总离不开测试。简言之,测试是依靠一定的科学技术手段定量地获取某种研究对象原始信息的过程。这里所讲的“信息”是指事物的状态或属性。如火炮膛内的燃气压力、温度、燃速是其膛内的基本信息。

工程技术中的研究对象往往十分复杂,有许多问题至今还难以进行完善的理论分析和计算,需依靠实验研究来解决实际问题。测试工作需要一定的测试设备,而测试系统是将被测参数自动转换成具有可直接观测指示或等效信息的测试设备,其中关键单元是传感器。传感器是由敏感元件直接感受被测量,并将被测量转变为可用电量的一套完整的测量装置。信息本身不具备传输、交换的功能,只有通过信号才能实现这种功能,因此测试技术与信号密切相关。信息、信号、测试系统之间的关系:获取信息是测试的目的,信号是信息的载体,测试是得到被测参数信息的技术手段。

6.1.2 感测工作的任务

感测工作的基本任务是通过测试手段对研究对象中有关信息量做出比较客观、准确的描述,使人们对其有一个恰当的全面的认识,并能达到进一步改造和控制研究对象的目的。

信号则是信息的载体,某些信息是可直接检测的,而有些信息是不容易直接检测,需通过对其相关的信息进行加工处理才能获得的。一般来说,测试工作总是要用最简捷的方法获得和研究任务相联系的、最有用的、能表征研究对象特征的有关信息,而不能也不可企图获取该事物的全部信息。

现代测试技术的一大特点是采用非电量的电测法,其测量结果通常是随时间变化的电量,即电信号。在这些电信号中,包含有用信息,也包含大量不需要的干扰信号。干扰的存在给测试工作带来麻烦,测试工作中一项艰巨的任务就是要从复杂的信号中提取有用的信号或从含干扰的信号中提取有用的信息。应该指出的是,干扰是相对的,在一种场合中被认为是干扰信号,在另一种场合中却可能是有用信号。

人类早就进行感测工作了,但是迄今也很难给测试规定一个明确的定义及工作范围。测试是为了获取有用的信息,而信息是以信号的形式表现出来的。从一个研究对象上如何估计它的模型结构,如何设计试验方法以最大限度地突出所需要的信息,并以比较明显的信号形式表现出来,这无疑也是测试工作的一部分。由此可见,测试工作是一件非常复杂的工作,需要多种学科知识的综合运用。当然,根据要测任务的繁简和要求的不同,并不是每项测试工作都要经历相同的步骤,如用天平和砝码就可以称重,用一根尺子就可以量布。但测定自动武器自动机的运动或研究机床的动态特性所进行的测试则是相当复杂的。

从广义的角度来讲,测试工作涉及试验设计、模型试验、传感器、信号加工与处理(传输、加工和分析、处理)、误差理论、控制工程、系统辨识和参数估计等内容。因此,测试工作者应当具备这些方面的相关知识。从狭义的角度来讲,测试工作则是在选定激励方式下,信号的检测、变换、处理、显示、记录以及电量输出的数据处理工作。

6.1.3　感测技术的发展

现代科技水平的不断发展为测试技术水平的提高创造了物质条件,反过来,拥有高水平的测试系统又会促进新科技成果的不断发现和创新。二者之间是相辅相成的。大致来说,测试技术的发展方向有下列4方面。

1. 量程范围更加宽广

在火炮膛压测试技术中,对常规火炮膛压小于600MPa的测试采用铜柱(或铜球)测压器或压电传感器均可满足要求。为提高火炮射程和射击精度,在高膛压火炮的研究中,膛压可达到800~1000MPa,甚至1000MPa以上,并伴随着$10^5 \times 9.8\mathrm{ms}^{-2}$的高冲击加速度,这就促使膛压测试技术要相应的发展,研制测压范围更宽的压力传感器以及配套的压力动态标定装置。

2. 传感器向新型、微型、智能型发展

精度高、灵敏阈值高、测量范围大及小型化是传感器发展的一个重要方向。新的材料,特别是新型半导体材料方面的成就已经促使很多对力、热、光、磁等物理量或气体化学成分敏感的器件的发展。光导纤维不仅可用于信号传输,而且可作为物性型传感器。另一个引人注目的发展是,由于微电子的发展很可能把某些电路乃至微处理器和传感测量部分做成一体,而使传感器具有放大、校正、判断和一定的信号处理功能,组成智能传感器。

3. 测量仪器向高精度和多功能发展

测量仪器及整个测量系统精度的提高使测得数据的可信度也相应提高。仪器精度的提高,可减少试验次数,从而减少试验经费,降低产品成本,在提高测量仪器精度的同时应扩大仪器的功能。计算机技术的发展也使测试技术产生了革命性的变化,在许多测试系统中利用计算机而使仪器的测量精度更高,功能更全。

4. 参数测量与数据处理向自动化发展

现代测试技术的发展使采用以计算机为核心的自动测试系统成为可能,该系统一般能实现自动校准、自动修正、故障诊断、信号调制、多路采集、自动分析处理并能打印输出测试结果。

6.2 传感器技术

信息检测技术作为信息科学的一个重要分支,与计算机技术、自动控制技术和通信技术等一起构成了信息技术的完整学科。在人类进入信息时代的今天,人们的一切社会活动都是以信息获取与信息转换为中心,传感器作为信息获取与信息转换的重要手段,是信息科学最前端的一个阵地,是实现信息化的基础技术之一。

"没有传感器就没有现代科学技术"的观点已为全世界所公认。以传感器为核心的检测系统就像神经和感官一样,源源不断地向人类提供宏观与微观世界的种种信息,成为人们认识自然、改造自然的有力工具。

6.2.1 传感器概述

1. 传感器的作用与定义

传感器是一种获取被测信号的装置,是测试系统的首要环节。任何测试系统都离不开传感器。传感器的种类很多,而且不同类型的传感器的性能特点、测量范围及工作要求都不同。因此,对于一个具体的测试任务,如何能够正确地选择合适的传感器是测试人员首先需要解决的问题。

传感器位于测试系统的输入端,起着获取检测信息与转换信息的重要作用,是测试系统最基本的器件。因此传感器性能的优劣将直接影响整个测试系统的工作特性,从而也将影响整个测试任务完成的质量。

何谓传感器? 国家标准 GB/T 7665—2005《传感器通用术语》中对传感器的定义作了如下规定。

能感受规定的被测量并按一定的规律转换成另一种或同种便于处理和传输的可用信号输出的器件或装置。

传感器的定义包括3层含义。

(1)从传感器的输入端来看,一个指定的传感器只能感受或响应规定的被测量,即传感器对规定的被测量有最大的灵敏度和最好的选择性,此被测量既可以是电量,也可以是非电量。

（2）按一定规律转换成易于传输与处理的信号，而且这种规律是可复现的。

（3）从传感器的输出端来看，输出信号为可用信号，这里意味着传感器的输出信号中不但载运着待测的原始信息，而且能够被传送并成为便于后续检测环节接收和进一步处理的信号形式，如最常见的是电信号、光信号以及在气动系统中采用的气动信号，尤其是电信号。

从广义上来讲，传感器是借助于检测元件接收某种形式的信息，并按一定的规律将所获取的信息转换成另一种信息的装置。传感器获取的信息可以为各种物理量、化学量或生物量，而转换后的信息也可以有各种形式，如机械的、电的、液压的、气动的或其他形式的物理量输出。目前，电信号是最易于处理和传输的信号，因而传感器转换后的信号大多为电信号。因此，可以把传感器狭义地定义为能把外界非电量转换成电信号输出的器件或装置。

2. 传感器的组成

传感器通常由直接响应被测量的敏感元件（又称预变换器）与产生可用信号输出的传感元件（又称变换器）及相应的电子线路组成。如果所要测量的非电量正好是某传感器能转换的那种非电量，而该传感器转换出来的电量又正好能为后面的显示记录电路所利用，那么就由这种传感器实现被测的非电量到可用电量的转换，这时传感器只包括变换器即可。然而一般情况下，我们所要测量的非电量（如力、压力等物理量）并不是我们持有的传感器所直接能转换的那种非电量，这就需要在传感器前面增加一个能把被测非电量转换成该传感器能够接受和转换的非电量（可用非电量）的装置或器件，这种能把被测非电量转换成可用非电量的器件或装置称为预变换器或敏感元件，而把实现可用非电量到电量的转换的器件称为转换元件。有的传感器还附带相应的测量电路。传感器组成如图 6.1 所示。

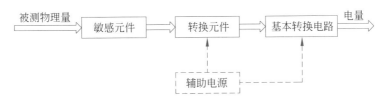

图 6.1　传感器组成框图

敏感元件：直接感受被测量，并输出与被测量成确定关系的某一物理量的元件。

转换元件：敏感元件的输出就是它的输入，它把输入转换成电路参量。

基本转换电路：上述电路参数接入基本转换电路（简称转换电路），便可转换成电量输出。

3. 传感器的分类

由于被测量的种类多样、范围广泛，而用于构成传感器的物理现象和物理定律也很多，因此传感器的种类、规格十分繁杂。在工程测试中，一种物理量可以用不同类型的传感器来检测，而同一种类型的传感器也可测量不同的物理量。为了对传感器进行系统的研究，有必要对传感器进行适当的分类。

传感器的分类方法很多，概括起来主要有下面 5 种分类方法。

(1) 按被测量(即传感器的输入量)来分类,如表 6.1 所示。

表 6.1　按被测量来分类

被测量类别	被测量
热工量	温度、热量、比热;压力、压差、真空度;流量、流速、风速
机械量	位移(线位移、角位移),尺寸、形状;力、力矩、应力;重量、质量;转速、线速度;振动幅度、频率、加速度、噪声
物性和成分量	气体化学成分、液体化学成分;酸碱度(pH 值)、盐度、浓度、黏度;密度、比重
状态量	颜色、透明度、磨损量、材料内部裂缝或缺陷、气体泄漏、表面质量

(2) 按传感器的工作原理(传感过程中信号的转换原理)来分类,可分为机械类、电气类、辐射类和流体类等。

机械类传感器如弹簧、波纹管、波登管、双金属片和波纹膜片等,电气类传感器如电阻应变计、电容式和电感式传感器等。表 6.2 按传感器作用原理的不同列出了常用传感器的一些基本类型。

表 6.2　常用传感器的基本类型

类型	名称	转换原理	典型应用
机械类	测力环	力-位移	标准测力仪
	弹簧	力-位移	弹簧秤
	波纹管	压力-位移	压力表
	波登管	压力-位移	压力表
	波纹膜片	压力-位移	压力表
	双金属片	温度-位移	温度计
电气类	电位计	位移-电阻	直线电位计等
	电阻应变计	应变-电阻	应变仪、称重传感器
	电容式		
	变极距型	位移-电容	电容测微仪
	变极板面积型	位移-电容	位移传感器
	变介电常数型	位移-电容	液位计
	电感式		
	差动变压器	位移-互感	电感测微仪
	自感型	位移-自感	电感测微仪
	电涡流型	位移-自感	位移传感器、接近开关
	压电元件	力-电荷	加速度计
	压磁元件	力-磁导率	测力计
	热电偶	温度-电动势	热电偶温度计
	霍尔元件	磁场强度、电流-电动势	位移传感器、探伤仪
	热敏电阻	温度-电阻	半导体温度计
	气敏电阻	气体-电阻	气敏检测仪
	光敏电阻	光照度-电阻	光电开关等
	光敏晶体管	光照度-电流	光电开关等

续表

类　　型	名　　称	转换原理	典型应用
辐射类	红外 X 射线 γ 射线 激光 超声波	热-电 散射、干涉 穿透物质 光波干涉 超声波反射、穿透	红外测温仪 X 射线探伤、测厚仪 γ 射线测厚仪 测长度、位移、转角 超声波测厚仪
流体类	气动 液体 液体 液体	间隙-压力 压力平衡 液体静压变化 流体阻力变化	气动量仪 活塞压力计 节流式流量计 转子式流量计

（3）按传感器内部物理结构来分类，可分为结构型和物性型。

结构型传感器是通过传感器本身内部结构参数的变化来实现信号的转换。例如，变极距电容式传感器是通过极板间距离发生变化而引起电容量的变化实现位移测量；变磁阻电感式传感器则是通过传感器内部的活动衔铁的移动引起线圈自感的变化来实现位移测量。

物性型传感器是利用敏感元件材料本身物理性质的变化来实现信号的转换。例如，用热电阻测温，是利用了金属材料的电阻值随温度变化的物理现象；用光电传感器测速，是利用了光电器件本身的光电效应；用压电测力计测力，是利用了传感器中石英晶体的压电效应等。

（4）按传感器的能量转换关系的不同，可分为能量转换型和能量控制型。

能量转换型传感器（也称发电式传感器）是直接由被测对象输入能量使其工作的，它将非电量（被测量）转换成电能量，不需要外电源，故又称无源传感器。压电式加速度传感器、磁电式速度传感器和热电偶等就属于此类。例如，磁电式速度传感器内的线圈往复振动切割磁力线产生感生电动势输出。由于这类传感器在转换过程中需要吸收被测物体的能量，容易造成一定的测量误差。

能量控制型传感器（也称电参量式传感器）是依靠外部电源供给辅助能量使其工作的，由被测量来控制该能量的变化。电阻式、电容式和电感式传感器都属于这一类。例如，电阻应变测量中应变片接入电桥，电桥的工作能量由外部提供，而被测量的变化所引起应变片的电阻变化由电桥的不平衡输出反映出来。

（5）按传感器输出量的性质，可分为模拟式和数字式两种。

模拟式传感器的输出量为连续变化的模拟量，而数字式传感器的输出量为数字量。由于计算机在工程测试中的应用，数字式传感器是很有发展前途的。当然，模拟量也可以通过模数转换变为数字量。

4. 传感器的发展趋势

由于传感器位于检测系统的入口，是获取信息的第一个环节，因此它的精度、可靠性、稳定性和抗干扰性等直接关系到电气信息产品的整机性能指标。因此，传感器的研究与开发一直受到人们的重视，传感器的性能不断提高，主要表现在以下 3 方面。

（1）新型传感器的开发。

鉴于传感器的工作机理是基于各种效应和定律,由此启发人们进一步发现新现象、采用新原理、开发新材料、采用新工艺,并以此研制出具有新原理的新型物性型传感器,这是发展高性能、多功能、低成本和小型化传感器的重要途径。总之,传感器正经历着从以结构型为主转向以物性型为主的过程。

（2）传感器的集成化和多功能化。

随着微电子学、微细加工技术和集成化工艺等方面的发展,出现了多种集成化传感器。这类传感器,或是同一功能的多个敏感元件排列成线性、面型的阵列型传感器;或是多种不同功能的敏感元件集成一体,成为可同时进行多种参数测量的传感器;或是传感器与放大、运算、温度补偿等电路集成一体具有多种功能——实现了横向和纵向的多功能。

（3）传感器的智能化。

"电五官"与"计算机"的相结合就是传感器的智能化。智能化传感器不仅具有信号检测、转换功能,同时还具有记忆、存储、解析、统计处理及自诊断、自校准、自适应等功能。如进一步将传感器与计算机的这些功能集成于同一芯片上就成为智能传感器。

当前,传感器技术发展的速度很快。随着各行各业对测量任务的需求不断增长,新型的传感器层出不穷。同时,新材料、微型加工技术和计算机技术的飞速发展,使传感器也朝着小型化、集成化、智能化的方向发展。传感器已经不再是传统概念上的传感器。一些现代传感器常常将传感器和处理电路等集成在一起,甚至和微处理器相结合,构成智能传感器。

传感器智能化是当前传感器技术的主要发展方向之一。传感器技术和智能化技术的结合,使传感器由单一功能、单一检测对象向多功能和多变量检测发展,也使传感器由被动进行信号转换向主动控制传感器特性和主动进行信息处理发展,使传感器由孤立的元器件向系统化、网络化方向发展。

可以预见,随着科学技术的发展,传感器技术也将得到更进一步的发展。

6.2.2　传感器的静态特性

在电气信息工程领域中有各种不同的物理量需要监测和控制,这就要求传感器能感受被测非电量并将其转换成与被测量有一定函数关系的电量。传感器所测量的非电量处在不断变化中,传感器能否将这些非电量的变化不失真地转换成相应的电量,取决于传感器的输入输出特性。传感器这一基本特性可用静态特性和动态特性来描述。

传感器的静态特性是指当被测量处于稳定状态下,传感器的输入输出值之间的关系。传感器静态特性的主要技术指标有线性度、灵敏度、迟滞和重复性等。

1. 线性度

传感器的线性度是指传感器实际输入输出特性曲线与理论直线之间的最大偏差与输出满度值之比,即

$$\gamma_L = \pm \frac{\Delta_{max}}{y_{FS}} \times 100\% \tag{6-1}$$

式中，γ_L 为线性度；Δ_{max} 为最大非线性绝对误差；y_{FS} 为输出满度值。

2. 灵敏度

传感器的灵敏度是指传感器在稳定标准条件下，输出量的变化量与输入量的变化量之比，即

$$S_0 = \frac{\Delta y}{\Delta x} \tag{6-2}$$

式中，S_0 为灵敏度；Δy 为输出量的变化量；Δx 为输入量的变化量。

对于线性传感器来说，其灵敏度是一个常数。

3. 迟滞

传感器在正（输入量增大）反（输入量减小）行程中，输入输出特性曲线不重合的程度称为迟滞。迟滞误差一般以满量程输出 y_{FS} 的百分数表示，即

$$\gamma_H = \pm \frac{\Delta H_m}{y_{FS}} \times 100\% \tag{6-3}$$

式中，ΔH_m 为输出值在正、反行程间的最大差值。

迟滞特性一般由实验方法确定。

4. 重复性

传感器在同一条件下，被测输入量按同一方向作全量程连续多次重复测量时，所得输入输出曲线的不一致程度称为重复性。重复性误差用满量程输出的百分数表示，即

近似计算：
$$\gamma_R = \pm \frac{\Delta R_m}{y_{FS}} \times 100\% \tag{6-4}$$

精确计算：
$$\gamma_R = \pm \frac{2 \sim 3}{y_{FS}} \sqrt{\sum (y_i - \bar{y})^2 / (n-1)} \tag{6-5}$$

式中，ΔR_m 为输出最大重复性误差；y_i 为第 i 次测量值；$\bar{y}$ 为测量值的算术平均值；n 为测量次数。

重复性特性也用实验方法确定，常用绝对误差表示。

5. 分辨力

传感器能检测到的最小输入增量称为分辨力，在输入零点附近的分辨力称为阈值。

6. 零漂

传感器在零输入状态下，输出值的变化称为零漂。零漂可用相对误差表示，也可用绝对误差表示。

6.2.3　传感器的动态特性

传感器测量静态信号时，由于被测量不随时间变化，测量和记录过程不受时间限制。而实际中大量的被测量是随时间变化的动态信号，传感器的输出不仅需要精确地显示被测量的大小，还要显示被测量随时间变化的规律，即被测量的波形。传感器能测量动态信号的能力用动态特性表示。动态特性是指传感器测量动态信号时，输出对输入的响应特性。传感器动态特性的性能指标可以通过时域、频域以及试验分析的方法确定，其动态特

性参数如最大超调量、上升时间、调整时间、频率响应范围和临界频率等。

动态特性好的传感器，其输出量随时间的变化规律将再现输入量随时间的变化规律，即它们具有同一时间函数。但是，除了理想情况以外，实际传感器的输出信号与输入信号不会具有相同的时间函数，由此引起动态误差。

6.2.4 常用传感器与原理

传感器是测试系统中的第一级，是感受和拾取被测信号的装置。在现代生活、生产及科学实验中，有大量的、各种各样的传感器在各种系统中得到应用。

1. 感烟传感器

火灾传感器包括感烟传感器（见图6.2）、感温传感器和火焰传感器。感烟传感器分为离子感烟型和光电感烟型；感温传感器分为定温感温型和差温感温型；火焰传感器主要用在探测无烟火灾场合，价格高，一般情况下不采用。

离子感烟传感器利用放射性元素产生的射线使空气电离产生微电流来检测。目前大部分离子感烟传感器采用单源双室工作，即采用一个放射源，两个工作室，一个为参考室，另一个为探测室。没有烟进入探测室时，两室的微电流保持平衡，当烟雾进入探测室时，探测室电流发生变化，破坏平衡，传感器将检测到的信号送到一个正反馈电路，产生报警输出。

光电感烟传感器利用烟粒子对光的散射作用探测烟的存在。在光电感烟传感器的探测室内有一个发光管和一个接收管，发光管发射的光被接收管接收；当烟雾进入探测室时，由于烟粒子对光的散射作用，使得接收管接收的光减弱，从而检测到烟雾的存在。光电感烟传感器的电路及电气特性与离子感烟传感器相似。

2. 红外传感器

红外传感器主要包括被动式红外传感器和微波、红外双鉴传感器，如图6.2(b)所示。目前安全防范领域普遍采用热释电传感器制造的被动式红外传感器。热释电材料包括锆钛酸铅等，当其表面的温度上升或下降，则该表面产生电荷，这种效应称为热释电效应。在用热释电材料制成的敏感元件上涂上一层黑色表面，有良好的吸热性，当红外线照射时，热电体温度变化，极片发生变化，电极上产生电荷；当极片重新达到平衡时，电极上电压消失；当红外线撤销时，热电体温度下降，极片向相反方向转化。

微波、红外双鉴传感器是被动式红外传感器和微波传感器的组合，微波传感器根据多普勒效应原理来探测移动物体。传感器发射微波，微波遇到障碍物时被反射回传感器，当障碍物相对传感器运动时，则传感器接收到的反射波频率发生变化：当障碍物朝着传感器运动时，传感器接收到的反射波频率比发射波高；当障碍物远离传感器运动时，传感器接收到的反射波频率比发射波低。因此，传感器通过比较反射波和发射波的频率来探测是否有移动物体进入。

微波只对移动物体响应，红外只对引起红外温度变化的物体响应，微波和红外双鉴传感器只有二者同时响应才会做出报警，因此大大提高了报警可靠性。

3. 门磁开关传感器

门磁开关传感器实际上是一个干簧管，干簧管由两个靠得很近的金属弹簧片构成，如

图 6.2(c)所示。两个金属片为软磁性材料,当干簧管靠近磁场时,金属片被磁化,相互吸引、接触;当干簧管远离磁场时弹簧片失去磁性,由于弹力的作用两个金属片分开。

4. 温度传感器

温度是表示物体冷热程度的物理量,如图 6.2(d)所示,温度传感器是通过一些物体温度变化而改变某种特性来间接测量的。常用的温度传感器有热电阻温度传感器、热敏电阻温度传感器、热电偶温度传感器及集成对管温度传感器等。

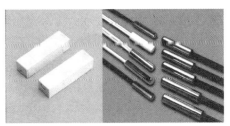

(a) 感烟传感器　　　(b) 红外传感器　　(c) 门磁开关传感器　　　　(d) 温度传感器

图 6.2　常用传感器

热电阻温度传感器是利用物质在温度变化时本身电阻也随着发生变化的特性来测量温度的,主要材料有铂、铜和镍。一般热电阻温度传感器测温精度高,但测温范围比较小。它们常加上绝缘套管、保护套管和接线盒等组成测温传感器。

6.3　自动检测与电子测量技术

检测与测量的含义基本相同,国家标准中对"测量"一词的定义:测量是指以确定被测对象属性和量值为目的的全部操作。以电子技术、计算机技术为基础对各种电量和非电量的检测,是人们从事工农业生产、科学实验和科学发明的重要手段。

6.3.1　测量的基础知识

在科学研究和工程试验中,往往需要探求物理现象之间的数量关系。为了确定被测对象的量值而进行的实验过程称为测量。

测量的最基本形式是比较——将待测的未知量和预定的标准作比较。由测量所得到的被测对象的量值表示为数值和计量单位的乘积。

测量可分为两类:直接测量和间接测量。

1. 直接测量

无须经过函数关系的计算,直接通过测量仪器得到被测量值的测量为直接测量。直接测量又可分为两种:直接比较和间接比较。

(1) 直接比较。直接把被测物理量和标准作比较的测量方法称为直接比较。长度测量是最简单的直接比较。但是,并不是任何物理量和标准之间的比较都能直接由人的感官来完成。电阻测量也是一种直接测量,但需要借助惠斯通电桥来进行未知电阻和标准电阻之间的比较。直接比较的一个显著特点是待测物理量和标准量是同一种物理量。

（2）间接比较。直接测量的另一种方法是间接比较。如水银温度计测量体温是通过热胀冷缩的规律把温度的高低转化为水银柱的长度，然后通过对水银柱长度的比较间接地得出被测温度的大小，这就是间接比较。概括来讲，间接比较是利用仪器仪表（统称为测量系统）把原始形态的待测物理量的变化变换成与之保持已知函数关系（通常是线性关系）的另一种物理量的变化，并以人的感官所能接受的形式（通常是位置的变化）在测量系统的输出端显示。用弹簧测力、用直流电流表测电流等都是间接比较的例子。

无论直接比较还是间接比较，都是直接用测量仪器测出待测量的大小，都属于直接测量。

为使测量结果具有普遍的科学意义，测量必须具备以下两个条件。

① 用作比较的标准必须是精确已知的，得到公认的。

② 进行比较的测量系统必须工作稳定，经得起检验。

2. 间接测量

间接测量是在直接测量的基础上，根据已知的函数关系计算出所要测量的物理量的大小。例如，在弹道实验中测量弹丸的初速，就是先用直接测量测出两靶之间的距离和弹丸通过这段距离所需要的时间，然后由平均速度公式计算出弹丸的运动速度。这种测定弹丸速度的方法属于间接测量。

一般尽可能地不采用间接测量，因为它的准确度往往不如直接测量高，但是，有时所要测的物理量本身就是根据数学关系定义的，没有比较的标准可供使用（如冲量、马赫数等），或者没有能够探测所要测量的物理量的仪器，在这些场合就不得不采用间接测量了。

6.3.2 非电量电测系统的组成

1. 现代测量技术的特点

（1）电测法，即电测非电量。采用电测法，首先要将输入物理量转换成电量，然后再进行必要的调节、转换、运算，最后以适当的形式输出。这一转换过程决定了测量系统的组成。

（2）采用计算机作为测量系统的核心器件，具有数据处理、信号分析及显示功能。

2. 测试系统的组成

一个完整的测试系统包括传感器、信号变换与测量电路、显示与记录器及数据处理器、打印机等外部设备，如图 6.3 所示。此外，还有传感器标定设备、电源和校准设备等都是附属部分，不属于测试系统主体范围，数据处理器与打印机也按具体情况的需要而添置。

图 6.3 测试系统的组成

传感器是整个测试系统实现测试与自动控制（包括遥感、遥测和遥控）的首要关键环节,它的作用是将被测非电量转换成便于放大、记录的电量。在工业生产的自控过程中,几乎全靠各种传感器对瞬息变化的众多参数信息进行准确、可靠、及时的采集(捕获),以达到对生产过程按预定工艺要求进行随时监控,使设备和生产系统处于最佳的正常运转状态,从而保证生产的高效率和高质量。传感器是整个测试系统中采集信息的首要环节,所以有时称传感器为测试系统的一次仪表,其余部分为二次仪表或三次仪表。

信号变换与测量电路依测量任务的不同而有很大的伸缩性。在简单的测量中可完全省略,将传感器的输出直接进行显示或记录。

显示与记录器的作用是把中间变换与测量电路送来的电压或电流信号不失真地显示和记录出来。

若按记录方式分,又可分为模拟式记录器和数字式记录器两大类。模拟式记录器记录的是一条或一组曲线,如自动平衡式记录仪、X-Y 记录仪等。数字式记录器记录的是一组数字或代码,如瞬态波形记录器等。

此外,数据处理器、打印机是上述测试系统的延伸部分。它们能进一步处理测试系统输出的信号,以便使所需的信号更为明确化。

在实际的测量工作中,测量系统的构成是多种多样的。它可能只包括一两种测量仪器,也可能包括多种测量仪器,而且测量仪器本身也可能相当复杂。

3. 测试系统分类及特点

按照信号传递方式来分,常用的测试系统可分为模拟式测试系统和数字式测试系统。现代测试系统中还包括智能式测试系统。模拟式测试系统如图 6.4 所示。

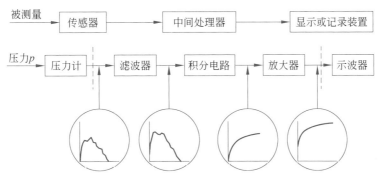

图 6.4 模拟式测试系统

被测量(如动态压力、位移及加速度等)都是随时间连续变化的量,经测试系统变换后输出的一般仍是连续变化的电压或电流,能直观地反映被测量的大小和极性。这种随时间而连续变化的量统称为模拟量。

模拟测试系统的优点是价格低、直观性强、灵活而简易;缺点是精度较低。

在图 6.5 所示的数字式测试系统中,其工作信号的变化在时间上是不连续的,是发生在一系列离散的瞬间。另一个特点是信号数值的大小和增减变化都是采用数字的形式。这种系统的优点是能够排除人为读数误差,所以读数精确,并可与电子计算机直接联机,实现数据处理自动化。模拟式测试系统测得的模拟信号经 ADC 变换为相应的数字信号后,既可直接输出显示,也可与数字记录器或电子计算机联机,进一步处理输出信号。

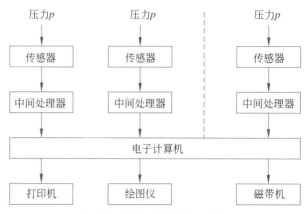

图 6.5　数字式测试系统组成

若要以最佳方案完成测试任务,就应该对传感器、信号变换与测量电路以及显示与记录器(有时还包括数据处理器、打印机等外部设备)的整套测试系统进行全面、综合考虑。例如,若要测量一个快速变化的瞬态压力,若压力变化时间只有几毫秒或几十微秒时,则整套测试系统必须有足够的动态响应才能保持足够的测试精度。当选用传感器时,要尽量提高传感器的固有频率,但这样做会降低传感器的灵敏度,这时就需要考虑配用高增益、性能稳定、具有足够频宽的放大器。宁可不追求高灵敏度的传感器,而首先保证整个测试系统具有足够的工作频带的方法是合理的。

6.3.3　测量系统的要求

在测量工作中,一般把研究对象和测量装置作为一个系统来看待。问题简化为处理输入量 $x(t)$、系统传输特性 $h(t)$ 和输出 $y(t)$ 三者之间的关系,如图 6.6 所示。这种表示方法不但适用于不同的测量系统,而且适用于其中的任何一个功能组件,例如传感器中的弹性元件、电子放大器、微分器和积分器等。图 6.6 表示输入量送入此组件后经过规定的传输特性 $h(t)$ 转变为输出量。在有些地方将此框图称为"黑盒子",后者比前者具有更明显的哲学含义。它意味着,当把任一测量系统表示成图 6.6 时,这时关心的是它的输入量和输出量之间的数学关系,而对其内部物理结构并无兴趣。基于此,首先假定测量系统具有某种确定的数学功能,在此基础上研究给定的输入信号通过它转换成何种输出信号,进而研究测量系统应具有什么样的特征,输出信号才能如实地反映输入信号,实现不失真测量。

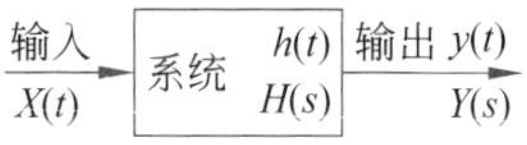

1. 测量系统的基本要求

一般的工程测试问题总是处理输入量 $x(t)$、系统的传输转换特性和输出量 $y(t)$ 三者之间的关系。

(1) 若 $x(t)$、$y(t)$ 是可以观察的量,则通过 $x(t)$、$y(t)$ 可推断测量系统的传输特性或转换特性。

图 6.6　测量系统的功能框图

（2）若 $h(t)$ 已知，$y(t)$ 可测，则可通过 $h(t)$、$y(t)$ 推断导致该输出的相应输入量 $x(t)$，这是工程测试中最常见的问题。

（3）若 $x(t)$、$h(t)$ 已知，则可推断或估计系统的输出量。

这里所说的系统是指从测量输入量环节到测量输出量环节之间的整个系统，既包括测量对象又包括测试仪器。若研究的对象是测试系统本身，则图 6.6 所反映的就是测量系统的转换特性问题，即为测量系统的定度问题。

理想的测量系统应该具有单值的、确定的输入输出关系。其中以输出和输入呈线性关系为最佳。一些实际测试系统不可能在较大的工作范围内完全保持线性，因此只能在一定的工作范围内和在一定的误差允许范围内作为线性处理。

在静态测量中，测量系统的这种线性关系虽说总是所希望的，但不是必需的，因为在静态测量中可用曲线校正或输出补偿技术进行非线性校正。

在动态测量中，测量工作本身应该力求是线性系统，这不仅因为目前只有对线性系统才能进行比较完善的数学处理与分析，而且也因为在动态测试中进行非线性校正目前还相当困难。

2. 测量系统的线性化

在工程中常把测量系统作为线性系统来处理，线性系统常用线性微分方程来描述。设系统的输入为 $x(t)$、输出为 $y(t)$，则高阶线性测量系统可用高阶、齐次、常系数微分方程来描述：

$$a_n \frac{\mathrm{d}^n y(t)}{\mathrm{d}t^n} + a_{n-1} \frac{\mathrm{d}^{n-1} y(t)}{\mathrm{d}t^{n-1}} + \cdots + a_1 \frac{\mathrm{d}y(t)}{\mathrm{d}t} + a_0 y(t)$$

$$= b_m \frac{\mathrm{d}^m x(t)}{\mathrm{d}t^m} + b_{m-1} \frac{\mathrm{d}^{m-1} x(t)}{\mathrm{d}t^{m-1}} + \cdots + b_1 \frac{\mathrm{d}x(t)}{\mathrm{d}t} + b_0 x(t) \tag{6-6}$$

式中，$a_n, a_{n-1}, \cdots, a_0$ 和 $b_m, b_{m-1}, \cdots, b_0$ 是常数，与测量系统的结构特性、输入状况和测试点的分布等因素有关。这种系统其内部参数不随时间变化而变化，信号的输入输出与信号加入的时间无关，称为时不变（或定常）系统。既是线性的又是时不变的系统叫作线性时不变系统。

线性时不变系统具有以下主要性质。

1）叠加性与比例性

系统对各输入之和的输出等于各单个输入的输出之和。即

若

$$x_1(t) \rightarrow y_1(t); \quad x_2(t) \rightarrow y_2(t)$$

及

$$c_1 x_1(t) \rightarrow c_1 y_1(t); \quad c_2 x_2(t) \rightarrow c_2 y_2(t)$$

则

$$[c_1 x_1(t) \pm c_2 x_2(t)] \rightarrow [c_1 y_1(t) \pm c_2 y_2(t)] \tag{6-7}$$

式中，c_1、c_2 为任意常数。

上式表明：分析线性系统在复杂输入作用下的总输出时，可先将复杂输入分解成许多简单的输入分量，求出这些简单输入分量的各自对应输出之后，再求其和，即可求出其

总输出。

2）微分性质

系统对输入微分的响应等同于对原输入响应的微分。即

若 $x(t) \to y(t)$，则

$$\frac{\mathrm{d}x(t)}{\mathrm{d}t} \to \frac{\mathrm{d}y(t)}{\mathrm{d}t} \qquad (6\text{-}8)$$

3）积分性质

当初始条件为 0 时，系统对输入积分的响应等同于对原输入响应的积分。即

若 $x(t) \to y(t)$，则

$$\int_0^t x(t)\mathrm{d}t \to \int_0^t y(t)\mathrm{d}t \qquad (6\text{-}9)$$

4）频率不变性

若系统的输入为某一频率的谐波信号，则系统的稳态输出将为同一频率的谐波信号。即

若输入为正弦信号

$$x(t) = A\sin\omega t$$

则输出函数必为

$$y(t) = B\sin(\omega t \pm \varphi) \qquad (6\text{-}10)$$

线性系统的这些主要特性，特别是符合叠加原理和频率保持性，在动态测试中具有重要作用。例如，在振动测试中，若输入的激励频率为已知时，则测得的输出信号中只有与激励频率相同的成分才可能是由该激励引起的振动，而其他频率信号都为噪声干扰，应予以剔除。

3. 测量系统的静态标定与静态特性

在测量过程中，系统或仪器自身也产生固有运动，进行能量变换。根据仪器固有运动的速度和被测信号的变化速度之间的相对大小，测量过程可分为静态测量与动态测量。

仪器的静态特性用仪器的激励与响应的稳定值之间的相互关系来表示，其数学模型为代数方程，不含时间变量 t。常用的静态特性参数有灵敏度、量程、测量范围、线性度、准确度、分辨率与重复性，还有漂移、死区和迟滞等。

4. 测量系统的动态参数

在测量静态信号时，线性测量系统的输入输出特性是一条直线，二者之间有一一对应的关系，而且因为被测信号不随时间变化，测量和记录过程不受时间限制。在实际测试工作过程中，大量的被测信号是动态信号，测量系统对动态信号的测量任务不仅需要精确地测量信号幅值的大小，而且需要测量和记录动态信号变化过程的波形，这就要求测量系统能迅速准确地测出信号幅值的大小和无失真地再现被测信号随时间变化的波形。

测量系统的动态特性是指对激励（输入）的响应（输出）特性。一个动态特性好的测量系统，其输出随时间变化的规律（变化曲线），将能同时再现输入随时间变化的规律（变化

曲线),即输出信号与输入信号具有相同的时间函数。这是动态测量中对测量系统提出的新要求。但实际上除了具有理想的比例特性的环节外,输出信号将不会与输入信号具有完全相同的时间函数,这种输入与输出间的差异就是动态误差。

6.4　自动控制技术

感测技术和控制技术则是信息系统与外部世界之间的接口。没有感测技术和控制技术,信息技术就失去了基本的作用:一方面没有信息的来源;另一方面也失去了信息的归宿。

在人类生产和科学技术的发展过程中,自动控制技术起着越来越大的作用。在工业生产的传统部门,如石油、化工、机械、电力、电子、汽车、造船和轻工等部门都广泛采用自动控制技术。近几十年来,随着计算机技术的飞速发展和广泛应用,在航天、机器人控制、导弹制导及核动力等高新技术领域中,自动控制技术更具特别重要的作用。不仅如此,自动控制技术的应用范围现在已扩展到生物、医学、环境、经济管理和其他许多社会生活领域中,自动控制已成为现代社会生活中不可缺少的一部分。

6.4.1　自动控制系统的基本概念

自动控制就是在没有人直接参与的情况下,利用控制装置,使被控对象的某个工作状态或参数自动地按照预定的规律运行。例如,抽水马桶按设定的水位自动注水;空调按照设定的温度自动对房间进行温度调节等。

自动控制技术的应用非常广泛。在军事、航天领域中,包括火炮、雷达、跟踪系统、人造卫星、宇宙飞船等;在工业生产过程中,包括机器人控制、轧钢过程、工业窑炉、石油化工、水泥建材、玻璃和造纸等;在现代农业生产中,包括自动灌溉、农产品质量检测、灾情检测等。同时,随着计算机和通信网络等技术的诞生和飞速发展,自动控制技术水平也不断提高,其应用已扩大到经济与社会生活的各个领域,如通信、交通、医学、环境保护、经济管理、文字识别、语音识别和人工智能等。

自动控制系统就是为了实现各种复杂的控制任务,将被控对象和控制装置按照一定的方式连接起来,组成一个有机的总体。

在全自动柔性喷涂机器人(见图6.7)自动控制系统中,一般是由计算机通过控制电动机来带动机器人的手臂进行自动工作。在本系统中,计算机是控制装置,电动机是执行机构(执行机构是用来驱动被控对象的装置,在某些场合也可以看作被控对象),机器人的手臂是被控对象,电动机的转速和机器人手臂的位置是被控量,它们组合起来就构成了一个典型的自动控制系统。

巡航导弹(见图6.8)的自动控制系统,其自动导航的控制装置一般是由全球卫星定位系统接收装置、惯性导航系统、数字化地图及取景相机组成,而采用新型的景象匹配制导方式将会使导弹的攻击准确度进一步提高,达到米级误差水平。如果没有导弹上的自动控制系统,这是不可能的。

在对自动控制系统的认识中,需要了解一些相关基本术语的概念,因为这些术语是掌握自动控制技术原理和设计自动控制系统时必须采用的。这些术语包括如下内容。

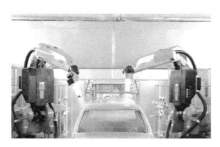

图 6.7　全自动柔性喷涂机器人

图 6.8　巡航导弹

- 参考输入：是指输入控制系统中的指令信号。
- 主反馈：指与输出成正比或某种函数关系且与参考输入量纲相同的反馈信号。
- 偏差：是指参考输入与主反馈之差。
- 控制量：是指从控制器输出并作用于被控制对象的信号。
- 扰动：是指来自系统内部或外部，对系统输出产生不利影响的信号。
- 被控量：是指被控对象的输出量，是要求严格加以控制的物理量，可以是恒定值，也可以是变动值。
- 比较环节：是指将参考输入与主反馈信号进行比较的装置，它的输出等于参考输入与主反馈信号的差值，即偏差。比较环节又称偏差检测器。
- 被控对象：是指被控制的机器、设备、过程或系统。
- 控制装置：是对被控对象施加控制作用的机构总体，它可以采用不同的原理和方式对被控对象进行控制。
- 反馈环节：是指将输出量转化为主反馈信号的装置，反馈环节中通常含信号检测装置。

6.4.2　自动控制理论的发展过程及应用

1. 发展历程

自古以来，人类就有创造自动装置以减轻或代替人劳动的理想与追求，但直到 17 世纪前后才有真正意义上的自动装置，其中比较典型的有：法国物理学家帕斯卡在 1642 年发明能自动进位的加法器；荷兰机械师惠更斯于 1657 年发明钟表，提出钟摆理论，利用锥形摆作调速器；英国机械师李于 1745 年发明带有风向控制的风磨，利用尾翼来使主翼对准风向；俄国机械师波尔祖诺夫于 1765 年发明浮子阀门式水位调节器，用于蒸汽锅炉水位的自动控制等。

社会的需要是自动化技术发展的动力。自动化技术是紧密围绕着生产、军事设备的控制以及航空航天工业的需要而形成和发展起来的。1788 年，瓦特为了解决工业生产中提出的蒸汽机的速度控制问题，把离心式调速器与蒸汽机的阀门连接起来，构成蒸汽机转速调节系统，从此使蒸汽机变为既安全又实用的动力装置。瓦特的这项发明开创了自动调节装置的研究和应用的新时期，促进了控制科学的形成与发展。在解决随之出现的自动调节装置的稳定性的过程中，数学家提出了判定系统稳定性的理论判据，使自动控制装置的设计和使用逐渐由经验走向科学。

20 世纪 40 年代是自动化技术和理论形成的关键时期，一批科学家为了解决军事上提出的火炮控制、鱼雷导航和飞机导航等技术问题，逐步形成了以分析和设计单变量控制系统为主要内容的经典控制理论与方法。机械、电气和电子技术的发展为生产自动化提供了技术手段。1946 年，美国福特公司的机械工程师哈德首先提出用"自动化"一词来描述生产过程的自动操作。1947 年，建立了第一个生产自动化研究部门。1952 年，迪博尔德以自动化命名的第一本书《自动化》出版。自 20 世纪 50 年代开始，自动控制作为提高生产率的一种重要手段开始了推广应用。它在机械制造中的应用形成了机械制造自动化；在石油、化工和冶金等连续生产过程中的应用，对大规模的生产设备进行控制和管理，形成了过程自动化。电子计算机的推广和应用使自动控制与电子信息技术相结合，出现了生产管理自动化。

20 世纪 50 年代末到 60 年代初，大量的工程实践，尤其是航天技术的发展，涉及大量的多输入多输出系统的最优控制问题，用经典的控制理论已难于解决，于是产生了以极大值原理、动态规划和状态空间法等为核心的现代控制理论。现代控制理论提供了满足发射第一颗人造卫星的控制手段，保证了其后的若干空间计划（如导弹的制导、航天器的控制）的实施。控制工作者从过去那种只依据传递函数来考虑控制系统的输入输出关系，过渡到用状态空间法来考虑系统内部结构，是控制工作者对控制系统规律认识的一个飞跃。

20 世纪 60 年代中期以后，现代控制理论在自动化中的应用，特别是在航空航天领域的应用，产生一些新的控制方法和结构，如自适应和随机控制、系统辨识、微分对策、分布参数系统等。与此同时，模式识别和人工智能也发展起来，出现了智能机器人和专家系统。现代控制理论和电子计算机在工业生产中的应用，使生产过程控制和管理向综合最优化发展。

20 世纪 70 年代中期，自动化的应用开始面向大规模、复杂的系统，如大型电力系统、交通运输系统、钢铁联合企业和国民经济系统等，它不仅要求对现有系统进行最优控制和管理，而且还要对未来系统进行最优筹划和设计，运用现代控制理论方法已不能取得应有的成效，于是出现了大系统理论与方法。20 世纪 80 年代初，随着计算机网络的迅速发展，管理自动化取得较大进步，出现了管理信息系统、办公自动化和决策支持系统。与此同时，人类开始综合利用传感器技术、通信技术、计算机、系统控制和人工智能等新技术和新方法来解决所面临的工厂自动化、办公自动化、医疗自动化、农业自动化以及各种复杂的社会经济问题。研制出柔性制造系统、决策支持系统、智能机器人和专家系统等高级自动化系统。

自动化技术的发展历史是一部人类以自己的聪明才智延伸和扩展器官功能的历史，自动化是现代科学技术和现代工业的结晶，它的发展充分体现了科学技术的综合作用，尤其是电子信息科学技术各学科的综合应用。

2004 年 1 月，美国宇航局发射的星际探测器"勇气"号和"机遇"号两个火星车经过半年多的漫长旅行抵达距地球近地点约 7000 万千米的火星，并完全依靠自主控制成功登陆火星。人们对"勇气"号和"机遇"号的飞行过程控制和登陆过程控制的自动化程度惊叹不已，为过程自动化技术应用树立了新的里程碑。由此可见，过程自动化技术不仅与人们日常生活息息相关，而且对于人类的空间探索也起着重大作用。

中国的自动化控制技术虽然相比于国外起步较晚，但是发展速度却非常快。20 世纪 50 年代自动化在我国的发展才算正式开始，1954 年，钱学森的《工程控制论》出版；1956 年，《十二年科技规划》将自动化作为六大核心科技写入；1961 年，中国自动化学会成立。我国自动化控制产业进入快速发展。尤其是 20 世纪 90 年代以来国内外需求增加，中国自动化控制系统制造业产量年增长一直保持在 20% 以上。21 世纪初我国自动化产业更是取得瞩目的成绩，工业总产值 2056.04 亿元，在石油、火电、军事等重要领域都取得突破成就。2010—2018 年国内工控行业本土企业占比增至 35.7%，并且已经具备非常强的竞争力。在变频器、伺服电动机、小型 PLC 领域也占有一席之地。

由此可见，过程自动化控制技术不仅与人们日常生活息息相关，而且对人类的空间探索也起着重大作用。

综合控制科学与工程发展的百年历程，可以说自动控制理论的发展已走过了经典控制理论、现代控制理论和大系统控制理论 3 个发展阶段，当前正处在第 4 阶段：智能控制发展阶段。

2. 智能控制

智能控制（intelligent control）研究将人类的智能，如学习、自适应和探索的能力引入控制系统，使其具有自学习、自组织、自动识别和自动判断、决策的功能。

智能控制是近年来新发展起来的一种控制技术，是人工智能在控制科学工程中的应用。智能控制的概念和原理主要是针对复杂的控制任务而提出来的，它的指导思想是依据人的思维方式和处理问题的技巧解决那些目前需要人的智能才能解决的复杂控制问题。被控对象的复杂性体现为模型的不确定性，高度非线性，分布式的传感器和执行器，动态突变，复杂的信息模式，庞大的数据量，以及严格的特性指标等。智能控制是驱动智能机器自主地实现其目标的过程，对自主机器人的控制就是典型的例子。

智能控制是从"仿人"的概念出发的。一般认为，其方法包括模糊逻辑控制（fuzzy logic control）、专家系统（expert system）、模式识别（pattern recognition）和人工神经网络（artificial neural network）等方法，这些先进的控制和信号处理方法的应用将使未来的工业控制系统、卫星和导弹等先进武器的控制具有更加完善的性能。

1）模糊逻辑控制

模糊逻辑控制是建立在人的经验和常识的基础上，也就是说，操作人员对被控系统的了解不是通过精确的数学表达式，而是通过操作人员丰富的实践经验和常识。

由于环境条件千变万化，一个事物并非"非此即彼"，人的决策过程往往具有"模糊性"，以适应可能变化的环境，因此控制动作并非稳定一致。但是，有经验的模糊控制设计工程师可以通过对操作人员控制动作的观察和与操作人员的交谈讨论，用语言把操作人员的控制策略描述出来，以构成一组用语言表达的定性的决策规则。如果把那些熟练技术工人或技术人员的实践经验进行总结和形式化描述，用语言表达成一组定性的条件语句和精确的决策规则，然后利用模糊集合作为工具使其定量化，设计一个控制模型，用形式化的人的经验法则模仿人的控制策略，再驱动设备对复杂的过程进行控制，形成模糊逻辑推理的控制结构。图 6.9 给出了一般模糊逻辑推理系统的结构框图。

模糊控制就是建立在模糊逻辑推理系统上来实现的控制。应该指出的是，模糊控制

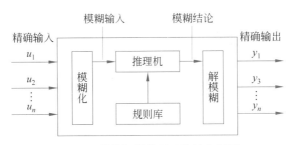

图 6.9　模糊逻辑推理系统结构框图

的核心是模糊控制器,它是嵌入在一个闭环控制系统之中的。模糊控制器主要包括 4 部分:模糊控制规则、模糊决策、模糊量化处理和非模糊化处理。事实上,模糊控制器可视为一个实时闭环系统中依赖操作者经验的控制器,它根据本次采样得到的系统输出值计算所选择的系统输入变量,再将输入变量的精确值变为模糊量,并根据输入变量(模糊量)及模糊控制规则,按模糊推理合成规则计算控制量(模糊量),最后由上述得到的控制量(模糊量)计算精确量,保证被控对象输出得到满足。

模糊控制是一种重要的智能控制技术,它能模拟人的某些智能行为,解决不确定、非线性、复杂的自动化问题,具有非常广阔的应用前景。

2) 专家系统

专家系统是一个智能计算机程序系统,其内部含有大量的某个领域专家水平的知识与经验,能够利用人类专家的知识和解决问题的方法处理该领域问题。也就是说,专家系统是一个具有大量的专门知识与经验的程序系统,它应用人工智能技术和计算机技术,根据某领域一个或多个专家提供的知识和经验进行推理和判断,模拟人类专家的决策过程,以便解决那些需要人类专家处理的复杂问题。简而言之,专家系统是一种模拟人类专家解决领域问题的计算机程序系统。

人们在进行专家系统研究的过程中,发现专家的能力有两方面:第一是一个专家有大量的专门知识;第二是专家能根据环境和对象灵活运用知识,并能根据不精确和不完整的证据得到较好的结论。通过大量研究,专家系统 DENDRAL、MYCIN 相继在 20 世纪 60 年代推出。

后来,机器学习系统解决了专家系统的学习机制问题,从而使之可以不断丰富自己的知识库,使专家系统的可应用性获得了大大提高。随着未来专家系统的理论基础和计算机硬件的发展,专家系统的可应用性必然越来越强。

专家系统的开发在现阶段来说也是一个程序设计的过程。传统的程序设计缺少灵活性,更重要的是缺少不精确的推理,也缺少合适的算法。专家系统的表达式是"知识＋推理＝系统",而传统的表达式是"数据＋算法＝程序"。所以专家系统的结构和传统的程序是不同的。一个完整的专家系统由 4 部分组成:知识库、推理机、知识获取和解释接口。其中,知识库用来存放相关领域专家提供的专门知识;推理机的功能是根据一定的推理策略从知识库中选取有关的知识,对用户提供的证据进行推理,直到得出相应的结论为止,其包括推理方法和控制策略两部分;知识获取过程可以看作一类专业知识到知识库软件程序表达之间的转移过程;人机接口则完成输入输出的人性化。

在一个成熟的专家系统中，有几项技术是极为关键的。首先，为了便于知识在计算机中的存储、检索、使用和修改，并进行推理和搜索，知识表示技术必须具有很高的效率，目前主要有产生式表达法、语义网络表达法、框架表达法和谓词逻辑表达法等技术，并且新的技术还在开发当中。其次，因为要在专家系统中用计算机模拟人的思维，不精确推理方法是必不可少的，针对实际需要，概率算法一度成为最重要的方法。近几年来，模糊数学的引入为这一领域的发展开辟了新的前景。最后，和知识表示技术与推理方法相关，作为人的思维搜索过程的模拟，搜索策略的好坏对系统的成败也是意义重大的，现在人们已经利用的技术有状态空间法、问题递归法和最佳优先法等。

3）模式识别

一个人可以从一群人中分辨出具有父子、兄弟等亲缘关系的人，称人的这种能力为"模式识别"能力。模式识别是人类识别事物的一项基本智能。模式是指对客体的定量的或结构的一种描述，称具有某些共同特性的模式的集合为模式类。模仿人类的这项智能，将模式识别用于自动化的识别技术；计算机利用这种技术将自动地把待识别模式分配到各自的模式类中。随着20世纪40年代计算机的出现以及50年代人工智能的兴起，（计算机）模式识别在20世纪60年代初迅速发展并成为一门新学科。

模式识别的过程是对表征事物或现象的各种形式的（数值的、文字的和逻辑关系的）信息进行处理和分析，以对事物或现象进行描述、辨认、分类和解释的过程。模式识别是信息科学和人工智能的重要组成部分。

模式还可分成抽象的和具体的两种形式。前者如意识、思想和观念等。抽象模式识别属于概念识别的范畴，是人工智能的另一分支。电子信息技术范畴的模式识别一般是指对语音波形、地震波、心电图、脑电图、图片、照片、文字、符号、生物传感信息等对象的具体模式进行分类和辨识。模式识别方法借助数学方法和软件方法，如句法方法和决策理论方法等。

模式识别方法的选择取决于问题的性质。如果被识别的对象极为复杂，而且包含丰富的结构信息，一般采用句法方法；被识别对象不是很复杂或不含明显的结构信息，一般采用决策理论方法。这两种方法不能截然分开，在句法方法中，基元本身就是用决策理论方法抽取的。在应用中，将这两种方法结合起来分别施加于不同的层次，常能收到较好的效果。

模式识别的应用非常广泛，包括文字和语音识别等方面。

模式识别技术是人工智能的基础技术，21世纪是智能化、信息化、计算化、网络化的时代，在这个以数字计算为特征的世纪里，作为人工智能技术基础学科的模式识别技术，必将获得巨大的发展空间。由于模式识别是多学科技术的综合，因此要求技术人员具有电子信息科学、数学等的广泛基础知识。

4）人工神经网络

人的思维有逻辑性和直观性两种不同的基本方式。逻辑性的思维是指根据逻辑规则进行推理的过程。它先将信息化成概念，并用符号表示，然后根据符号运算按串行模式进行逻辑推理。这一过程可以写成串行的指令，让计算机执行。然而，直观性的思维是将分布式存储的信息综合起来，结果是忽然间产生想法或解决问题的办法。这种思维方式的根本点在于以下两点：信息是通过神经元上的兴奋模式分布存储在网络上，信息处理是通过神经元之间同时相互作用的动态过程来完成的。

人工神经网络就是模拟人思维的方式。这是一个非线性动力学系统，其特色在于信息的分布式存储和并行协同处理。虽然单个神经元的结构极其简单，功能有限，但大量神经元构成的网络系统所能实现的行为却是极其丰富多彩的。

那么人工神经网络的工作原理是什么呢？人工神经网络首先要以一定的学习准则进行学习，然后才能工作。

现以人工神经网络对手写 A、B 两个字母的识别为例进行说明。规定当 A 输入网络时，应该输出 1；而当输入为 B 时，输出为 0。所以网络学习的准则应该是：如果网络做出错误的判决，则通过网络的学习，应使得网络减少下次犯同样错误的可能性。首先，给网络的各连接权值赋予 (0,1) 的随机值，将 A 所对应的图像模式输入给网络，网络将输入模式加权求和、与门限比较，再进行非线性运算，得到网络的输出。在此情况下，网络输出为 1 和 0 的概率各为 50%，也就是说是完全随机的。这时如果输出为 1（结果正确），则使连接权值增大，以便使网络再次遇到 A 模式输入时，仍然能做出正确的判断；如果输出为 0（结果错误），则把网络连接权值朝着减小综合输入加权值的方向调整，其目的在于使网络下次再遇到 A 模式输入时，减少犯同样错误的可能性。如此操作调整，当给网络轮番输入若干手写字母 A、B 后，经过网络按以上学习方法进行若干学习后，网络判断的正确率将大大提高。这说明网络对这两个模式的学习已经获得了成功，它已将这两个模式分布记忆在网络的各个连接权值上。当网络再次遇到其中任何一个模式时，能够做出迅速、准确的判断和识别。一般来说，网络中所含的神经元个数越多，则它能记忆、识别的模式也就越多。虽然这种网络与真正的神经元（人的或者动物的）之间还有很大距离，但它已实现了一般电子线路无法实现的"学习"功能，能够通过学习来适应外部环境的变化。

基于神经网络的机器人学习与控制技术已成为前沿科技之一，也是智能制造、智慧医疗和无人驾驶领域中的重要瓶颈技术之一。近 30 年来，相关的研究成果显著地提高了机器人系统的功能性、精确性和智能性。机器人学习技术利用数据驱动方法分析、预测和估计带有不确定性的模型或策略；机器人控制技术结合学习信息与控制算法实现功能性运动规划。在多源传感器的协助下，机器人系统可以收集、处理和开发数据，进而集成数据库，甚至搭建数据云。随后，基于神经网络的机器人算法根据测量数据实现优化的学习与控制过程。

神经网络具备强大的拟合能力和并行处理能力，可以被理解为机器人的"大脑"。面向机器人学习与控制的主流神经网络方法包括神经动力学（neurodynamics，ND）方法、前馈神经网络（feedforward neural network，FNN）方法、递归神经网络（recurrent neural network，RNN）方法和强化学习（reinforcement learning，RL）方法。ND 方法通过构建常微分方程（ordinary differential equation，ODE）形式或对应的离散变体系统以求解机器人学习与控制问题，并实现实时参数辨识和机器人控制。FNN 方法属于一种机器学习算法，能够通过更新权值逼近机器人系统的特定函数，从而开发相应的数据驱动技术。与FNN 方法不同，RNN 方法的网络节点之间可以构建循环连接，允许一些节点的输出影响其后续输入，在机器人学习领域有显著的应用价值。值得注意的是，ND 方法和 RNN 方法在结构上存在交集。当 ODE 形式的计算网络的输入神经节点数大于或等于 2 时，该系统即属于 RNN 方法，也可被称为 ND 方法。

6.4.3 自动控制系统和控制方式简介

自动控制系统多种多样，使用环境、被控对象各不相同，但就控制系统而言却有着相同的结构与控制方式。一般而言，自动控制的基本方式有两种：开环控制和闭环控制。

1. 开环控制

开环控制的特点是控制装置与被控对象之间只有正向控制作用而没有反向作用的连接方式，即系统的输出量对输入量没有影响，输入量直接送入控制器，产生控制量作用于被控对象，从而改变被控制量，如图 6.10 所示。开环控制方式的优点是结构简单、反应快速、稳定性好、容易设计和调整，以及成本较低。对那些负载恒定、扰动小、控制精度要求不高的实际系统是有效的控制方式。其缺点是对外部扰动没有抑制能力，控制的精度很难保证。

图 6.10　开环控制系统结构图

2. 闭环控制

闭环控制是指在控制器与被控对象之间不仅存在正向作用，而且还存在着反馈作用。即系统的被控量对输入量也有直接影响。这里的反馈是指把输出量检测出来反送到系统的输入端，并与输入信号比较以影响控制的过程。若反馈信号是与输入信号相减，则称为负反馈；反之，若相加，则称为正反馈。

应该说明的是，在反馈控制系统的设计中，绝大多数都采用的是负反馈，因为正反馈控制很难使得控制系统稳定。而在负反馈中，系统输入信号与反馈信号之差称为偏差。负反馈控制是一个利用偏差进行控制并最后消除偏差的过程，又称偏差控制，其结构如图 6.11 所示。和开环控制方式相比，闭环控制方式由于增加了检测装置和反馈环节，其优点是抗扰动能力强，控制精度较高。其缺点是结构复杂，成本较高，同时对整个控制系统的稳定性也会产生影响。

图 6.11　闭环控制系统结构图

现在以直流电动机调速系统为例来说明开环控制系统和闭环控制系统的组成特点和工作方式。

直流电动机开环调速控制系统如图 6.12 所示，本例中的被控对象即为电动机，而预定的规律即为"直流电动机的转速 $n(r/min)$ 维持预期值不变"。转速 n 的预期值与电位

器上的给定值 u_g 有着对应的关系。把电位器上的电压信号称为输入量或给定量,电动机的转速 n 称为输出量或被控量。输入量对应期望的输出量(如 5V 对应 500r/min),自动控制的过程就是力图使实际的输出量与期望的输出量相等。在实际工作中,总有各种各样的因素会影响到控制过程。在图 6.12 所示的系统中,负载的变化、电网电压的波动等都会引起电动机转速的变化。把这些妨碍控制过程顺利进行的因素称为扰动 d。一个良好的控制系统应将扰动所引起的输出量的变化限制在尽可能小的范围内。但是可以明显地看出,本例中的开环控制方式对这些扰动所造成的电动机转速的变化是无能为力的,这也是开环控制方式的缺陷所在。

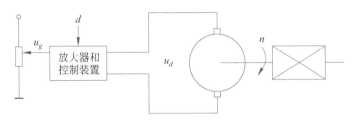

图 6.12 直流电动机开环调速系统

那么如何能够克服扰动对直流电动机控制系统速度的影响呢?先考察一下在人的协助下电动机是如何来克服扰动的影响,实现按预定的规律(维持转速 nr/min 恒定)运行。为了比较电动机转速的实际值与预期值是否相等,就需要对电动机的转速进行测量。假设在电动机上有一个转速表,当人眼观察到电动机转速的实际值时,会将其与头脑中的预期值进行比较。若二者不相等,则调节电位器触头的位置,改变放大器和控制装置的输出电压 u_g,从而调节电动机的转速 n。若电动机的转速 n 比预期值小,则向上调节电位器触头,增大整流装置输出电压 u_g,则电动机的转速 n 也会相应增大。反之,若 n 比预期值大,则反方向调节。

然而,这一控制作用是通过人的参与来实现的。它不是一个自动控制系统。在图 6.13 所示的系统中,将人所完成的工作由机器来代替,就可以使之成为一个自动控制系统了。下面来看一下该系统的实现过程。首先要对电动机的输出量进行测量。然后将测量信号与输入量进行比较。这两个量应该具有同一量纲。由于转速之间不容易直接比较大小,因此将输入与输出(即预期值与实际值)转换成相应的电压信号。测量的过程可以用测速发电机来完成,比较的过程可以用集成运算放大器来实现减法器功能,方便实现。最后,根据偏差的极性和大小来克服扰动对被控电动机转速的影响。以上所述的方

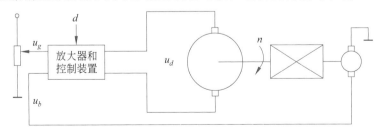

图 6.13 直流电动机闭环调速系统

式就是前面所说的闭环控制的方式。和直流电动机开环控制方式相比，闭环控制方式的结构显然复杂很多，成本也会相应提高，但是具有很强的抗扰动的能力。

通过两种构成方式的比较可以发现，反馈控制方式是按偏差进行控制的，其特点是对环内的各种扰动都具有控制作用。和开环控制系统比较，闭环控制系统有较高的精度，但是结构要复杂一些，系统的分析与设计也相应比较麻烦。可以说，闭环控制系统是以增加系统的复杂程度来换取系统某些方面性能的提高。在设计自动控制系统时，要根据具体的工艺要求，综合考虑技术与经济指标，不能一味追求性能上的高标准。在对系统的性能及成本都有一定要求时，可以考虑一种折中的方案——复合控制方式。即部分采用开环控制，部分采用闭环控制。

6.4.4　自动控制系统的分类

自动控制系统的分类方法种类繁多、错综复杂，按照不同标准可以分成不同的类型，下面将对几种比较常见的类别进行简单介绍。

1. 按照参考输入形式分类

按照参考输入形式可分为恒值系统和随动系统。恒值系统是指参考输入量保持常值的系统。此类控制系统的输入信号为一个常值，要求输出信号也为一个常值。系统在运行过程中，由于各种扰动因素的影响，总会使实际输出值与预期值之间产生偏差。因此，恒值控制系统分析与设计的重点就在于系统的抗扰性能，研究各种扰动对输出的影响及抗扰的措施。前述的电动机调速系统即为典型的恒值控制系统。在工业控制中，如果被控量是温度、流量、压力和液位等生产过程参量时，这种控制系统则称为过程控制系统，它们大多数都属于恒值控制系统。

随动系统是指参考输入量随时间任意变化的系统。其任务是要求输出量以一定的精度和速度跟踪参考输入量，跟踪的速度和精度是随动系统的两项主要性能指标。因此，随动控制系统的分析与设计重点就在于系统的跟随性能，即要求输出信号能够快速准确地复现输入信号。此时，扰动的影响是次要的。例如，雷达跟踪系统、电压跟随器等就是典型的随动系统。在随动系统中，如果输出量是机械位置或其导数时，这类系统称为伺服系统。

2. 按照组成系统的元件特性分类

按照组成系统的元件特性分成线性系统和非线性系统。线性系统是指构成系统的所有元件都是线性元件的系统。其动态性能可用线性微分方程描述，系统满足叠加原理。这里的叠加原理是指系统对多个输入信号同时作用于系统所对应的输出信号等于它们分别单独作用于系统所对应的输出之和。非线性系统是指构成系统的元件中含非线性元件的系统。其只能用非线性微分方程描述，不满足叠加原理。同时把可以进行线性化处理的系统或元件特性称为非本质非线性特性。反之，则称为本质非线性，它只能用非线性理论分析研究。严格来说，实际中不存在线性系统，因为实际的物理系统总是具有不同程度的非线性，例如放大器的饱和特性、齿轮的间隙、电动机的死区及摩擦特性等。但是在小信号工作状态时，不少非线性系统可以近似成线性系统。非线性控制系统的研究目前还没有统一的方法,这为自动控制系统的理论分析带来了不小的困难,是自动控制系统分析中的一道难题。

3. 按照系统内信号的传递形式分类

按照系统内信号的传递形式分成连续系统和离散系统。为讨论系统的连续性与离散性,先要对信号的连续性与离散性加以定义。将自动控制系统中随时间变化的物理量统称为信号。按照时间函数取值的连续性与离散性,可将信号划分为连续时间信号与离散时间信号(简称连续信号与离散信号)。若在所讨论的时间间隔内,除若干不连续的点外,对于任意时间值都有确定的函数值,此信号就称为连续信号。而离散信号在时间上是离散的,只在规定的瞬时给出函数值,在其他时间没有定义,因此离散信号可以认为是一组序列值的集合。除了时间上的连续与离散外,信号的幅值也可以是连续或离散的(只能取某些规定的值)。对于连续信号,若幅值也是连续的,则称为模拟信号。在一般情况下,往往对模拟信号和连续信号不加以区分。对于离散信号,若幅值是连续的,则称为采样信号;若幅值是离散的,则称为数字信号。在自动控制系统中,采样信号都是在连续信号的基础上经过采样后得到的,对采样信号进行量化处理就可以得到适于计算机控制的数字信号。根据系统信号的不同特征,可以对自动控制系统加以分类。如果系统中的各变量都是连续信号,则称该系统为连续(时间)系统;如果在系统的某一输入或几处输入是离散信号,则称该系统为离散(时间)系统。计算机控制系统和采样控制系统即为典型的离散系统,前面所讨论的电动机调速系统则为连续系统。连续系统常用微分方程来描述,离散系统则采用差分方程来描述。对于两类系统的分析与综合,在理论与方法上都具有平行的相似性。对于线性定常的连续系统,其数学工具为建立在拉氏变换基础上的传递函数;对于线性定常的离散系统,其数学工具为 z 变换。这两种分析方法都是在变换域内进行的,它们的许多结论都具有相通性。

4. 按照信号的多少分类

按照信号的多少可分为单输入单输出(single input single output,SISO)系统与多输入多输出(multi input multi output,MIMO)系统。单输入单输出系统也称单变量系统,系统的输入量与输出量各为一个。经典控制理论主要就是研究单输入类系统。多输入多输出系统也称多变量系统,系统的输入量与输出量多于一个。现代控制理论适用于这类系统的分析与综合。其数学工具为建立在线性代数基础上的状态空间法,这种方法是在时间域内进行的,而时域分析法对控制过程是最直接的。

5. 定常系统和时变系统

如果系统的参数不随时间变化,则称此类系统为定常系统(或称为时不变系统);反之,若系统的参数随时间改变,则称为时变系统。

对于时不变系统,由于系统参数不随时间变化,因此在同样的起始状态下,系统的输出(响应)与输入信号作用于系统的时刻无关。时变系统由于系统的参数随时间改变,因此,此类系统的输出与输入信号作用于系统的时刻有关。

需要指出的是,线性常系数的微分方程或差分方程所描述的系统不一定就是线性定常系统。只有将它们的解划分为零输入响应与零状态响应时,它们所代表的系统才分别具有零输入线性与零状态线性。因此，将线性常系数的微分方程或差分方程与线性定常系统等同起来时，总是要假定系统具有零初始的条件。如果初始条件不为零，则可以将其等效为外加的输入信号（激励）。

6.4.5 自动控制系统的性能指标

对控制系统性能的基本要求是由控制系统所需完成的任务决定的，对不同的控制系统可能提出不同的指标要求。控制系统多种多样，因而指标要求也可能不同，但从各种具体的要求中可以抽象出对控制系统的一般要求，从这些要求中可以反映出控制系统的理论性、系统性，也可以体现分析和设计控制系统的通用原则。

从设计一个自动控制系统的目的来说，是希望系统的被控输出与参考输入在任何时候都能完全相等。但是，这只是一种理想的情况，在实际系统中，由于各种因素的影响，输出很难完全和输入始终保持一致。例如，系统中可能具有各种惯性（如机械惯性与电磁惯性），使得系统中各物理量的变化不可能在瞬时完成。因此，在给定输入信号的作用下，输出要跟踪复现输入信号需要有一个时间过程，这个过程在控制系统中被称为过渡过程（或称为暂态过程、动态过程、动态响应）。系统要能正常的工作，过渡过程应趋于一个平衡状态，即系统的输出应收敛于与输入信号相对应的期望值（或期望的曲线上）。而当输出信号的过渡过程结束后，系统输出量最终复现输入信号的过程，称为稳态过程（或称为稳态响应）。对控制系统性能的基本要求即表现在输出信号的这两个过程是否都能尽量和系统的输入信号保持一致。控制系统的性能主要体现在控制过程与系统状态方面。根据系统输出过渡过程和稳态过程的特点，对控制系统的基本要求可以归纳为3方面：稳、准和快。

1. 稳

"稳"指的是稳定性，它是保证控制系统能够正常工作的首要条件，是控制系统的一项最重要的特性。

关于稳定的定义及分析比较复杂，有专门的理论和课程来研究它。但是一般来说，对于线性定常系统，稳定性可以解释为系统对扰动是否具有自动恢复的能力。具体来说，系统如果开始处于某平衡态，当受到扰动之后，系统一般会偏离该平衡态，但是当该扰动撤销之后，随着时间的推移，通过系统自身的调节，系统又能恢复到原来的平衡态，则该系统为稳定的系统。

例如，对于稳定的恒值控制系统，在扰动作用下输出偏离预期值，在过渡过程结束后，应回到原预期值；对于稳定的随动系统，输出应能始终跟随输入的变化。但是同样稳定的系统，稳定的程度也可能是不一样的。例如，前述的直流电动机调速系统在扰动的作用下（如负载发生变化），输出转速将偏离预期的转速值，过渡过程可能呈现起伏振荡的形式。如果波动的幅度过大，一方面，由于电流的热效应与力效应，将会对电枢造成损害；另一方面，也会对机械装置产生过大的冲击，使运动部件松动或破坏。因此，稳定性还包含过渡过程的平稳性的含义。

2. 准

"准"指的是准确性，主要反映系统的被控输出最终复现系统期望输入值的能力。一般而言,在控制系统中,用稳态误差来衡量系统的稳定性。

稳态误差是指过渡过程结束后,系统的输出与期望值的差值。

因为控制系统的目的就是要使被控输出与期望输入保持一致,所以理想的情况是当时间趋于无穷时,稳态误差为零。然而在实际系统中,由于系统结构、外作用的形式及非线性因素的影响,稳态误差一般总是存在的。因此,从系统的准确性出发,总是希望系统的稳态误差越小越好,称稳态误差越小的系统越准。

3. 快

"快"指的是输出过渡过程持续时间的长短,即快速性。为了很好地完成控制的任务,控制系统不仅要稳定并具有较高的精度,同时还必须对输出过渡过程的快慢提出一定的要求。若过渡过程持续的时间很长,将使系统长时间处于大偏差的情况,会降低系统的工作效率;同时也说明系统响应很迟钝,难以跟踪复现快速变化的系统输入信号。因此,从系统的快速性出发,总是希望系统的过渡过程越短越好。例如,对于前述电动机调速系统而言,不但希望电动机的转速能够准确而稳定地和期望值保持一致,同时也希望转速能够尽快和期望值保持一致,并且越快越好。

总的来说,在稳定性、准确性和快速性这3项性能中,稳定性与快速性反映了系统过渡过程中的性能,属于动态性能指标;而准确性则反映了系统稳态过程中的性能,属于稳态性能指标。

不同的控制系统对稳定性、准确性和快速性的要求是不同的。恒值控制系统对稳定性与准确性的要求较高,随动系统则对快速性要求较高。

对于同一系统,稳定性、准确性和快速性往往是相互制约的。提高快速性,可能会影响过渡过程的稳定性;改善稳定性,可能会导致快速性下降;提高稳态精度,也可能会导致稳定性下降。如何通过系统参数的合理调整、选择适合的控制方式与控制器以解决这些矛盾也是控制系统分析和设计时要考虑的主要问题。

6.4.6　中国在工程控制方面所取得的成就

1. 中国的航天探月工程

航天探月工程需要多学科的联合,自动控制科学技术是成功实现航天探月工程的重要学科之一。月亮是地球唯一的自然天体卫星,它以宁静皎洁的形态展现在地球人类的面前,中华民族将它比喻为玉盘、婵娟。在20世纪50年代末60年代初,苏联和美国相继发射了月球探测的航天器,特别是美国在1969年阿波罗11号实现了人类的首次登月,显示了地球人类的智慧和能力。

中国航天起步在50年前,但中国的航天活动是从20世纪70年代初开始,以中国的第一颗人造卫星发射升空为标志。

中国航天发展的第一步是依靠自力更生的力量在1970年4月24日进入了空间,成功发射了东方红一号卫星,实现了中国人研制的探测器脱离地球的引力进入空间的长期梦想。经过几十年的努力,航天为国家的经济建设做出了很多贡献,完成了遥感卫星、气象卫星和通信卫星等7大系列卫星的研制与发射。

从20世纪后期到21世纪初期,国家及时地提出了发展载人航天的规划。众所周知,我国在 2003 年将首位航天员杨利伟送上了太空，并安全返回地面，实现了中国人进入太空的梦想。载人航天在我国航天事业中树立了第二个里程碑。

嫦娥一号卫星进入太空，成功绕月飞行，它运行在距月球表面 200km 高的圆形极轨道上。在嫦娥一号上有 8 种科学仪器，用于获取月球表面三维立体图像，探测月球表面不同物质的化学元素和地月空间环境，首次用微波探测仪测量月壤的厚度，树立了我国航天事业的第三个里程碑。嫦娥工程有五大系统：卫星系统、火箭系统、发射场系统、测控系统、应用系统。其中，测控系统除了地球站实行对卫星各种参数和飞行姿态的遥测与遥控外，还有卫星系统内部的自动控制。就控制系统本身而言，它已空前复杂，在可靠性、稳定性、准确性和快速性各项指标方面，已经是任何地面控制系统无可比拟的，这是控制科学与工程的一项重大成果。

嫦娥二号是嫦娥一号的备份。由于嫦娥一号成功完成了绕月目标，嫦娥二号卫星改作探月第二阶段的技术先导星，于 2010 年 10 月 1 日发射，运行在距月球表面 100km 高的极轨道上。2011 年 4 月 1 日，嫦娥二号半年设计寿命期满后，进行了拓展试验。2011 年 8 月 25 日嫦娥二号在世界上首次实现了从月球轨道出发，受控进入日地拉格朗日 2 点环绕轨道。2012 年 6 月 1 日，嫦娥二号又成功变轨，进入飞往小行星的轨道。

嫦娥三号探测器由着陆器和巡回器（月球车）组成，是探月二期工程的主任务。2013 年 12 月 2 日，我国成功把嫦娥三号直接送入地月转移轨道。12 月 14 日，嫦娥三号在月球表面软着陆，首次实现了我国对地球以外天体的软着陆。12 月 15 日，嫦娥三号着陆器与巡视器互相拍照，使我国成为世界第三个掌握落月探测技术的国家。嫦娥三号使我国取得了跨越式进步，直接获得了丰富的月球数据，并经受了着陆、移动和长月夜生存三大挑战。

嫦娥四号是嫦娥三号的备份，仍是由着陆器和巡视器组成。嫦娥三号成功探测了月球正面，嫦娥四号就调整为探测月球背面。由于在地球上永远看不到月球的背面，在月球背面着陆的探测器不能直接和地球站进行无线电通信，必须设置一个信号连接的中转站，也就是"鹊桥"中继星，并把它送入地月拉格朗日点轨道运行，在这个轨道上"鹊桥"能同时看到地球和月球，为嫦娥四号着陆器与地球站之间提供通信链路、传输测控通信信号和科学数据。

2018 年 5 月 21 日，我国发射首颗月球中继星"鹊桥"，6 月 14 日进入使命轨道。2018 年 12 月 8 日，我国发射首次在月球背面着陆的探测器嫦娥四号。2019 年 1 月 3 日，嫦娥四号探测器，成为世界上第一个在月球背面成功登陆的探测器。

2020 年 11 月 24 日，嫦娥五号探测器于海南文昌航天发射场搭乘长征 5 号遥 5 运载火箭发射升空，成为我国第三个成功实施月球表面软着陆的探测器。

2023 年 1 月 18 日，中国航天科技集团有限公司发布《中国航天科技活动蓝皮书（2022 年）》。蓝皮书显示 2023 年集团公司计划安排 50 余次宇航发射任务，全面推进探月工程四期和行星探测工程，开展嫦娥七号、天问二号等型号研制工作等。探月工程四期中，嫦娥六号计划于 2025 年前后在月球背面采样返回；嫦娥七号计划于 2026 年前后开展月球南极的环境与资源勘查；嫦娥八号计划在 2028 年前后发射，将与嫦娥七号组成月球南极的科研站基本型。

2.中国的卫星测控

卫星网络的测控(tracking telemetry and command,TT&C)技术主要是通过"地面站+星间链路"实现卫星的持续监测与数据的通信,是保障航天器正常运作并完成既定任务的重要基础,对整个卫星网络的正常运行至关重要。测控任务通常通过调整测控设备的波束、时间窗口和频率等资源实现遥测、测距、数传等功能。

在我国的航天测控系统中,大致经历了与国际上相同的三个里程碑(分离测控系统、统一载波测控系统和正在实施的跟踪和数据中继卫星系统(Tracking and Data Relay Satellite System,TDRSS))。经过30多年的发展,我国已建成了多个航天测控系统,形成了比较完整的陆海基测控网,完成了从近地轨道卫星到地球同步卫星,从技术试验卫星到应用卫星的测控任务。

在载人航天工程的牵动下,从1993年开始,我国航天测控网进行多项技术改造和技术更新,建立了陆、海基USB测控网以及USB远程监控系统;新建了酒泉卫星发射中心和北京航天飞行控制中心,改造了西安卫星测控中心,进行测量船和各测控站的设备适应性改造,最终在卫星测控网基础上建立起一个与国际接轨的、统一S频段的载人航天工程测控通信网。这个网络集测轨、遥测、遥控、通信、数据传输等功能于一体,是我国迄今为止规模最大、功能最全的测控通信网,既能满足载人航天任务的需要,又能同时为多种卫星提供测控通信支持。

为进一步提高测控通信覆盖率,我国从2007年开始先后发射4颗天链一号中继卫星,构建天基测控通信网,并成功应用于载人飞船的数据中继、测控和跟踪、空间交会对接,遥感卫星高速数据传输,航天器测控以及航空器、舰船等非航天器平台的数据中继传输,嫦娥系列探测器测控等,同时北斗卫星导航系统的建设与应用,与天链系统一起,实现了我国航天测控网由地基向天基的重要跨越。

在探月工程的牵动下,我国深空探测网初步建成,测控能力和距离不断取得新的突破。嫦娥一号绕月飞行中,测控通信距离首次达到40万千米。2011年,喀什和佳木斯两个深空测控站基本建成,嫦娥二号任务将测控通信距离一举扩展到8000万千米。2017年年底,阿根廷35米深空站建成,标志我国深空探测网基本建成,形成较为完善的深空测控能力,对月球和深空航天器的测控覆盖率达到90%以上。在嫦娥四号任务中,鹊桥中继星跨越40万千米,进入绕地月L2点的Halo轨道,突破人类月背测控通信盲区,使嫦娥四号成为首个月背着陆和巡视的探测器。2020年7月,我国首次火星探测任务天问一号探测器顺利发射,航天测控网能力再度升级,将为4亿千米外的火星探测器提供测控通信保障。

在前几十年中,我国中低轨道卫星的测控频段锁定在超低波频段。卫星测控分系统主要由天线及网络、超短波接收机、双频发射机、时钟、高稳晶振等设备组成。整个中低轨道卫星测控体制为超短波统一测控体制。通过这一套系统来完成对卫星的外侧和上行遥控,下行遥测任务。随着新型卫星的不断增加,需求的不断提高,上述系统也在不断暴露出它的不足之处,主要表现在以下3方面。

(1)国内无线通信业的不断发展,使得超短波频段受干扰的程度日益严重;

(2)卫星上设备数量过多,体积、重量、功耗已无法满足新型卫星的要求;

（3）系统的可扩展性差等。

随着我国航天事业的不断发展,新一代卫星不断涌现,卫星数量和种类也在急剧增加,各种卫星平台对测控分系统的要求也越来越高。

6.5　本章小结

信息获取是信息过程的第一环节,信息应用则是信息过程的最终目的。本章首先简要介绍了信息获取的知识和获取信息的基本方法和技术,包括直接获取信息和间接获取信息的方法。其中,传感、检测和电子测量是直接与信息获取相关的基本概念。掌握这些基本概念不仅有助于加深对于信息获取的理解,而且也对学习后续课程有直接的帮助。随后本章介绍了信息应用技术,先后介绍了自动控制的应用领域,自动控制和自动控制系统的基本概念,自动控制理论发展过程和自动控制系统的分类。然后通过一些控制系统实例讨论了手动控制、自动控制、自动控制系统的工作原理、系统分类及相关术语等基本概念。

从本章所介绍的内容可以看出,现代科技水平的不断发展为测试技术水平的提高创造了物质条件,反过来,拥有高水平的测试系统又会促进新科技成果的不断发现和创新,二者之间是相辅相成的。而信息应用领域的控制科学与工程学科主要研究的是系统控制理论、控制系统的设计与工程实现,它综合利用与协同电子信息技术各学科的研究成果,将其应用于各类控制系统中。当前自动控制已进入发展智能控制的新阶段。智能控制系统也必然是电子科学技术、计算机科学技术和信息与通信工程各学科最新成果的综合。

6.6　为进一步深入学习推荐的参考书目

为了进一步深入学习本章有关内容,向读者推荐以下参考书目。

［1］　刘金琨.机器人控制系统的设计与 MATLAB 仿真:先进设计方法［M］.2 版.北京:清华大学出版社,2023.

［2］　林雯,黄堃,张振敏,等.自动控制原理与仿真实验［M］.北京:清华大学出版社,2022.

［3］　王福利,常玉清.控制系统分析与设计:过程控制系统［M］.2 版.北京:清华大学出版社,2023.

［4］　王锦标.计算机控制系统教程(微课视频版)［M］.北京:清华大学出版社,2023.

［5］　姜绍君,林敏,金佳鑫,等.自动检测技术及应用［M］.2 版.北京:清华大学出版社,2023.

［6］　张立毅,张雄,李化,等.信号检测与估计［M］.3 版.北京:清华大学出版社,2023.

［7］　陈复扬.自动控制原理［M］.北京:高等教育出版社,2022.

［8］　孙炳达.自动控制原理［M］.5 版.北京:机械工业出版社,2022.

[9] 夏守行,郑火胜. 现代传感器应用技术仿真与设计[M]. 南京：南京大学出版社,2022.

[10] 周彦,王冬丽. 人工智能与科学之美[M]. 北京：科学出版社,2022.

[11] 田梅. 传感器应用与信号控制[M]. 重庆：重庆大学出版社,2022.

[12] 贺涛,李滚. 航天测控通信原理及应用[M]. 北京：国防工业出版社,2022.

6.7 习题

1. 根据你自己的理解,说出信息获取的定义。

2. 怎样理解信息获取的重要性？举例说明。

3. 什么是传感器技术？说出你熟悉的若干传感器技术的例子。

4. 传感器技术的关键环节是什么？为什么需要这样的环节？

5. 感测工作的任务是什么？

6. 检测系统由哪几部分组成？各部分的作用是什么？

7. 什么是开环控制系统？什么是闭环控制系统？试比较二者各自的优点和缺点。

8. 试列举出你身边的开环控制系统和闭环自动控制系统的实例各一个,并说明它们的工作原理。

9. 自动控制系统有哪些类型？

10. 线性系统有什么特点？非线性系统在什么情况下可以近似看作线性系统？

11. 试论述经典控制理论的特点。

12. 智能控制的主要方法有哪些？

13. 控制系统最基本的性能是什么？

14. 作为一名优秀控制科学工程师,需要具备什么知识结构？

15. 上网查阅文献,了解感测技术和自动控制技术的最新进展。

16. 就你感兴趣的信息获取与应用技术内容的任何一方面阐述它的历史、现状、发展趋势和涉及的可能知识,并讨论所报告方面对环境保护有哪些影响？如何践行可持续发展的理念和内涵？

第7章

信息分析和处理技术

教学提示：信息处理可以理解为针对一定的目的而对信息进行加工、操作、运算的过程。在信息分析和处理的过程中，计算机和信号处理算法是必不可少的。本章简单介绍信息分析和处理所涉及的主要关键技术：计算机技术、信号处理技术、数字信号处理专用芯片等。

教学要求：本章要求学生了解信息分析和处理所涉及的主要关键技术，重点是计算机科学基础、计算机软硬件系统，以及信号分析处理技术的基本概念、基本原理和基本分析方法和DSP芯片等相关内容。

本章包括以下主要小节：

7.1 计算机科学基础

计算机是20世纪最重大的科学技术成就之一。它已成为现代化国家各行各业广泛使用的强有力的信息处理工具。计算机使当代社会的经济、政治、军事、科研、教育和服务等方面在概念和技术上发生了革命性的变化,对人类社会的进步已经并还将产生极为深刻的影响。目前,计算机知识正在我国全民普及,计算机科学技术和产业仍是世界各发达国家激烈竞争与发展的一个重要领域。

7.1.1 计算机的基本概念

1. 计算机的定义和分类

电子计算机虽然简称"计算机",它的早期功能也确实是计算,但后来高水平的计算机已远远超越了单纯计算的功能,它还可以模拟、思维、进行自适应反馈处理等,故称其为"电脑"更合适。实际上,计算机是一种能够对各种数字化信息进行高速运算和处理的系统。

一个计算机系统由硬件和软件两部分组成。硬件是由电子的、机械的、磁性的器件组成的物理实体。软件是程序和有关文档的总称。硬件是软件赖以工作的物质基础,软件的正常工作是硬件发挥作用的唯一途径。计算机系统必须要配备完善的软件系统才能正常工作,也才能充分发挥硬件的各种功能。由于计算机种类繁多,通常按用途、规模或处理对象等对计算机的类别进行划分。

2. 计算机的特点和用途

1) 计算机的主要特点

(1) 处理速度快。计算机的运算速度用MIPS来衡量。

(2) 计算精度高。数的精度主要由表示这个数的二进制码的位数决定。

(3) 记忆能力强。存储器能存储大量的数据和计算机的程序。内部记忆能力是计算机与其他计算工具的一个重要区别。

(4) 可靠的逻辑判断能力。具有可靠的逻辑判断能力是计算机的一个重要特点,是计算机能实现信息处理自动化的重要原因。

(5) 可靠性高、通用性强。

2) 计算机的主要用途

(1) 数值计算。计算机广泛地应用于科学和工程技术方面的计算,这是计算机应用的一个基本方面。例如,人造卫星轨迹计算、导弹发射的各项参数计算、房屋抗震强度的计算等。

(2) 数据处理。在计算机应用普及的今天,计算机更多地应用在数据处理方面。目前,文字处理软件、电子报表软件的使用已非常广泛,在办公自动化方面发挥着巨大作用。

(3) 自动控制。自动控制也是计算机应用的一个重要方面。在生产过程中,采用计算机处理信息,进行自动控制,可以大大提高产品的数量和质量,提高劳动生产率,改善人们的工作条件,节省原材料的消耗,降低生产成本等。

(4) 辅助工程。计算机辅助设计(computer-aided design,CAD)、计算机辅助制造(computer-aided manufacturing,CAM)和计算机集成制造系统(computer-integrated manufacturing system,CIMS)是计算机辅助工程的 3 个重要方面。计算机辅助设计是借助计算机进行设计的一项实用技术,采用 CAD 可实现设计过程的自动化或半自动化。计算机辅助制造是借助计算机帮助人们完成工业产品的制造任务。计算机集成制造系统是将计算机技术集成到制造企业的整个制造全过程中,并综合运用现代管理技术、制造技术、信息处理技术、自动化技术、系统工程技术,将企业生产全部过程中有关人、技术、经营管理三要素及其信息与物流有机集成并优化运行的复杂的大系统。计算机辅助工程可缩短工程周期,提高工程效率,保证工程质量。

(5) 辅助教学。计算机辅助教学(computer-aided instruction,CAI)是利用计算机对学生进行教学。CAI 的专用软件称为课件。从课件的制作到远程教学,从辅助学生自学到辅助教师授课等,均可在计算机的辅助下进行,从而提高教学质量和效率。

(6) 人工智能。计算机有记忆能力,又擅长逻辑推理,因此计算机可以对人的思维的信息过程进行模拟,这就是计算机的人工智能。例如,在很多场合下,装上计算机的机器人可以代替人们进行繁重的、危险的体力劳动和部分简单重复的脑力劳动。

(7) 计算机通信。计算机通信是计算机技术与通信技术结合的产物,计算机网络技术的发展将处在不同地域的计算机用通信线路连接起来,配以相应的软件,达到资源共享的目的。

(8) 娱乐活动。可以在多媒体计算机上看电视、看 VCD、听音乐、玩游戏,在网上和朋友聊天等。

7.1.2　计算机科学的发展历史

计算机科学技术是研究计算机的设计与制造和利用计算机进行信息获取、表示、存储、处理、控制等的理论、原则、方法和技术的学科。计算机科学技术除了具有较强的科学性外,还具有较强的工程性,因此它是一门科学性与工程性并重的学科,表现为理论性和实践性紧密结合的特征。计算机科学理论来源于计算机工程技术,并指导计算机实践向更高阶段前进。

计算机科学是一门包含各种各样与计算和信息处理相关主题的系统学科,是研究计算机及其周围各种现象和规律的科学,即研究计算机系统结构、程序系统(即软件)、人工智能以及计算本身的性质和问题的学科。由于计算机是一种进行算术和逻辑运算的机器,而且对于由若干计算机组成的系统而言还有通信问题,并且处理的对象都是信息,因此也可以说,计算机科学是研究信息处理的科学。总之,可以认为计算机科学正是在于寻求一个科学基础,在这个基础上可以从事包括计算机设计、计算机编程、信息处理、问题的求解算法、运算过程本身以及它们之间互相关系的研究。

第一代计算机(1951—1958 年):硬件上以电子管为逻辑元件。

第二代计算机(1959—1964 年):硬件上以晶体管取代了电子管,机器体积减小,而可靠性提高。磁盘开始使用。软件开始用操作系统和高级语言。因此,非专业人员开始使用计算机。并开始用于数据处理和过程控制。

第三代计算机(1965—1970 年)：硬件上用中小规模集成电路取代了晶体管,使计算机体积进一步缩小,而可靠性更高。操作系统更加完善,高级语言更加实用。数据通信把用户远程终端与远程计算机联系起来,出现了大范围网络。

第四代计算机(1971 年至今)：进入了大规模集成电路的微处理器时代。微型计算机大量涌现。中大型机也从以 CPU 为中心发展为以存储器为中心的系统结构,并开发了多处理机系统。软件技术扮演越来越重要的角色,软件工程进入实用化。数据库技术和网络技术都取得很大的发展。

计算机科学的创始人公认为是英国数学家阿兰·图灵(Alan Mathison Turing,1912—1954 年)。1936 年,他提出图灵机模型,认为这样的一台机器就能模拟人类所能进行的任何计算过程。计算机科学的大部分研究是基于冯·诺依曼机和图灵机的,它们是绝大多数实际机器的计算模型。图 7.1 为图灵计算机示意图和阿兰·图灵。

图 7.1　图灵计算机示意图和阿兰·图灵

计算机科学根植于电子工程、数学和语言学,是科学、工程和艺术的结晶。它在 20 世纪最后的 30 年间兴起成为一门独立的学科,并发展出自己的方法与术语。目前,很多国家正集中人力物力开发新一代计算机,它将从数据处理转为知识处理,从存储计算数据转为推理和提供知识。

7.1.3　计算机科学的研究领域

计算机科学研究的课题：计算机程序能做什么和不能做什么(可计算性)；如何使程序更高效地执行特定任务(算法和复杂性理论)；程序如何存取不同类型的数据(数据结构和数据库)；程序如何显得更具有智能(人工智能)；人类如何与程序沟通(人机互动和人机界面)。

目前,计算机科学的研究领域可以概括为以下 6 方面。

1. 计算机系统结构的研究

传统的计算机系统基于冯·诺依曼的顺序控制流结构,从根本上限制了计算过程并行性的开发和利用,迫使程序员受制于逐字思维方式,从而使程序复杂性无法控制,软件质量无法保证,生产效率无法提高。因此,对新一代计算机系统结构的研究是计算机科学面临的一项艰巨任务。人们已经探索了许多非冯·诺依曼结构,如并行逻辑结构、归约结构和数据流结构等。

智能计算机以及其他新型计算机的研究也具有深远的意义,例如,光学计算机、生物分子计算机和化学计算机等处理方法的潜在影响是不可忽视的。计算机构造学正在发展中。

2. 程序设计科学与方法论的研究

冯·诺依曼系统结构决定了传统程序设计风格的缺陷,逐字工作方式,语言臃肿无力。缺少必要的数学性质。新一代语言要从面向数值计算转向知识处理,因此新一代语言必须从冯·诺依曼设计风格中解放出来。这就需要分析新一代系统语言的模型,设计新的语言,再由新的语言推出新的系统结构。

3. 软件工程基础理论的研究

软件工程的研究对软件生存期进行了合理划分,引入了一系列软件开发的原则和方法,取得了较明显的效果。但未能从根本上解决软件危机问题。

软件复杂性无法控制的主要原因在于软件开发的非形式化。为了保证软件质量及开发维护效率,程序的开发过程应是一种基于形式推理的形式化构造过程。从要求规范的形式描述出发,应用形式规范导出算法版本,逐步求精,直至得到面向具体机器指令系统的可执行程序。由于形式规范是对求解问题的抽象描述,信息高度集中,简明易懂,使软件的可维护性得到提高。

显然,形式化软件构造方法必须以科学的程序设计理论和方法为基础,以集成程序设计环境为支持。近年来这些方面虽取得不少进展,但距离形式化软件开发的要求还相差甚远。因此,这方面仍有不少难题有待解决。

4. 人工智能与知识处理的研究

人工智能的研究正将计算机技术从逻辑处理的领域推向现实世界中自然产生的启发式知识的处理,如感知、推理、理解、学习和解决问题等。为了建立以知识为基础的系统,提高解决问题的综合能力,以启发式知识表达为基础的程序语言和程序环境的研究就成为普遍关心的重要课题。

人工智能还包括许多分支领域,如人工视觉、听觉、触觉以及力觉的研究,模式识别与图像处理的研究,自然语言理解与语音合成的研究,智能控制以及生物控制的研究等。总之,人工智能向各方面的深化对计算机技术的发展将产生深远的影响。

5. 网络、数据库及各种计算机辅助技术的研究

计算机通信网络覆盖面的日趋扩大,各行业数据库的深入开发,各种计算机辅助技术(如 CAD、CAM 和 CIM 等)的广泛使用也为计算机科学提出许多值得研究的问题。如编码理论,数据库的安全与保密,异种机联网与网间互连技术,显示技术与图形学,图像数据压缩、存储及传输技术的研究等。

6. 理论计算机科学的研究

自动机及可计算性理论的研究,例如,图灵机的理论研究还有许多工作可做。理论计算机科学使用的数学工具主要是信息论、排队论、图论和符号逻辑等,这些工具本身也需要进一步发展。

计算机科学与技术学科虽然只有短短几十年的历史,而且与数学、电子学等学科相比还是一门很年轻的学科,但是,它已经具有相当丰富的内容,并且正在成长为一个覆盖面最广的基础学科。

7.1.4　计算机中数据的表示

1. 数制

计算机最早是作为一种运算工具出现的,因此其基本功能是对数据进行加工处理。计算机中的数据有两种:一种是数值型数据(即有值的可以运算的数);另一种是非数值型数据(如文字、符号等)。所有数据在计算机中均采用二进制数码来表示。

2. 码制

我们之前所讨论的数都没有涉及符号(默认为正数),但是在实际应用中会碰到正数,也会碰到负数。因此,一个数应该由两部分组成:数的符号和数的数值。在数的符号中,用＋表示正数,－表示负数。而计算机只认识 0 和 1 代码,不认识其他符号,所以约定:用 0 表示＋,用 1 表示－。这样符号就被数码化了。

为了区分＋、－数码化前后的两个对应数,即区别原来的数和它在计算机中表示的数,称后者为机器数,而前者为机器数的真值。计算机是对机器数进行运算。为了便于运算,带符号的机器数可采用原码、反码和补码等不同的编码方法,机器数的这些编码方法称为码制。

计算机中常用的码制有原码、反码和补码等。原码、反码和补码均能被计算机识别,但在计算机中常用补码进行加减运算。

3. 定点与浮点

数既可能是整数也可能是小数,但机器并不认识小数点。在计算机中,小数点不是由实际设备保存的,而是一种约定。计算机中常采用两种方法来处理小数点:定点表示法与浮点表示法。

定点表示法指在计算机中数的小数点的位置是固定不变的。一般小数点固定在数的最高位之前或者最低位之后。当小数点约定在数符和最高位之间,机器内的数为纯小数(定点小数);当小数点约定在最低位之后时,机器内的数为纯整数(定点整数)。采用定点表示的数称为定点数,如图 7.2 所示。使用定点数的计算机称为定点机。

定点机处理非纯小数或非纯整数时,先要对数进行放大或者缩小处理,使数变为纯整数或纯小数,计算完后,再对结果进行缩小或者放大处理。

浮点表示法是指小数点在数中的位置不固定或者说是浮动的。用浮点表示的数称为浮点数,而使用浮点数的计算机称为浮点机。浮点数由两部分组成:阶码部分与尾数部分。前者表示小数点浮动的位置,后者表示数的符号和有效数位。浮点数的表示形式如图 7.3 所示。

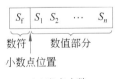

(a) 定点小数　　　(b) 定点整数

图 7.2　定点数的表示形式

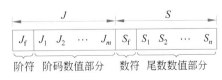

图 7.3　浮点数的表示形式

浮点数由阶码 J 和尾数 S 两部分构成。阶码是整数，阶符和阶码位数 m 合起来反映浮点数的表示范围及小数点的实际位置。尾数是小数，其位数 n 反映浮点数的精度。尾数的符号 S_f 代表浮点数的正负。

一般大中型计算机中采用浮点表示，而小型和专用计算机中多采用定点表示。

4. 编码

我们知道，计算机只认识 0、1 代码，因此为了使计算机能够识别其他的数和字符，必须对其进行二进制编码。一般常见的编码有十进制数的二进制编码和字符的二进制编码等。

7.2 计算机的硬件系统

计算机的硬件系统是指构成计算机的一些看得见、摸得着的实际物理设备，是计算机工作的物质基础。

7.2.1 冯·诺依曼体系结构

计算机的体系结构指的是构成计算机系统主要部件的总体布局、部件的主要性能以及这些部件之间的连接方式。

从 20 世纪初，物理学和电子学科学家们就在争论制造可以进行数值计算的机器应该采用什么样的结构。人们被十进制这个人类习惯的记数方法所困扰。20 世纪 30 年代中期，美籍匈牙利科学家冯·诺依曼大胆地提出：抛弃十进制，采用二进制作为数字计算机的数制基础。同时，提出存储程序和程序控制的思想。即预先编制计算程序，并将其存放在计算机的存储器中，然后由计算机按照程序顺序执行来完成计算工作。人们把冯·诺依曼的这个理论称为冯·诺依曼体系结构。世界上第一台冯·诺依曼计算机（即实现存储程序功能的计算机）是 1949 年研制的 EDSAC（electronic delay storage automatic calculator，电子延迟存储自动计算机）。从 EDSAC 到当前最先进的计算机都采用的是冯·诺依曼体系结构。由于冯·诺依曼对计算机技术的突出贡献，因此他又被称为"计算机之父"。

7.2.2 计算机硬件的基本结构

根据冯·诺依曼体系结构构成的计算机必须具有如下功能：把需要的程序和数据送至计算机中；具有长期记忆程序、数据、中间结果及最终运算结果的能力；能够完成各种算术、逻辑运算和数据传送等数据加工处理的工作；能根据需要控制程序走向，并能根据指令控制机器的各部件协调操作；能够按照要求将处理结果输出给用户。

为了完成上述功能，计算机硬件系统必须由 5 个基本部件组成（见图 7.4）：输入数据和程序的输入设备；记忆程序和数据的存储器；完成数据加工处理的运算器；控制程序执行的控制器；输出处理结果的输出设备。

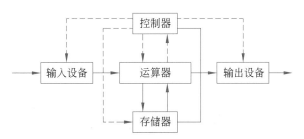

图 7.4　早期的冯·诺依曼机器组成框图

7.2.3　微型计算机的硬件结构

微型计算机简称微机,也称个人计算机(personal computer,PC)。其硬件与普通定义下的计算机硬件一样,也是由运算器、控制器、存储器、输入输出设备组成。但微机系统由于体积小,其控制器和运算器一般是集成在一块芯片上,称为中央处理器(central processing unit,CPU),也称微处理器(microprocessor unit,MPU)。微机就是以微处理器为核心,再配上存储器、接口电路(适配器)、系统总线和外部设备等构成的。从外观上看,微机硬件由主机和外部设备构成。

微机的主机箱里有一块印制电路板(即主板),一般地,微机的重要部件都做在主板上,主要包括 CPU 和内存储器,还有总线槽、插座、电池以及外部设备接口卡等。

微机的外部设备主要包括输入设备、输出设备以及外存储器等。硬盘、光驱等外存储器一般都安装在主机箱内。外部设备必须通过接口电路(适配器)与主机打交道。早期微型计算机的组成框图如图 7.5 所示。计算机的一些构成部件如图 7.6 所示。

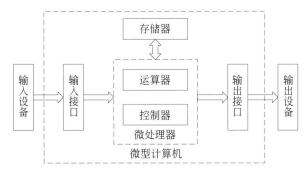

图 7.5　早期微型计算机的组成框图

图 7.6　计算机的一些构成部件

7.2.4　计算机的主要性能指标

计算机的主要性能指标如下。

(1) 主频(时钟频率)。CPU 在单位时间内输出的脉冲数。它在很大程度上决定了计算机的运行速度,单位是 MHz。

(2) 字长。计算机的运算部件能同时处理的二进制数据的位数。字长决定了计算机的运算精度。

(3) 内存容量。内存中能存储的信息总字节数。通常以 8 个二进制位(bit)作为一字节(Byte)。

(4) 存取周期。存储器连续两次独立的读或写操作所需的最短时间。单位是纳秒 (ns,$1ns=10^{-9}s$)。存储器完成一次读或写操作所需的时间称为存储器的访问时间(或读写时间)。

(5) 运算速度。一个综合性的指标,单位为 MIPS。影响运算速度的因素主要是主频和存取周期,字长和内存容量也有影响。

(6) 其他指标。机器的兼容性(包括数据和文件的兼容、程序兼容、系统兼容和设备兼容)、系统的可靠性(平均无故障工作时间(MTBF))、系统的可维护性(平均修复时间(MTTR))、机器允许配置的外部设备的最大数目、计算机系统的汉字处理能力、数据库管理系统及网络功能等。性能/价格比是一项综合性评价计算机性能的指标。

7.3　计算机的软件系统

7.3.1　计算机软件的基本知识

计算机软件是指用计算机指令和算法语言编写的程序,以及运行程序所需的文档、数据。

软件的功能是利用计算机本身提供的逻辑功能来合理地组织计算机的工作,以便简化或代替人们使用计算机过程中的各个环节,并为用户提供一个便于掌握、操作简便的工作环境。在计算机产生的初期,人们普遍认为软件就是程序。1983 年,电气与电子工程师协会(Institute of Electrical and Electronics Engineers,IEEE)给软件下了一个明确的定义:软件是计算机程序、方法、规则相关的文档以及在计算机上运行所必需的数据。

计算机软件系统又可以分为系统软件和应用软件两部分。

1. 系统软件

系统软件是一种综合管理计算机硬件和软件资源,为用户提供工作环境和开发工具的大型软件;是提供给用户的系统资源;也是用户、应用软件和计算机硬件之间的接口。

系统软件主要有操作系统、各种程序语言的翻译系统、诊断程序和故障处理程序、数据库管理系统、网络软件等。

操作系统是计算机的大管家,它负责管理和控制计算机各个部件协调一致地工作,是一个最基本、最重要的系统软件。一台计算机必须安装了操作系统才能正常工作。DOS、Windows、UNIX 和 Linux 等都是计算机上使用的操作系统软件。

程序设计语言是用来编制程序的专门语言。用户用各种程序语言编制的程序称为源程序。计算机能直接识别的机器语言程序称为目标程序。程序语言的翻译系统将各种源程序翻译成目标程序再被计算机执行。翻译系统有汇编程序、编译程序和解释程序等。

诊断程序和故障处理程序用来对计算机系统的故障进行检测和定位。

数据库管理系统是用来操纵、控制和管理数据库的软件。

计算机网络软件是计算机软件和通信软件二者高度发展和密切结合的结果。从某种意义上讲，它是更高水平上的操作系统。计算机网络软件使网上用户能够实现数据传送，共享网络中的所有硬件、软件和数据等资源。

2. 应用软件

应用软件是用户在各自应用领域中为解决某些具体问题而编制的软件。如文字处理软件 Word 等。还有为各种不同用途编制的专用软件，如财务管理软件、辅助教学软件等。

7.3.2　程序设计基础

1. 程序设计语言

程序实际上是用计算机语言描述的对某一问题的解决步骤，是一组计算机能够识别的指令。而程序设计就是为计算机安排指令序列并告诉计算机如何去做的过程。程序设计语言即计算机语言，是一套关键字和语法规则的集合，可用来产生由计算机进行处理和执行的指令。它是人与计算机进行信息交流的工具。随着计算机科学技术的发展，程序设计语言经历了机器语言、汇编语言和高级语言 3 个阶段。

1）机器语言

机器语言是用 0、1 代码组成的计算机语言，是计算机能直接识别的低级语言。由于不同型号的计算机具有不同的机器语言（对硬件依赖性大），且机器指令是用二进制代码表示的，因此编程和理解都很困难。

2）汇编语言

汇编语言是采用能帮助记忆的英文缩写符号表示的计算机语言。计算机不能直接识别，必须将汇编语言源程序翻译成机器语言的目标程序才能被计算机所识别。

将汇编语言源程序变成机器语言目标程序的过程称为汇编。完成汇编功能的程序称为汇编程序。汇编过程如图 7.7 所示。

图 7.7　汇编语言的汇编过程

3）高级语言

高级语言是类似于人类语言的计算机语言。高级语言源程序也不能直接被计算机所执行,必须转换成机器语言才行,这种转换既可以是解释,也可以是编译。完成编译功能或解释功能的程序称为编译程序或解释程序。编译和解释的过程如图 7.8 所示。

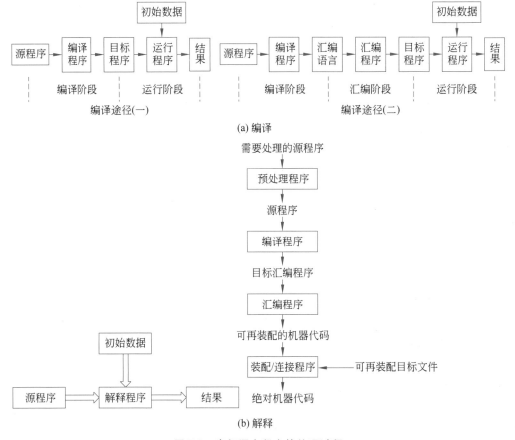

(a) 编译

(b) 解释

图 7.8　高级语言程序的处理过程

编译与解释的主要区别:解释程序不产生目标程序。

2. 结构化程序设计

结构化程序设计由迪杰斯特拉(E.W.Dijkstra)在 1969 年提出,是以模块化设计为中心,将待开发的软件系统划分为若干相互独立的模块,这样使完成每个模块的工作变得单纯而明确,为设计一些较大的软件打下了良好的基础。

由于模块相互独立,因此在设计其中一个模块时不会受到其他模块的牵连,因而可将原来较为复杂的问题化简为一系列简单模块的设计。模块的独立性还为扩充已有的系统、建立新系统带来了不少方便,因为可以充分利用现有的模块进行积木式的扩展。

按照结构化程序设计的观点,任何算法功能都可以通过由程序模块组成的 3 种基本程序结构的组合:顺序结构、选择结构和循环结构来实现(见图 7.9)。

结构化程序设计的基本思想是采用"自顶向下,逐步求精"的程序设计方法和"单入口单出口"的控制结构。自顶向下、逐步求精的程序设计方法从问题本身开始,经过逐步细化,将解决问题的步骤分解为由基本程序结构模块组成的结构化程序框图。"单入口单出

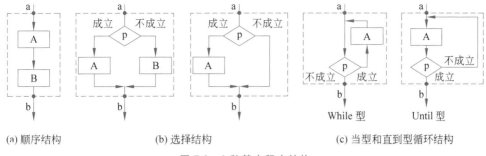

(a) 顺序结构　　　　　　(b) 选择结构　　　　　(c) 当型和直到型循环结构

图 7.9　3 种基本程序结构

口"的思想认为：一个复杂的程序，如果它仅是由顺序、选择和循环 3 种基本程序结构通过组合、嵌套构成，那么这个新构造的程序一定是一个单入口单出口的程序。据此就很容易编写出结构良好、易于调试的程序来。

3. 程序设计步骤

程序设计就是用计算机语言编写程序的过程。一般有以下 10 个步骤。

(1) 问题定义。根据实际问题确定由计算机所做的工作及应完成的任务。

(2) 划分模块。将大任务分解，形成几个小任务，一直划分，直到不可再分为止。

(3) 确定数据结构。根据原始数据及输出形式，选择合适的数据结构。

(4) 确定算法。选取解决问题的合适算法。

(5) 画出框图或流程图。将算法形象化，以书面形式表达出来。

(6) 完成设计计划文档。统一各个不同模块的接口和风格。以书面文件形式表达，其中包括框图。

(7) 编写代码。按设计计划文档要求书写程序代码。

(8) 语法检查与运行调试。静态检查程序代码，并与设计计划文档核对，上机运行程序代码并检查错误。

(9) 反复修改调试。对错误进行修改并重复步骤(7)、(8)，直到成功。

(10) 系统测试与完成其他文档。将各个不同模块链接，统一调试，再次重复步骤(7)～(9)，完成整个系统后，进行相应的测试，整理并写出所有的文档资料。

4. 程序设计风格

程序设计风格是指一个人编制程序时所表现出来的特点、习惯和逻辑思路等。在程序设计中要使程序结构合理、清晰，形成良好的编程习惯非常重要。编写的程序不仅要在机器上运行，给出正确的结果，而且要便于调试和维护。这就要求编写的程序不光自己看得懂，也要让别人能看懂。随着计算机技术的发展和软件规模的增大，软件的复杂性也增强了。为了提高程序的可阅读性，要建立良好的编程风格。

(1) 源程序文档化。标识符应按意取名；程序应加注释。

(2) 数据说明。数据说明顺序应规范，使数据的属性更易于查找，从而有利于测试、纠错与维护。一个语句说明多个变量时，各变量名按字典序排列。对于复杂的数据结构，要加注释，说明在程序实现时的特点。

（3）语句构造。语句构造的原则：简单直接，不能为了追求效率而使代码复杂化；为了便于阅读和理解，不要一行多个语句；不同层次的语句采用缩进形式，使程序的逻辑结构和功能特征更加清晰；要避免复杂的判定条件，避免多重的循环嵌套；表达式中使用括号以提高运算次序的清晰度等。

（4）输入输出。在编写输入输出程序时考虑以下原则：输入操作步骤和输入格式尽量简单；应检查输入数据的合法性、有效性，报告必要的输入状态信息及错误信息；输入一批数据时，使用数据或文件结束标志，而不要用计数来控制；交互式输入时，提供可用的选择和边界值；当程序设计语言有严格的格式要求时，应保持输入格式的一致性；输出数据表格化、图形化。输入输出风格还受其他因素的影响，如输入输出设备，用户经验及通信环境等。

（5）效率。指处理机时间和存储空间的使用。对效率的追求明确以下几点：效率是一个性能要求，目标由需求分析给出；追求效率建立在不损害程序可读性或可靠性基础上，要先使程序正确、清晰，再提高程序效率；提高程序效率的根本途径在于选择良好的设计方法和数据结构算法，而不是靠编程时对程序语句做调整。

7.3.3　数据结构与算法

计算机处理的对象是数据。因此，数据的结构直接影响算法的选择和程序效率。

1. 数据结构的基本概念

数据结构是指数据之间的相互关系，即数据的组织形式。此处的"数据"是指描述客观事物的数、字符以及所有能输入计算机中并被计算机程序处理的符号的集合。数据集合中的每个个体称为数据元素，它是数据的基本单位。因此，数据结构是带结构的数据元素的集合。结构反映了数据元素相互之间存在的某种联系。

根据数据元素之间关系的不同特性，通常有下列4类基本结构：集合（数据元素间的关系是同属一个集合）、线性结构（数据元素间存在一对一的关系）、树状结构（结构中的元素间的关系是一对多的关系）和图（网）状结构（结构中的元素间的关系是多对多的关系）。

数据结构作为一门学科主要研究数据的各种逻辑结构和存储结构，以及对数据的运算。通常，算法的设计取决于数据的逻辑结构，算法的实现取决于数据的物理存储结构。

数据的逻辑结构：数据元素之间的逻辑关系。是从逻辑关系上描述数据，与数据的存储无关，是独立于计算机的。数据的逻辑结构可以看作是从具体问题抽象出来的数学模型。

数据的存储结构：数据元素及其关系在计算机存储器内的表示。是逻辑结构用计算机语言的实现（也称映像），它依赖于计算机语言。对机器语言而言，存储结构是具体的。一般只在高级语言的层次上讨论存储结构。

数据的运算：对数据施加的操作。数据的运算定义在数据的逻辑结构上，每种逻辑结构都有一个运算的集合。最常用的检索、插入、删除、更新和排序等运算实际上只是在抽象的数据上所施加的一系列抽象的操作。抽象的操作是指我们只知道这些操作是"做什么"，而无须考虑"如何做"。只有确定了存储结构之后，才考虑如何具体实现这些运算。

2. 典型数据结构

1) 线性表

在数据处理中,大量数据均以表格形式出现,称为线性表。线性表是最简单、最常用的一种数据结构。

线性表的存储结构分为两类(见图 7.10):一类是顺序存储结构(又称为静态存储结构);另一类是链式存储结构(又称动态存储结构)。

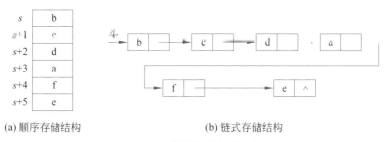

(a) 顺序存储结构   (b) 链式存储结构

图 7.10   线性表的存储结构

顺序存储结构是用一组地址连续的存储单元来依次存放线性表中的元素。由于表中各个元素具有相同的属性,因此占用的存储空间相同。所以,在内存中可以通过地址计算直接存取线性表中的任一元素。这种结构的特点是逻辑上相邻的元素物理上也相邻。

在链式存储结构中,线性表的每个数据元素(节点)的存储区域包括数据区和指针区两部分。数据区存放节点本身的数据,指针区存放其后继元素的地址(没有后继元素时设置为空字符 Null)。只要知道该线性表的起始地址(记录在头指针中),表中的各个元素就可通过其间的链接关系逐步找到。这种结构的特点是增加、删除、修改节点都很方便,但每个节点占用较多的存储空间。

2) 堆栈和队列

堆栈简称栈(见图 7.11),是一种运算受限的线性表,即只能在表的一端(栈顶)进行插入和删除操作。表的另一端称为栈底。主要特点是后进先出(last in first out,LIFO),即后进栈的元素先处理。

队列也是一种线性表,是一种先进先出(first in first out,FIFO)的线性表(见图 7.12)。只允许在表的一端进行插入,在表的另一端进行删除。进行删除的一端叫作队列的头(队首),进行插入的一端叫作队列的尾(队尾)。

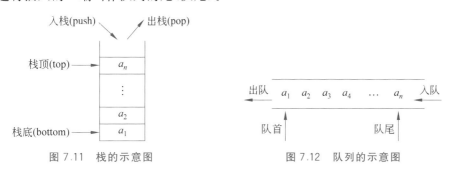

图 7.11   栈的示意图   图 7.12   队列的示意图

3）树

树状结构是一类重要的非线性数据结构，节点之间有分支，并具有层次关系，它非常类似于自然界中的树。树状结构在客观世界中广泛存在（见图7.13）。

4）图

图是一种较线性表与树更为复杂的数据结构，可以把树看成是简单的图，如图7.14所示。图的应用极为广泛，在语言学、逻辑学、人工智能、数学、物理、化学、计算机领域以及各种工程学科中有着广泛的应用。

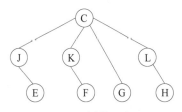

图7.13　树的示意图

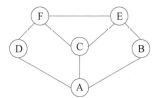

图7.14　图的示意图

3. 算法

算法是指完成一个任务所需要的具体步骤和方法。程序就是用计算机语言描述的算法。算法常常含重复的步骤和一些比较或逻辑判断。如果一个算法有缺陷，或不适合某个问题，执行这个算法将不会解决这个问题。不同的算法可能用不同的时间、空间或效率来完成同样的任务。瑞士著名计算机科学家尼克劳斯·沃思（Niklaus Wirth）在1976年曾提出这样一个公式：算法＋数据结构＝程序。

7.3.4　操作系统

操作系统（operating system，OS）是计算机软件系统中最基本、最重要的软件，是控制其他程序运行，管理系统资源并为用户提供操作界面的系统软件的集合。操作系统是用户与计算机系统之间的接口。用户、软件和硬件的层次关系如图7.15所示。通俗地讲，操作系统是基于BIOS之上的，用于运行应用软件的一套软件。它把硬件的功能调动起来，把应用软件的代码翻译过来运行，其他软件通过它对计算机发号施令。

首先介绍一下裸机的概念。裸机即计算机硬件的组合。一般情况下，不能直接操作裸机，必须通过BIOS才能操作控制裸机，因为它提供了最基本的计算机操作功能，如接收一个键盘字符的输入等。

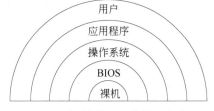

图7.15　用户、软件和硬件的层次关系图

BIOS对计算机来说是非常重要的，它直接影响计算机能否使用。同时几乎所有计算机功能最终都是分解为一个个简单的基本输入输出操作来实现。BIOS存放在主板的ROM芯片中，平时不可修改，也没必要修改。

在 BIOS 的外面才是常见的 Windows 系统。这些软件即操作系统。它专门负责管理计算机的各种资源,并提供操作计算机所需的工作界面。有了它们,人们才可以方便自如地使用计算机。正是由于操作系统的飞速发展,才使计算机的使用从高度专业化的技术人员走向了广大普通用户,同样也正是由于操作系统的飞速发展,才使得计算机的应用出现了多姿多彩的今天。操作系统是管理计算机软硬件资源的一个平台,没有它,任何计算机都无法正常运行。

操作系统的形态多种多样,有些操作系统集成了图形化使用者界面,而有些操作系统仅使用文本接口。不同机器安装的操作系统可从简单到复杂,可从手机的嵌入式系统到超级计算机的大型操作系统。但所有的操作系统均具有并发性、共享性、虚拟性和不确定性 4 个基本特征。

1. 操作系统的功能

操作系统的主要功能是资源管理、程序控制和人机交互等。计算机系统的资源可分为设备资源和信息资源两大类。设备资源指的是组成计算机的硬件设备,如中央处理器等。信息资源指的是存放于计算机内的各种数据,如文件、程序库、知识库、系统软件和应用软件等。计算机系统的设备资源和信息资源都由操作系统根据用户需求按一定的策略分配和调度。

操作系统既是计算机系统的管理员,又是计算机系统用户的服务员。它大致包括 5 方面的管理功能:处理器管理、存储管理、文件管理、作业管理和设备管理。

(1) 处理器管理。根据一定的策略将处理器交替地分配给系统内等待运行的程序。以使 CPU 资源得到最充分的利用。

(2) 存储管理(即管理内存资源)。主要实现内存的分配与回收,存储保护以及内存扩充。

(3) 文件管理。向用户提供创建文件、撤销文件、读写文件、打开和关闭文件等功能。系统中的信息资源(如程序和数据)是以文件的形式存放在外存上的,需要时再把它们装入内存。文件管理的任务是有效地支持文件的存储、检索和修改等操作,解决文件的共享、保密和保护问题,以使用户方便、安全地访问文件。

(4) 作业管理。是为用户提供一个使用系统的良好环境,使用户能有效地组织自己的工作流程,并使整个系统高效运行。

(5) 设备管理。负责分配和回收外部设备,以及控制外部设备按用户程序的要求进行操作。

除了上述功能外,操作系统还要具备中断处理、错误处理等功能。而且操作系统的各功能之间并非是完全独立的,它们之间存在着相互依赖的关系。

2. 操作系统的分类

操作系统大致可分为 6 种类型:简单操作系统、分时操作系统、实时操作系统、网络操作系统、分布式操作系统和智能操作系统。

1) 简单操作系统

简单操作系统是计算机初期所配置的操作系统,如 IBM 公司的磁盘操作系统 DOS/

360 和微型计算机的操作系统 CP/M 等。这类操作系统的功能主要是操作命令的执行，文件服务，支持高级程序设计语言编译程序和控制外部设备等。

2）分时操作系统

分时操作系统支持位于不同终端的多个用户同时使用一台计算机，彼此独立，互不干扰，用户感到好像一台计算机全为他所用。

3）实时操作系统

实时操作系统是为实时计算机系统配置的操作系统。其主要特点是资源的分配和调度首先要考虑实时性，然后才是效率。此外，实时操作系统应有较强的容错能力。

4）网络操作系统

网络操作系统是为计算机网络配置的操作系统。在其支持下，网络中的各台计算机能互相通信和共享资源。其主要特点是与网络的硬件相结合来完成网络的通信任务。

5）分布式操作系统

分布式操作系统是为分布式计算机系统配置的操作系统。它在资源管理、通信控制和操作系统的结构等方面都与其他操作系统有较大的区别。由于分布式计算机系统的资源分布于系统的不同计算机上，操作系统对用户的资源需求不能像一般的操作系统那样等待有资源时直接分配的简单做法，而是要在系统的各台计算机上搜索，找到所需资源后才可进行分配。对于有些资源，如具有多个副本的文件，还必须考虑一致性（指若干用户对同一个文件同时读出的数据是一致的）。为了保证一致性，操作系统必须控制文件的读写操作，使得多个用户可同时读一个文件，而任一时刻最多只能有一个用户在修改文件。分布式操作系统的通信功能类似于网络操作系统。由于分布式计算机系统不像网络分布很广，同时分布式操作系统还要支持并行处理，因此它提供的通信机制和网络操作系统提供的有所不同，要求通信速度快。分布式操作系统的结构也不同于其他操作系统，它分布于系统的各台计算机上，能并行地处理用户的各种需求，有较强的容错能力。

6）智能操作系统

智能软件（intelligence software）是指能产生人类智能行为的计算机软件。智能软件不仅可在传统的冯·诺依曼的计算机系统上运行，而且也可在新一代的非冯·诺依曼结构（如哈佛结构）的计算机系统上运行。智能软件的主要特征是基于知识处理、问题求解和现场感应。智能操作系统也称基于知识操作系统，是智能软件的一种，是支持计算机特别是新一代计算机的一类新一代操作系统。智能操作系统负责管理计算机的资源，向用户提供友善接口，并有效地控制基于知识处理和并行处理的程序的运行。智能操作系统通过集成操作系统和人工智能与认知科学而进行研究，其主要研究内容有操作系统结构、智能化资源调度、智能化人机接口、支持分布并行处理机制、支持知识处理机制和支持多介质处理机制等。

3. 目前流行的网络操作系统

目前局域网中主要存在以下 4 类网络操作系统。

① Windows 类

Microsoft Windows 是美国微软公司以图形用户界面（graphical user interface，GUI）为基础研发的操作系统，主要运用于计算机、智能手机等设备。共有普通版本、服务器版本(Windows Server)、手机版本(Windows Phone 等)、嵌入式版本(Windows CE 等)等子系列,是全球应用最广泛的操作系统之一。

Microsoft Windows 于 1983 年开始研发,最初的研发目标是在 MS-DOS 的基础上提供一个多任务的图形用户界面,后续版本则逐渐发展成为主要为个人计算机和服务器用户设计的操作系统,并最终获得了世界个人计算机操作系统的垄断地位。Windows 初代版本于 1985 年 11 月 20 日推出,Windows 3.0 发布后开始取得商业地位,1993 年 8 月推出 Windows NT 系列,1996 年推出 Windows Server 系列,2000 年推出 Windows Mobile系列(后被 Windows Phone 取代)。Microsoft Windows 早期为 MS-DOS 虚拟环境,后采用图形用户界面,其操作界面先后在 1995 年(Windows 95)、2001 年(Windows XP)、2006年(Windows Vista)、2012 年(Windows 8)进行大幅整改。

截至 2023 年 7 月 25 日,Microsoft Windows 更新推送系统 30 余个,普通版本已更新至 Windows 11;服务器版本已更新至 Windows Server 2022;手机版本已终止研发,最后版本为 Windows 10 Mobile;嵌入式版本为 Windows CE(后被 Windows for IoT 取代)。此外,还有提供线上 Web 服务的 Windows 365。

另有 Windows PE(WinPE)是一个小型操作系统,用于安装、部署和修复 Windows桌面版、Windows Server 和其他 Windows 操作系统。

② macOS 类

macOS 是一套由苹果开发的运行于 Macintosh 系列计算机上的操作系统,是首个在商用领域成功的图形用户界面操作系统。由于 macOS 是基于 XNU 混合内核的图形化操作系统,一般情况下在普通个人计算机上无法安装这个操作系统。

macOS 可以被分成两个系列:一个是老旧且已不被支持的 Classic Mac OS(系统搭载在 1984 年销售的首部 Mac 与其后代上,终极版本是 Mac OS 9)。采用 Mach 作为内核,在 Mac OS 7.6 以前用 System x.xx 来称呼。新的 Mac OS X 结合 BSD Unix、OpenStep 和 Mac OS 9 的元素。它的最底层建基于 Unix 基础,其代码被称为 Darwin,实行的是部分开放源代码。2011 年 7 月 20 日 Mac OS X 已经正式被苹果改名为 OS X。2016 年,OS X 改名为 macOS,与 iOS、tvOS、watchOS 相照应。

macOS 最大的优点是病毒防护。疯狂肆虐的计算机病毒几乎都是针对 Windows的,由于 macOS 的架构与 Windows 不同,所以很少受到计算机病毒的袭击。

2023 年 3 月 9 日,苹果面向 Mac 计算机用户推送了 macOS 13.3 公测版 Beta 3 更新。7 月,苹果向 Mac 计算机用户推送了 macOS 14 开发者预览版 Beta 3 更新。

③ UNIX 类

UNIX 是一个强大的操作系统,它的特点是多用户和多任务,这与许多其他操作系统基本相似,但是 UNIX 作为一个独立的操作系统,它的任务机制和窗口界面与其他操作系统不同。UNIX 系统在结构上分为核心程序(kernel)和外围程序(shell)两部分,而且二者有机结合成为一个整体。核心程序承担系统内部的各个模块的功能,即处理器和进程管理、存储管理、设备管理和文件系统。核心程序的特点是精心设计、简洁精干,只需占用很小的空间而常驻内存,以保证系统的高效率运行。外围程序包括系统的用户界面、系统实用程序以及应用程序,用户通过外围程序使用计算机。

UNIX 本是针对小型机主机环境开发的操作系统,是一种集中式分时多用户体系结构。因其体系结构不够合理,UNIX 的市场占有率呈下降趋势。

④ Linux 类

Linux,全称 GNU/Linux,是一套免费使用和自由传播的类 Unix 操作系统,是一个基于 POSIX 的多用户、多任务、支持多线程和多 CPU 的操作系统。Linux 不仅系统性能稳定,而且是开源软件。其核心防火墙组件性能高效、配置简单,保证了系统的安全。在很多企业网络中,为了追求速度和安全,Linux 不仅被网络运维人员当作服务器使用,甚至当作网络防火墙使用。

Linux 由于应用广泛,版本迭代非常频繁,截至 2023 年 7 月,本年度版本发展如下。

2023 年 1 月 9 日,Linus Torvalds 推出了 Linux Kernel 6.2 的第 3 个候选版本更新。

2023 年 3 月 27 日,Linus Torvalds 发布了 Linux Kernel 6.3 的第 4 个维护版本更新,意味着 6.3 的开发周期已经走过了一半路程。

2023 年 4 月底,Uri Herrera 发布了 Nitrux 2.8 系统,这是基于 Debian 和 systemdfree 的 GNU/Linux 发行版,重点是 KDE 软件和 Plasma 桌面。

2023 年 5 月 29 日,MX Linux 开发人员宣布,MX Linux 23 Libretto 版本 Beta 版公开测试已全面推出。

2023 年 6 月 26 日,Linux 6.4 内核已正式发布,这次更新带来了许多改进,如对苹果 M2 芯片的初步支持、存储性能的提升、传感器监控的改善,以及更多的 Rust 代码。

总的来说,对特定计算环境的支持使得每个操作系统都有适合自己的工作场合,这就是系统对特定计算环境的支持。因此,对于不同的网络应用,需要选择合适的网络操作系统。

7.3.5　数据库系统

1. 数据库系统的基本概念

数据是用来记录信息的可识别的符号,是信息的具体表现形式。

计算机应用都离不开数据处理,所以在计算机应用历史中,数据管理系统一直是被研究的课题。随着人类生产生活和科学技术的发展,计算机应用面临越来越多的问题和挑战。例如,银行、办公、交通售票和文献检索等这些计算机应用涉及最广的各种信息管理系统,需要处理的数据量越来越大,其中很多数据在程序运行结束后还长时间保存在计算机中,而且同一数据可能被多种应用共享。怎样更安全有效地运用管理这些应用系统的数据成为一个重要的课题。

人们借助计算机进行数据管理虽是近 50 多年的事,但数据管理技术已经历了人工管理、文件系统及数据库系统 3 个发展阶段。20 世纪 50 年代中期以前,计算机主要用于科学计算,数据管理采用人工方式。20 世纪 50 年代后期到 60 年代中期,计算机这时已大量用于数据的管理,操作系统中有了专门的管理软件,一般称为文件系统,如 COBOL 语言、DOS 操作系统。文件管理系统的特点是把数据组织成文件形式,脱离程序而独立存在。但是由于数据冗余度大,管理能力贫乏,可用性及安全性差,难以支持文件共享等问题,文件管理系统无法支持大规模的数据管理任务。

20世纪60年代后期以来,计算机用于管理的规模更为庞大,数据量急剧增长,硬件已有大容量磁盘,硬件价格下降;软件则价格上升,使得编制、维护软件及应用程序成本相对增加。在这种情况下,为了解决文件系统的不足,并满足日益发展的数据处理的需要,在文件系统的基础上发展起来数据库系统这种更合理的数据管理技术,用来统一管理数据。

数据库系统是指具有管理数据库功能的计算机系统。数据库系统一般由4部分组成。

(1)数据库(database,DB)。

(2)数据库管理系统(database management system,DBMS)。

(3)数据库管理员(database administrator,DBA)。

(4)用户和应用程序。

4部分的关系如图7.16所示。

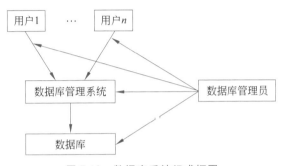

图7.16　数据库系统组成框图

数据库,从字面上看就是存放数据的仓库。严格地说,数据库是存储在磁带、磁盘、光盘或其他外存介质上,按一定结构组织在一起,能为多个用户所共享的相关数据的集合。数据库中存储的基本对象是数据,其特点是面向全局,共享性好,冗余度低。在其他各行各业中也需要建立众多的这种数据库,从而利用计算机实现自动化管理。数据库管理员就是建立、使用和维护数据库的专门人员。

数据库管理系统是数据库系统的核心组成部分,是对数据进行管理的大型系统软件,用户在数据库系统中的一些操作都是由它来实现的。下面将着重介绍数据库管理系统。

2. 数据库管理系统

数据库管理系统是整个数据库系统的核心。它是一组能完成描述、管理、维护数据库的程序系统。借助DBMS,用户能方便地定义和操纵数据,维护数据的安全性和完整性,以及进行多用户下的并发控制和恢复数据库。

DBMS的核心在于数据库的运行管理。DBMS通过对建立、运用和维护数据库过程的统一管理和控制,保证数据安全、正确、有效地运行。DBMS主要通过数据控制和数据库数据的系统备份与恢复几方面来实现对数据库的统一控制功能。

如果把数据比作货物,数据库比作一座装载货物的仓库,DBMS则是数据库管理员用来建立、使用和维护这座仓库的工具。它不仅提供给管理员一套完整的规章制度,规定仓库的建筑结构、货物储存方式、货物流通通道、人员进出管制、安全保障机制等,让管理员日常工作时有据可循；同时它还全面提供了正确、安全、规范管理仓库的功能，如如何装入新的货物、修改和检索原有货物等。

3. 数据库技术的发展及特点

数据库技术产生于 20 世纪 60 年代中期，由于其在商业领域的成功应用，在 20 世纪 80 年代后得到迅速推广。新的应用对数据库技术在数据存储和管理方面提出了更高的要求，从而进一步推动了数据库技术的发展。

其中，数据库系统的核心和基础——数据模型，其发展带动着数据库系统不断更新换代。数据模型用数据的形式描述客观事物及其之间的联系，其发展可以分为三个阶段：第一阶段为格式化数据模型，包括层次数据模型和网状数据模型；第二阶段为关系数据模型；第三阶段则是以面向对象数据模型为代表的非传统数据模型。

据上述的数据模型三个发展阶段，数据库系统也可以相应地划分为三代。

第一代数据库系统为层次与网状数据库系统；

第二代数据库系统为关系数据库系统；

新一代数据库系统（即第三代）的发展呈现多元化的局面。

第一代的层次与网状数据库系统分别采用层次与网状模型。层次模型的表现为树状，其结构简单，容易实现，对于某些特定的应用系统效率很高，但如果需要进行增加或修改记录类型等操作时，效率并不高。另外，对于一些非层次性结构，层次模型表达起来比较烦琐和不直观。

网状模型可以看作层次模型的一种扩展，它采用网状结构表示客观事物及其之间的联系。网状模型与层次模型相比，提供了更大的灵活性，能更直接地描述现实世界，性能和效率也比较好。但缺点是结构复杂，用户不易掌握，扩充和维护都比较烦琐。

第二代的关系数据库系统是现在最成熟也是应用最广泛的数据库系统，它采用关系模型来表达数据。关系模型是目前应用最多，也最为重要的一种数据模型，它建立在严格的数学概念基础上，采用二维表格结构表示客观事物及其之间的联系。如表 7.1 所示，二维表由行和列组成，概念清晰，虽然结构非常单一，但这种简单的数据结构却能够表达丰富的语义，描述出现实世界的客观事物以及事物间的各种联系，用户比较容易理解。另外，关系模型也具有较好的数据独立性和安全保密性。

表 7.1　员工情况表（关系模型中的二维表）

职　工　号	姓　名	年　龄	性　别	月　工　资
20025	张　伟	24	男	3000
20142	刘彦宏	38	男	5300
20098	李　君	29	女	3800
…	…	…	…	…

第三代数据库系统将数据库技术与其他相关技术相结合，这正是当代数据库技术发展的主要特征之一。例如，将数据库技术与面向对象技术相结合的面向对象数据库系统，数据库技术与计算机网络技术相结合的分布式数据库系统，数据库技术与多媒体技术相

结合的多媒体数据库系统等。

4. 数据库语言

数据库系统有数据描述、操纵和控制语言，它们是数据库管理系统为用户维护和操作数据库中的数据提供的工具，是数据库管理系统的重要组成部分。

数据描述语言，或称为数据定义语言，用于描述数据库中的数据、数据的逻辑结构、数据的物理结构以及二者间关系的工具。

数据操纵语言是对数据库中数据进行存储、检索、修改和删除的语言，是使用数据库所必需的工具。任何数据库管理系统至少提供一种数据操纵语言。一般可分为以下两类。

（1）可独立使用的，主要提供查询功能，也称查询语言，有时还可兼有数据存储、修改和删除功能。

（2）宿主型的，它要嵌入其他程序设计语言。

数据控制语言，数据库语言中提供数据控制功能的语句的总和，如控制用户对数据的存取权、控制数据完整性等的语言部分。

关系数据库管理系统所提供的数据库语言，如结构查询语言（structured query language，SQL），具有定义、操纵和控制一体化的特征，是当今国际标准数据库语言。在20世纪70年代初，E.F.Codd首先提出了关系模型。20世纪70年代中期，IBM公司在研制 SYSTEM R 关系数据库管理系统中研制了 SQL，最早的 SQL（叫 SEQUEL2）是在1976年11月的 IBM Journal of R&D 上公布的。1979年，ORACLE 公司首先提供商用的 SQL，IBM 公司在 DB2 和 SQL/DS 数据库系统中也实现了 SQL。1986年10月，ANSI 采用 SQL 作为关系数据库管理系统的标准语言（ANSI X3.135—1986），后被 ISO采纳为国际标准。

SQL 是世界上最流行的和标准化的关系数据库语言，广泛应用于各种数据库。无论是 Oracle、Sybase、Informix、SQL Server 这样的大型数据库管理系统，还是 Visual FoxPro、Access 这样的微机上常用的微小型数据库管理系统，都支持 SQL。SQL 之所以能够为用户和业界广泛接受，成为国际标准，正是因为它的功能包括查询、操纵、定义和控制4方面，是一个综合的、通用的、功能极强，同时又简洁易学的语言。

5. 数据库系统的应用

近40年来，数据库技术不断发展，同时广泛应用于社会各行各业，领域不断扩展。目前我们身边常见的绝大多数计算机应用系统都离不开数据库的支持。例如，办公自动化管理系统可以实现收发文件管理、档案管理、个人办公、活动安排、会议管理、公共信息和报告管理等功能，实现办公的电子化和无纸化；学生收费系统能够实现档案管理、收费工作，到收费资金结转的全面管理；智能交通管理系统能够实现道路交通管理、车辆安全控制、商用车管理、公共交通管理、紧急事件管理、电子付费、交通弱者援助服务、交通数据服务等功能。

数据库技术在不同领域中的应用也导致了一些新型数据库系统的出现，这些应用领域往往无法直接使用传统数据库系统来管理和处理其中的数据对象。

7.4　数字信号处理概述

数字信号处理在航空航天、遥测遥感、生物医学、自动控制、振动工程、通信雷达和水文科学等许多领域有着十分广泛的应用。特别是随着计算机及其应用的不断深入发展，数字信号处理计算机软件具有十分广阔的应用前景，如语音识别、数据压缩、医疗信号仪器的核心部分都是信号处理软件。

7.4.1　数字信号处理的应用领域

自从20世纪60年代中期Cooley和Tukey提出快速傅里叶变换算法以来，随着信息科学与计算机技术的不断发展，数字信号处理逐渐成为一门具有丰富研究领域和完整理论体系的新兴学科，在通信、控制、消费电子、国防军事和医疗等领域得到了广泛的应用，已经成为整个数字技术的基础。

数字信号处理器(DSP)是在模拟信号变换成数字信号以后进行高速实时处理的专用处理器，其处理速度比最快的CPU还快$10\sim50$倍。在当今的数字化时代背景下，DSP已成为通信、计算机、消费类电子产品等领域的基础器件，被誉为信息社会革命的旗手。业内人士预言，DSP将是未来集成电路中发展最快的电子产品，并成为电子产品更新换代的决定因素，它将彻底变革人们的工作、学习和生活方式。

数字信号处理应用广泛，其主要应用市场为计算机、通信、消费类(Computer、Communication、Consumer，3C)领域，合占整个市场需求的90%。

数字蜂窝电话、数字电视和数码照相机等都是采用数字的方式对信号进行处理。

数字信号处理是一个新的学科领域，它是把数字或符号表示的序列通过计算机或专用处理设备，用数字的方式处理这些序列，以达到更符合人们要求的信号形式。例如，对信号的滤波，提取和增强信号的有用分量，削弱无用的分量；或是估计信号的某些特征参数。再如，已知一组数字信号，想提取其中满足一定条件的信号，去掉不需要的成分，就可以通过数字滤波器来处理。数字滤波器可以用软件来实现，也可以用专用硬件设备来完成。

总之，凡是用数字方式对信号进行滤波、变换、增强、压缩、估计和识别等都是数字信号处理的研究对象。

7.4.2　信号、系统及信号处理

信号是承载、传输信息的媒介或者物理表示，它随时间或空间的变化而变化，是可测量的。通俗地讲，信号就是消息，而信息是包含在信号或消息中的未知内容。例如，上面这段文字就是信号，而其所表达的意思就是信息。信号可以按照不同的性质进行分类。例如，按照维数可以将语音信号划分为一维信号，而图像是二维信号。按照周期特征又可以分为周期和非周期信号。但从信号处理的角度看，一般将信号划分为模拟信号、离散信号和数字信号3类。

(1) 模拟信号。信号随时间(空间)连续变化，并且幅度值取自连续数据域。自然界中大部分信号是模拟信号。

（2）离散信号。信号随时间（空间）以一定规律离散变化，幅度值取自连续数据域。自然界中这样的信号很少，一般通过对模拟信号的采样形成。

（3）数字信号。信号随时间（空间）以一定规律离散变化，并且幅度值取自以二进制编码的离散数据域，一般可通过对离散信号进行量化编码得到。

数字信号处理中，一般通过 ADC 实现模拟信号 $x(t)$ 的采样，将模拟信号转换成离散信号 $x(n)=x(nT)$，并进一步量化形成计算机、DSP 等数字处理系统能接收和处理的数字信号 $x_d(n)$，如图 7.17 所示。因为模拟信号连续地取值意味着任何一个时间（空间）区域存在无穷多个信号值，不可能被有限容量存储器所存储，而且模拟信号幅度取值的连续性同样意味着需要无穷个不同的符号来描述信号，对数字处理系统来说这也是不可能的。因此，数字信号处理的前提是处理对象必须是数字信号。

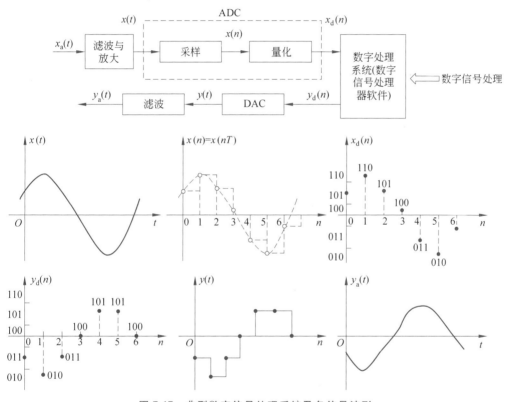

图 7.17　典型数字信号处理系统及各信号波形

系统是对信号进行某种处理的物理设备，它往往由若干不同功能的子系统构成。系统一般有输入信号，并通过对它处理形成输出信号，这种关系使得系统往往可以用一个函数来描述，自变量为输入信号，函数值为输出信号。系统本质上代表了某种处理，一般可以划分为模拟系统、离散系统和数字系统 3 种形式。

（1）模拟系统。输入与输出信号都是模拟信号，并且这种系统一般由硬件来实现。

（2）离散系统。输入与输出信号都是离散信号，这种系统一般仅仅用于理论分析。

（3）数字系统。输入与输出信号都是数字信号。例如，计算机、DSP 处理器等系统。

数字信号处理系统并不是孤立的数字系统，一般是以数字处理系统为核心，结合 ADC 和 DAC、滤波与放大等子系统构成，如图 7.17 所示。

波形放大器完成对原始信号 $x_a(t)$ 的放大，使其幅度与 ADC 的输入信号范围相匹配。前置低通滤波器将信号中大于 1/2 采样频率的高频分量过滤掉，防止采样时出现频谱混叠现象。采样得到的离散信号 $x(n)$ 在图 7.17 中用圆圈表示，量化后（图 7.17 中假设3 位量化）每个离散信号值被数字编码，形成数字信号 $x_d(n)$ 并由 3 位二进制码表示。数字处理系统的输出信号 $y_d(n)$ 经过数模转换形成有跳变的模拟信号 $y(t)$，必须通过平滑滤波器将信号变成平滑的连续信号 $y_a(t)$。

信号处理是对信号进行运算、变换，提取有用信息的过程，处理内容主要包括滤波、变换、频谱分析、压缩、识别与合成等。数字信号处理过程中必定包含数字处理系统，由数字信号处理器或软件完成对数字信号的处理。

7.4.3 数字信号处理的特点

如前所述，数字处理系统只能直接处理数字信号，模拟信号必须先转化成数字信号后才能被数字化处理。可是，采样和量化看起来会引起信号一定程度的失真，从而产生一个问题，即信号的数字化处理值得吗？答案是肯定的。因为信号本身具有一定的信息冗余，只要采样频率足够高（满足 Nyquist 定理），量化位足够多，采样和量化就不会使信号在时域和频域引起失真，而数字化处理带来的好处却很多。

（1）软件可实现。纯粹的模拟信号处理必须完全通过硬件实现，而数字化处理则不仅可以通过微处理器、专用数字器件实现，而且可以通过程序的方式实现。软件可实现特性带来的好处之一是处理系统能进行大规模的复杂处理，而且占用空间体积极小。

（2）灵活性强。模拟信号处理系统调试和修改不便，而数字处理系统的系统参数一般保存在寄存器或存储器中，修改这些参数对系统进行调试非常简单，软件实现时尤其如此。由于数字器件以及软件的特点，数字信号处理系统的复制也非常容易，便于大规模生产。

（3）可靠性高。模拟器件容易受电磁波、环境温度等因素影响，模拟信号连续变化，稍有干扰立即反应。而数字器件是逻辑器件，数字信号由 0 和 1 构成的二进制表示，一定范围的干扰不会引起数字值的变化，因此数字信号处理系统的抗干扰性能强，可靠性高，数据的保存也能永久稳定。

（4）精度高。模拟器件的数据表示精度低，难以达到 10^{-3} 以上，而数字信号处理器和数字器件目前可以实现 64 位的字长，表达数据的精度可以达到 10^{-18} 以上。

数字化处理的最大特点应该是大量复杂的处理都可以用软件来实现，这样的软件可以在计算机上运行，也可以在 DSP 微处理器上运行，因此系统的体积缩小了，可靠性、稳定性提高了，调试和改变系统功能变得方便了。这些就是为什么移动电话等通信电子产品功能越来越丰富、性能越来越高，而体积越来越小的原因。

目前，数字化、信息化已经深入每个社会领域，而数字信号处理理论是整个数字化技术的基础。

7.5 离散时间信号与系统

离散时间信号与连续时间信号相对应,它在时域离散分布,表现为一个离散时间序列。可以从连续时间信号通过取样获得离散时间信号,并经过量化编码形成数字信号。离散系统对离散时间信号进行处理并输出另一个离散时间信号。

7.5.1 连续时间信号的采样与量化

大多数离散时间信号通过对模拟连续时间信号的采样形成。把模拟信号转换为数字形式的过程称为模数转换(analog to digital conversion),其反过程,将数字信号转换成模拟信号称为数模转换(digital to analog conversion)。

1. 连续时间信号的采样

采样可以看作对信号进行数字化处理的第一环节。信号的采样由采样器来进行,采样器就像一个电子开关,如图 7.18 所示,$x_a(t)$ 为输入的连续时间信号,$\hat{x}_a(t)$ 为采样后的离散时间信号。

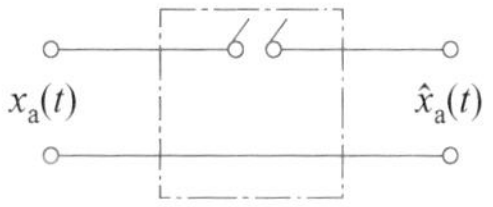

采样过程如下。

图 7.18 采样电路

(1) 对带限的连续时间信号进行等间隔采样形成采样信号,采样信号的频谱是原信号频谱以采样频率为周期进行周期性的延拓形成的。

(2) 奈奎斯特(Nyquist)采样定理:若要从采样后的信号频谱中不失真地恢复原信号,则采样频率 Ω_s 必须大于或等于两倍原信号频谱的最高截止频率 Ω_c,即 $\Omega_s \geqslant 2\Omega_c$ 或 $f_s \geqslant 2f_c$。由奈奎斯特采样定理得知,在数字信号处理系统中,其输入连续时间信号 $x_a(t)$ 在模数转换前需要经过前置滤波器,其作用是将 $x_a(t)$ 中高于 $\Omega_s/2$ 的频率分量滤除,这样才能避免频谱混叠现象。因为实际应用中不具备理想低通滤波器,所以通常选取采样频率为信号最高频率的三四倍。

2. 量化

连续时间信号经采样后仅在时间上被离散化,还需将离散时间信号幅度转换为数字量才能被计算机等数字系统处理,如二进制或十六进制,这一过程称为量化编码。一个连续时间信号只有经过采样和量化才能变成数字信号,进行数字信号处理。

量化在信号幅度上会引起失真,即量化噪声。一般而言,量化位越多,量化噪声越少,增加一个量化位对应的信噪比(signal to noise ratio,SNR)提高大约是 6dB。

7.5.2 离散时间系统

离散时间系统的输入与输出均为离散时间信号。离散时间系统是一个数学算子,表示为输入序列到输出序列的映射关系,即通过运算把一个输入序列变换成输出序列。一个离散时间系统表示为 $T[\cdot]$。图 7.19 表示输入序列 $x(n)$ 通过离散时间系统变换成输出序列 $y(n)$。

图 7.19　离散时间系统模型

1. 离散时间系统的类型

下面讨论 5 种离散时间系统,通过对这些离散时间系统的研究,掌握离散时间系统的特性。

1) 线性系统

线性包含两方面:齐次性与叠加性。同时满足这两个性质的离散时间系统称为线性离散时间系统(简称线性系统)。

(1) 齐次性。

若系统的输入增加 a 倍,则该系统的输出也增加 a 倍,其中 a 为任意常数。

$$T[ax(n)]=aT[x(n)]=ay(n) \tag{7-1}$$

(2) 叠加性。

若有几个输入同时作用于系统,则系统的输出等效于每个输入单独作用于该系统所产生输出的累加。

若　　　　　　　$T[x_1(n)]=y_1(n), \quad T[x_2(n)]=y_2(n)$

则　　　$T[x_1(n)+x_2(n)]=T[x_1(n)]+T[x_2(n)]=y_1(n)+y_2(n) \tag{7-2}$

线性系统同时具有齐次性和可叠加性。设有激励 $x_1(n)$ 和 $x_2(n)$,同时作用于同一线性系统,系统的输入输出表示为

$$T[a_1x_1(n)+a_2x_2(n)]=T[a_1x_1(n)]+T[a_2x_2(n)]$$
$$=a_1y_1(n)+a_2y_2(n) \tag{7-3}$$

其中,a_1 与 a_2 为任意常数。

例 7-1　设系统的输入输出关系为 $y(n)=2x(n+1)+x(n)+3$,判断系统是否为线性系统。

解:当系统的输入为 $x_1(n)=cx(n)$ 时,其中 c 为常数,该系统的响应为

$$y_1(n)=2cx(n+1)+cx(n)+3$$

而线性系统应满足齐次性,即 $cy(n)=c[2x(n+1)+x(n)+3]$,显然 $cy(n)\neq y_1(n)$,所以该系统不是线性系统。

2) 移不变系统

在系统中,输入与输出的运算关系不随时间的变化而改变,这样的系统称为移不变离散时间系统(简称移不变系统)。

系统的响应与激励施加于系统的时刻无关。即若 $T[x(n)]=y(n)$,则移不变系统满足下式条件:

$$T[x(n-n_0)]=y(n-n_0) \tag{7-4}$$

其中,n_0 为整数。即输入移位 n_0,其输出也移位 n_0,并且其幅值保持不变。在实际应用中,如果一个系统的性质或特征不随时间变化,则该系统就是移不变系统。若系统有一个

移变的增益,则此系统一定是移变系统。

3）线性移不变系统

同时具有线性和移不变性的离散时间系统称为线性移不变离散时间系统（简称线性移不变系统）。当输入序列为 $\delta(n)$ 时,线性移不变系统的响应称为单位脉冲响应 $h(n)$,即

$$T[\delta(n)] = h(n) \tag{7-5}$$

线性移不变系统可以以一定的方式组合,并满足交换律、结合律以及对加法的分配律。

4）因果系统

一个系统,如果它的当前输出只与它当前和以前的输入有关,即系统在 n_0 时刻的输出 $y(n_0)$ 只取决于输入 $x(n_0)$、$x(n_0-1)$、$x(n_0-2)$……,这样的系统称为因果离散时间系统（简称因果系统）。如果系统在 n_0 时刻的输出 $y(n_0)$ 还取决于未来的输入 $x(n_0+1)$、$x(n_0+2)$、$x(n_0+3)$……,则不符合因果关系,因而是非因果系统。非因果系统是不可实现的系统。

5）稳定系统

稳定离散时间系统（简称稳定系统）是指有界输入产生有界输出的系统。可以证明,一个线性移不变系统是稳定系统的充分必要条件是单位脉冲响应绝对可和。因此,因果稳定的线性移不变系统其单位脉冲响应是因果的且是绝对可和的。

2. 离散时间系统的描述

一般地,线性移不变系统用单位脉冲响应表示。除此之外,还可以用差分方程、模拟框图等形式表示。若系统的单位脉冲响应 $h(n)$ 为无限长,即 $n \rightarrow \infty$,则该系统称为无限脉冲响应（infinite impulse response,IIR）系统;若系统的单位脉冲响应 $h(n)$ 为有限长,即 $0 \leqslant n \leqslant N-1$,则该系统称为有限脉冲响应（finite impulse response,FIR）系统。

1）常系数线性差分方程

正如线性移不变连续时间系统的输入输出关系常用常系数线性微分方程表示,线性移不变离散时间系统可以用常系数线性差分方程来描述。差分方程提供了一种对于任意输入 $x(n)$ 求解系统响应 $y(n)$ 的方法,其一般形式如下:

$$y(n) = \sum_{k=0}^{M} b_k x(n-k) - \sum_{k=1}^{N} a_k y(n-k) \tag{7-6}$$

式(7-6)为 N 阶差分方程,a_k、b_k 均为常系数,系统的输入为 $x(n)$,输出为 $y(n)$。这里需要说明的是式(7-6)中的 $M < N$,否则将违反因果律。式(7-6)表明当前系统的输出 $y(n)$ 不仅由当前输入 $x(n)$ 及其以前的输入 $x(n-1)$、$x(n-2)$……决定,而且还由以前的输出 $y(n-1)$、$y(n-2)$……决定。很容易验证,这样的差分方程描述了一个无限脉冲响应系统。

2）离散时间系统的模拟框图

类似连续时间系统,离散时间系统也可以用模拟框图的形式来描述。描述离散时间系统的模拟框图也是由 3 个基本运算单元构成:加法器、乘法器和单位延迟器。其中,加法器和乘法器的作用分别表示加法和乘法运算,而单位延迟器的作用是将输入序列延迟一个单位时间,如图 7.20 所示。

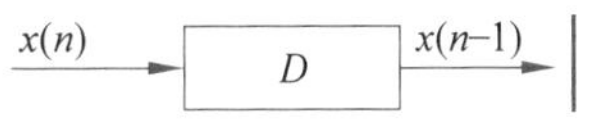

图 7.20　单位延迟器

3）离散时间系统的单位脉冲响应

设系统的单位脉冲响应为 $h(n)$，对于线性移不变离散时间系统，有

$$T[K\delta(n-n_0)]=Kh(n-n_0)\tag{7-7}$$

其中，K、n_0 为常数。

7.5.3　Z 变换与反变换

对信号和系统进行分析，可以有时域分析（卷积和差分方程）、复频域分析（Z 变换）和频域分析（离散傅里叶变换）。Z 变换类似于连续时间系统中的拉普拉斯变换，它在离散时间系统中的作用就如同拉普拉斯变换在连续时间系统中的作用一样，把描述离散系统的差分方程转化为简单的代数方程，使其求解大大简化。因而对求解离散时间系统而言，Z 变换是一个极其重要的数学工具。

若序列为 $x(n)$，幂级数 $X(z)$ 称为序列 $x(n)$ 的 Z 变换，其中 z 为变量。我们知道 $X(z)$ 是一幂级数，只有收敛时 Z 变换才有意义，因此必须讨论 Z 变换的收敛问题。$X(z)$ 是否收敛决定于 z，$X(z)$ 能够收敛的 z 的取值集合称为 Z 变换 $X(z)$ 的收敛域，即只有 z 在收敛域内取值，上述 Z 变换才有意义。因为 z 是一个复变量，假设 $z=z_1$ 能使 $X(z)$ 收敛，则 $|z|=|z_1|$ 上的点都能使 $X(z)$ 收敛。这样，在分析收敛域之前有一个大致印象，即收敛域一定是中心在原点的圆环或圆。

根据 $X(z)$ 和收敛域来确定 $x(n)$ 就是求 Z 反变换。求 Z 反变换的方法通常有以下4 种：观察法、围线积分法（留数法）、幂级数展开法（长除法）及部分分式展开法。

7.6　DSP 芯片

数字信号处理系统是不同于模拟电路和数字电路的电路系统，它所要处理的信号必须是数字信号，并且强调运算过程。对于强调控制的数字电路，应采用可编程 ASIC 芯片，包括 FPGA/CPLD。数字信号处理系统是基于数字信号处理理论所提供的各种算法，用适于运算的 DSP 芯片完成系统所要求的各种运算，以达到对数字信号进行数字信号处理的加工过程的目的。

7.6.1　DSP 芯片概述

在现代生活中，我们的周围存在着大量各种各样的信号。有些信号是自然产生的，但多数信号是人类制造出来的。这些信号中有些信号是必需的、令人舒服的，像语音信号、美妙的音乐；而有些信号是不需要的、令人烦躁的，像建筑工地冲击钻和木锯的噪声。从工程意义上讲，不管有用没用的信号都携带着信息。信号处理最简单的功能就是从混乱的信息中提取出有用的信息。一般来讲，信号处理就是提取、增强、存储和传输有用信息的过程。信息有用没用是针对特定环境的，因此信号处理也是面向特定应用的。

现实生活中的信号多为模拟信号，这些信号在时间和幅度上连续变化。即可以使用电阻、电容、晶体管和运算放大器组成模拟信号处理器（analog signal processor，ASP）来处理这些信号，也可以使用包含加法器、乘法器和逻辑单元的数字电路对这些信号进行处

理。这种数字电路即为 DSP。由于 DSP 使用离散的二进制数处理信号,因此必须先使用 ADC 对模拟信号采样量化转换成数字信号,再由 DSP 来处理,最后由 DAC 再转换成模拟信号输出。抗混叠滤波器其实就是低通滤波器,滤掉截止频率以上的信号,以免在采样过程中引起混叠。平波滤波器使输出信号更加平滑。数字信号处理流程如图 7.21 所示。ASP 系统由于使用了大量的模拟器件,因此存在着系统设计复杂、灵活性不高、抗干扰能力差等缺点;而数字信号处理系统是基于软件设计的,因此灵活性高,能够实时地修改程序以便适应不同的应用,抗干扰能力强,成本低。

图 7.21　数字信号处理流程

从 1979 年 Intel 公司发明 2920 DSP 芯片以来,世界上能够生产 DSP 芯片的公司不停地聚合演变,目前主要公司有美国 TI 公司、美国 AD 公司和美国 Motorola 公司。在众多 DSP 芯片种类中,最成功的是 TI 公司的一系列产品。目前 TI 将其 DSP 芯片归纳为三大系列,即 TMS320C2000 系列、C5000 系列和 C6000 系列。如今,TI 公司一系列 DSP 产品已经成为当今世界上最有影响的 DSP 芯片,TI 公司也成为世界上最大的 DSP 芯片供应商,其 DSP 市场份额占全世界份额近 50%。

DSP 芯片自诞生以来高速发展:一方面得益于集成电路的发展;另一方面也得益于巨大的市场。在短短的 20 多年里,DSP 芯片已经在信号处理、通信和雷达等许多领域得到广泛的应用。目前,DSP 芯片的价格也越来越低,性能价格比日益提高,具有巨大的应用潜力。

我国 DSP 芯片行业起步较晚,加之核心技术长期被海外龙头企业垄断,本土企业所占市场份额较小。中科昊芯、中电科 38 所、宏云技术、创成微电子、卢米微电子等为我国 DSP 芯片主要生产商。中科昊芯专注于 DSP 研发,公司生产的 DSP 芯片在浮点计算、矢量变换、数字微积分方面的速度与海外同型号产品相比提升近 50.0%。在本土企业技术创新推动下,我国 DSP 芯片国产化进程将不断加快。

7.6.2　DSP 芯片的优点

1. 哈佛结构

DSP 芯片采用哈佛结构来管理存储器,这种结构把程序空间和数据空间分开,使 CPU 可在一个周期内同时对指令进行读取和对数据进行存取,从而提高了运算速度。而改善的哈佛结构使得程序代码和数据存储空间可以进行数据的传送。此外,通过对存储器分块,使 CPU 可同时访问存储器的不同块,实现并行处理。

2. 多总线结构和多处理单元

DSP 芯片采用多总线结构来支持哈佛结构和并行处理,同时增加了许多硬件处理单元以减轻 CPU 的任务,许多 DSP 还采用多 CPU 的结构来增加并行处理和运算能力,以提高 DSP 芯片的工作速度。

3. 流水线技术

采用将程序存储空间和数据存储空间的地址与数据线分开的哈佛结构,为采用流水线操作提供了方便。流水线技术是将指令的各个步骤重叠起来执行,而不是一条指令执行完成之后才开始执行下一条指令。这种对多条指令的并行执行大大缩短了指令的平均执行时间。

4. 特殊的 DSP 指令

为了更好地满足数字信号处理应用的需要,在 DSP 的指令系统中设计了一些特殊的DSP 指令。例如,TMS320C25 中的 MACD(乘法、累加和数据移动)指令具有执行传送、寄存、相乘和延迟 4 条指令的功能;TMS320C54x 中的 FIRS 和 LMS 指令则专门用于系数对称的 FIR 滤波器和 LMS 算法。

5. 指令周期短

早期的 DSP 的指令周期约为 400ns,采用 $4\mu m$ NMOS 制造工艺,其运算速度为5MIPS。随着集成电路工艺的发展,DSP 广泛采用亚微米 CMOS 制造工艺,其运行速度越来越快。以 TMS320C54x 为例,其运行速度可达 100MIPS。TMS320C6203 的时钟为300MHz,运行速度达到 2400MIPS。而 C64xx 内核,其主频为 1.1GHz,其最大处理速度达到 9000MIPS。DSP 采用超长指令字(very long instruction word,VLIW)结构,每个超长指令字里包含多条指令,其中每条指令都非常简单,所做的工作比传统的 DSP 指令要少得多。采用宽的指令字是为了给出每个基础单元所要执行的指令的信息,有利于使用更大量的规格统一的寄存器组,从而提高处理器的性能。因此,总速度加快。

6. 运算精度高

早期 DSP 的字长为 8 位,后来逐步提高到 16 位、24 位、32 位。为防止运算过程中溢出,现在的累加器达到 40 位。有些 CPU 支持 40 位的长字和 64 位的双字运算。有些采用 VLIW 结构的 DSP,每个 VLIW 可包含多条指令。按处理精度来分,DSP 可分为定点型和浮点型,浮点型 DSP 可以具有比定点型 DSP 更高的精度。

定点型 DSP 指的是数据格式用整数和小数来表示。除少数 DSP 采用 20 位、24 位、32 位的格式外,绝大多数定点型 DSP 都采用 16 位数据格式。由于其功耗小、价格低,实际应用的 DSP 绝大多数是定点型处理器。

浮点型 DSP 指的是数据格式用指数和尾数的形式表示,其动态范围比用小数形式表示的定点格式要大得多。因此,定点型 DSP 中经常要考虑的溢出问题在浮点型 DSP 中基本上可以不考虑。为了保证底数的精度,浮点型 DSP 的数据格式基本上都做成 32 位,其数据总线、寄存器和存储器等的宽度也相应为 32 位。浮点型 DSP 具有比定点型 DSP更快的速度,尤其是进行浮点运算。在实时性要求很高的场合,往往考虑使用浮点型DSP。但是浮点型 DSP 比定点型 DSP 更贵,开发难度更大,从而影响了它的应用。但对高级语言编写的程序,编译对于浮点型 DSP 工作得比定点型 DSP 好,因为大多数高级语言并不支持小数运算。另外,与定点型 DSP 相比,浮点型 DSP 对指令的限制比较小,可支持更大的存储器空间。

7. 硬件配置强

新一代 DSP 的接口功能越来越强,片内具有多通道缓冲串行口(McBSP)、主机接口(HPI)、DMA 控制器、软件控制的等待状态产生器、锁相环时钟产生器、定时器、通用 I/O、符合 IEEE 1149.1 标准的 JTAG 边界扫描逻辑电路,便于对 DSP 作片上的在线仿真及多 DSP 条件下的调试。

8. 耗电省

在便携式产品的应用中,功耗成了主要考虑的问题。目前 DSP 芯片可在 3.3V、2.5V、1.8V、0.9V 的低电压下工作,其功耗远低于传统 5V 电压的片种。许多 DSP 芯片都可以工作在省电方式,在这种方式下,DSP 处于休眠与等待模式,除某些必须的部分之外,断开处理器其他部分的时钟,使系统功耗降低。有些 DSP 还允许程序员终止一些没有使用的外部设备来节省耗电。

7.6.3 数字信号处理应用系统的开发工具

开发工具的好坏对代码的长度、代码的执行速度起着关键的作用,开发工具的功能是否齐全,使用是否方便,在很大程度上将影响数字信号处理系统的开发周期以及产品上市时间。由于不同厂商、不同系列的 DSP 都有自己的开发工具,因此开发工具的选择也是重要的一环。

数字信号处理应用系统的开发工具通常借助微型计算机、工作站等,即采用主机-目标机的方法构成开发环境,主机选用微型计算机或工作站,目标机为装有目标 DSP 的硬件系统或由 PC 软件或工作站软件模拟的目标处理器。其中,装有目标 DSP 的硬件系统,既可以是用户开发的目标板,也可以是 DSP 厂商提供的装有目标 DSP 的硬件模块。主机和目标机之间通过计算机串口、并口、计算机总线(ISA、PCI)或其他专用通信接口(如 JTAG 接口)进行通信。采用主机-目标机的方法构成开发环境可以充分利用主机丰富的软件和硬件资源,便于 DSP 软件的开发和调试。

数字信号处理应用系统的开发工具主要包括代码产生工具和代码调试工具。代码产生工具对用户开发的高级语言或汇编语言源代码进行编译,生成可以在目标 DSP 上运行的可执行代码。代码调试工具根据调试者的命令观察 DSP 的状态,控制 DSP 代码的执行,进行结果显示,对用户的代码进行调试或性能测试。

TI 公司为其 DSP 产品提供了较为完备的代码产生和调试工具,并有大量第三方工具支持其产品,因此 TI 公司的 DSP 产品占据了一半的 DSP 市场。

7.6.4 DSP 芯片的主要应用领域

随着 DSP 芯片价格的下跌和性能的日益提高,其已经在广泛的领域得到应用。目前,DSP 的应用主要包括如下 10 方面。

(1)信号处理。如数字滤波、自适应滤波、快速傅里叶变换、希尔伯特变换、小波变换、相关运算、谱分析、卷积、模式匹配、加窗和波形产生等。

(2)通信。如调制解调器、自适应均衡、数据加密、数据压缩、回波抵消、多路复用、传真、扩频通信、纠错编码、可视电话、个人通信系统(personal communication system，PCS)、移动通信、个人数字助理(personal digital assistant，PDA)和 X.25 分组交换开关等。

(3) 语音。如语音编码、语音合成、语音识别、语音增强、说话人辨认、说话人确认、语音邮件、语音存储、扬声器检验和文本转语音等。

(4) 军事。如保密通信、雷达处理、声呐处理、图像处理、射频调制解调、导航和导弹制导等。

(5) 图形与图像。如二维和三维图形处理、图像压缩与传输、图像增强、动画与数字地图、机器人视觉、模式识别和工作站等。

(6) 仪器仪表。如频谱分析、函数发生、锁相环、地震处理、数字滤波、模式匹配和暂态分析等。

(7) 自动控制。如引擎控制、声控、自动驾驶、机器人控制、磁盘控制器、激光打印机控制和电动机控制等。

(8) 医疗。如助听器、超声设备、诊断工具、病人监护、胎儿监控和修复手术等。

(9) 家用电器。如高保真音响、音乐合成、音调控制、玩具与游戏、数字电话与电视、数字收音机、小仆人、电动工具、雷达检测器和固态应答机等。

(10) 汽车。如自适应驾驶控制、防滑制动器、车载移动电话、发动机控制、导航及全球定位、振动分析、声控和防撞雷达等。

7.7 本章小结

本章概括性地讨论了信息分析和处理技术，内容主要涉及计算机科学与技术学科主要课程的基本内容和重要应用，以及数字信号处理相关课程和理论。本章首先介绍了计算机系统的基本概念和基础知识(数制和码制、数的定点表示与浮点表示、编码等)；计算机的硬件系统(冯·诺依曼体系结构、中央处理器、存储器、输入输出接口、系统总线、输入输出设备等计算机硬件的基本结构组成、计算机的工作原理等)；计算机的软件系统(程序设计基础、数据结构与算法、操作系统等)；计算机网络以及数据库系统等内容。

信号处理算法及其软硬件实现是本章的第二个主要内容，包含比较复杂的理论基础知识。在实际应用中，主要面对的是 DSP 芯片，所要完成的任务是如何对特定的芯片进行编程，但编程所要依据的知识是这门课要学的内容。只要明白了数字信号是如何进行处理的，数字系统是如何工作的，就能很好地对芯片进行编程。

7.8 为进一步深入学习推荐的参考书目

为了进一步深入学习本章有关内容，向读者推荐以下参考书目。

[1] 游思晴，岳溥庥，张博. 计算机网络技术与应用[M]. 3 版. 北京：清华大学出版社，2023.

[2] 王红梅，姚庆安，刘钢. 计算机学科概论[M]. 3 版. 北京：清华大学出版

社,2023.

[3]　朱世宇,孙令翠,王慧英,等.计算机组成原理(微课版)[M].北京:清华大学出版社,2023.

[4]　杨云江,王佳尧,高鸿峰.计算机网络管理技术[M].4版.北京:清华大学出版社,2023.

[5]　李少伟,李登实,颜彬,等.计算机操作系统[M].3版.北京:清华大学出版社,2023.

[6]　尹志宇,郭晴,李青,等.数据库原理与应用教程:SQL Server 2012(题库·微课视频版)[M].2版.北京:清华大学出版社,2023.

[7]　党德鹏.数据库系统原理与实践[M].北京:清华大学出版社,2023.

[8]　王艳芬,张晓光,王刚,等.数字信号处理原理及实现[M].4版.北京:清华大学出版社,2023.

[9]　高宝建,彭进业,王琳,等.信号与系统:使用 MATLAB 分析与实现[M].2版.北京:清华大学出版社,2023.

[10]　董言治,娄树理,刘松涛.TMS320C6000 系列 DSP 系统结构原理与应用教程[M].北京:清华大学出版社,2014.

[11]　刘海成,肖易寒,吴东,等.信号处理与线性系统分析[M].2版.北京:北京航空航天大学出版社,2022.

7.9　习题

1. 什么是数制? 什么是码制? 什么是 BCD 码? 什么是 ASCII 码?

2. 冯·诺依曼体系结构的基本思想是什么?

3. 计算机硬件系统由哪几部分组成? 简述各部分的功能和计算机的工作原理。

4. 什么是算法? 常用的算法描述工具有哪几种?

5. 什么是数据结构? 典型的数据结构有哪些?

6. 什么是操作系统? 操作系统有哪些功能?

7. 工程数据库系统的特点是什么?

8. 什么是数字信号处理?

9. 从信号处理的角度看,一般将信号划分为几类? 各有什么特点?

10. 基于 DSP 的数字信号处理子系统一般由哪些部分构成? 并简述各部分的作用。

11. DSP 的结构特点在很大程度上体现了 DSP 算法的需求。DSP 结构的主要特点有哪些?

12. 上网查阅文献,了解 DSP 芯片的最新进展。

13. 就你感兴趣的信息分析和处理技术内容的任何一方面阐述它的历史、现状、发展趋势和涉及的可能知识,并站在环境保护和可持续发展的角度,谈谈本方面实践的可持续性,以及可能对人类与环境造成的损害和隐患有哪些。

第8章

集成电路系统领域中电子信息技术应用

教学提示：集成电路作为一门基础学科，是国民经济发展的战略性、基础性和先导性的产业。近年来，由于受硬件制约，国家极度重视集成电路专业的发展。本章主要介绍集成电路系统领域中电子信息技术应用，包括模拟集成电路技术、数字集成电路技术、射频集成电路技术以及集成电路的封装和测试问题，最后介绍了微电子器件的可靠性技术，并结合大学学习特点提出了一些值得借鉴的学习方法。

教学要求：本章要求学生对集成电路系统领域中电子信息技术的相关应用有一个整体的、较为全面的了解。在对集成电路专业各主要学科方向的发展历史、发展现状及发展趋势等有一个比较全面的认识的基础上，从专业的历史演变出发，了解专业的培养目标与规格、专业的教育内容和知识体系，并结合大学学习特点学习可资借鉴的思维和学习方法。

本章包括以下主要小节：
8.1 引言
8.2 模拟集成电路设计技术
8.3 数字集成电路设计技术
8.4 射频集成电路设计技术
8.5 集成电路封装与测试技术
8.6 微电子器件可靠性技术
8.7 本章小结
8.8 为进一步深入学习推荐的参考书目
8.9 习题

8.1 引言

随着以计算机技术、通信技术为标志的电子信息技术的迅猛发展,电子信息科学技术在国民经济中的作用和地位愈来愈重要。其中,集成电路专业在电子信息领域扮演着非常重要的角色。集成电路被称为国民经济和社会发展的战略性、基础性和先导性的产业,是培育发展战略性新兴产业,推动信息化和工业化深度融合的核心基础。目前,集成电路专业已成为电子信息产业的主要基础,正深刻地改变着社会的形态、经济增长方式,对人们的生活和工作方式的变革也产生了巨大的影响,是提高国际竞争力和促进经济增长的关键。

8.2 模拟集成电路设计技术

模拟集成电路设计一直在集成电路设计中占据着极其重要的位置。由于我们所处的现实世界里存在的各种信号,从本质上来讲都是模拟信号,因此从现实世界获取信号,进行放大、滤波、采样和量化并最终返回现实世界实现驱动都离不开模拟集成电路。

8.2.1 模拟集成电路的设计流程

模拟集成电路的设计流程如下。

(1)交互式电路图输入。

(2)电路仿真。

(3)版图设计。

(4)版图的验证。

(5)寄生参数提取。

(6)后仿真。

(7)流片。

8.2.2 模拟集成电路仿真器

模拟集成电路仿真器主要有以下 3 种。

(1)SPICE:由 UC Berkeley 开发,用于非线性直流(DC)分析、非线性瞬态分析和线性的交流(AC)分析。

(2)Hspice:作为业界标准的电路仿真工具,它自带了许多器件模型,包括小尺寸的MOSFET 和 MESFET。Cadence 公司提供了 Hspice 的基本元件库并提供了与 Hspice的全面接口。

(3)Spectre:由 Cadence 公司开发的电路仿真器,在 SPICE 的基础上进行了改进,使得计算的速度更快,收敛性能更好。

8.2.3　模拟集成电路设计的难点

模拟集成电路的开发设计主要有两个难点：一是设计难；二是应用难。

模拟集成电路设计难体现在模拟集成电路设计时，为了满足其性能指标的要求，需要采用千差万别的结构。这造成在设计开始时，优化选择电路结构需要花费大量的时间。同时也要求一个模拟设计师具备好的电路修养。另外，模拟集成电路的开发设计需要工艺上提供更严格、更精确的接口。例如，为了能设计高性能的模拟电路，常常需要工艺提供有源、无源元件的匹配参数，以及工艺中的寄生参数。而这些设计参数的获得，其本身就是一个很困难的问题。

模拟集成电路开发的另一个难点是应用难。一是模拟电路在应用中，为了实现好的性能，需要设计许多匹配网络、滤波网络，而这些网络的设计本身是十分困难的；二是模拟电路在应用时，要充分理解其指标，而模拟集成电路的外围电路指标的定义、指标的理解对于系统设计师来讲也是十分困难的；三是模拟集成电路的外围元件复杂；四是模拟电路在应用时 PCB 的寄生问题远远比数字电路要复杂。

8.3　数字集成电路设计技术

随着计算机技术以及硬件技术的不断发展，大部分通信设备已经采用先进的数字集成电路技术，因为数字集成电路传输的数字信号比模拟信号更稳定，不容易被环境中的各种因素所影响。数字集成电路的参数性要求不高，且具有较高的可靠性，还能够利用硬件设备进行长期存储，在小空间内进行大储存，方便数据在计算机上的处理。由于这些优势，使得数字集成电路的功能越来越多、应用也越来越广泛。

8.3.1　数字集成电路的设计流程

对于数字集成电路的设计，一般分为数字前端与数字后端两部分。其基本元件包括AND、OR、NOT 的动作，触发器，计数器，定时器与时钟电路的制作，移位寄存器，高性能组合电路，基本接口，绝缘接口，由 Verilog HDL 组成的数字电路设计等。其中，数字前端的设计流程如图 8.1 所示。

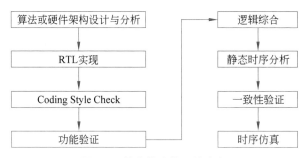

图 8.1　数字前端的设计流程

数字后端设计又称物理设计，将网标格式的文本转换成一个个有物理大小和位置的单元、连线，并且在实现过程中要满足面积、功耗、性能等要求。业界主流的后端工具来自 Synopsys、Cadence 两家公司，虽然两家公司的工具不同，但是基本流程相似。数字后端的设计流程如图 8.2所示。

图 8.2　数字后端的设计流程

8.3.2　数字集成电路仿真器

数字集成电路仿真器主要有以下两种。

（1）Cadence

Cadence 是一个大型的 EDA 软件，它几乎可以完成电子设计的方方面面，包括 ASIC 设计、FPGA 设计和 PCB 设计。Cadence 在仿真、电路图设计、自动布局布线、版图设计及验证等方面有着绝对的优势。Cadence 包含的工具较多，几乎包括了 EDA 设计的方方面面。

（2）Modelsim

Modelsim 是现阶段设计人员常用的一种编译仿真工具，该软件不仅应用简单，而且功能也十分强大。该软件对 VHDL 具有很强的容错能力。

8.3.3　数字集成电路设计的难点

数字集成电路的开发设计主要有以下 3 个难点。

（1）干扰问题。随着电器产品的不断出现，生活中随处可见的很多东西都成为数字集成电路设计的干扰源。例如，电器元件、电子设备和电子信号等。最为常见的有雷电、电动机和继电器，它们是对数字电路最大的干扰因素，严重时甚至会直接阻断数字电路的信号传递，影响数字电路的正常运行。另外，数字信号在传播途径中同样会受到干扰，数字信号传播途径越长，受到的干扰也就越多，越难控制。这些干扰会使数字信号在传播途径中被阻断，严重影响数字电路的工作稳定性和效率。

（2）制造工艺和相关设备。集成电路加工制造是一项与专用设备密切相关的技术，在集成电路制造技术中，最关键的是薄膜生成技术和光刻技术，光刻技术的主要设备是曝光机和刻蚀机，好的制造设备对集成电路的开发和设计至关重要。

（3）延迟问题。输入信号通过组合逻辑电路而产生输出信号，不可能同步产生，因为通过组合逻辑电路一定会花费时间。

8.4　射频集成电路设计技术

射频集成电路设计技术是一门综合性较强的学科专业，其基础是无线通信技术。它是一门涉及集成电路设计、微波理论、无线通信、数字通信、系统标准、EDA 工具、高频封装技术、高频测试技术、收发机结构、器件模型、工艺与器件等多领域的一门专业学科。

例如，常见的数字电视射频芯片设计、移动通信射频芯片设计、WLAN 射频芯片、GPS 射频芯片等设计技术。

8.4.1　射频集成电路的设计流程

射频集成电路的设计是以模拟集成电路设计和数字集成电路设计为基础的，增加了无线通信技术。其设计流程具体如下。

（1）功能定义：描述对芯片功能和性能参数的要求，使用系统设计工具设计出方案和架构，划分好芯片的模块功能。

（2）代码设计：使用硬件描述语言（如 Verilog HDL）将模块功能表示出来，形成计算机能理解的代码（行为级、RTL 级）。经过仿真验证后，进行逻辑综合，把代码翻译成低一级别的门级网表，它对应于特定的面积和参数，并再次做仿真验证。直到验证结果完全符合规格要求。验证还包括静态时序分析、形式验证等，以检验电路的功能在设计转换和优化的过程中保持不变。可测性设计（DFT、ATPG）也在这一步完成。

（3）布局布线：实现电路模块（如宏模块、存储器、引脚等）的布图规划、布局，实现电源、时钟、标准单元之间信号线的布线。

（4）版图验证：包括形式验证、物理验证，如版图与逻辑电路图的对比、设计规则检查、电气规则检查等。

（5）生产阶段：将输出 GDS 的数据，转交芯片代工厂，在晶圆上进行加工，再进行封装和测试，就得到了人们实际看见的芯片。

8.4.2　射频集成电路的模拟仿真环境

ADS 软件作为一款领先的电子设计自动化软件，迅速成为工业设计领域 EDA 软件的佼佼者，因其强大的功能、丰富的模板支持和高效准确的仿真能力（尤其在射频微波领域），而得到了广大集成电路（integrated circuit，IC）设计工作者的支持。ADS 是高频设计的工业领袖。它支持系统和射频设计师开发所有类型的射频设计，从简单到最复杂，从射频/微波模块到用于通信和航空航天/国防的单片微波集成电路（monolithic microwave integrated circuit，MMIC）。通过从频域和时域电路仿真到电磁场仿真的全套仿真技术，ADS 让设计师全面表征和优化设计。单一的集成设计环境提供系统和电路仿真器，以及电路图捕获、布局和验证能力，因此不需要在设计中停下来更换设计工具。

ADS 电子设计自动化功能十分强大，包含时域电路仿真（SPICE-like simulation）、频域电路仿真（harmonic balance、linear analysis）、三维电磁仿真（EM simulation）、通信系统仿真（communication system simulation）、数字信号处理仿真（digital signal processing simulation）设计；是当今国内各大学和研究所使用最多的微波/射频电路和通信系统仿真软件。

8.4.3　射频集成电路设计的难点

射频集成电路设计因其设计门类技术较多，因此在集成电路设计领域的难点也相对较多,主要有以下 4 点。

(1) 天线的设计。射频集成电路通常需要设计天线,天线作为收取信号的关键部件,在设计时不仅要考虑整体电路的特性,包括走线、反馈等问题,还要考虑天线的抗干扰问题,同时还要注重天线的设计成本。

(2) 数模电路模块之间的干扰。如果模拟电路(射频)和数字电路单独工作,可能各自工作良好。但是,一旦将二者放在同一块电路板上,使用同一个电源一起工作,整个系统很可能就不稳定。这主要是因为数字信号频繁地在地和正电源(大于 3V)之间摆动,而且周期特别短,常常是纳秒级的。由于较大的振幅和较短的切换时间,使得这些数字信号包含大量且独立于切换频率的高频成分。在模拟部分,从无线调谐回路传到无线设备接收部分的信号一般小于 $1\mu V$。因此,数字信号与射频信号之间的差别会达到 120dB。显然,如果不能使数字信号与射频信号很好地分离,微弱的射频信号可能遭到破坏,这样一来,无线设备工作性能就会恶化,甚至完全不能工作。

(3) 供电电源的噪声干扰。射频电路对于电源噪声相当敏感,尤其是对毛刺电压和其他高频谐波。微控制器会在每个内部时钟周期内短时间突然吸入大部分电流,这是由于现代微控制器都采用 CMOS 工艺制造。因此,假设一个微控制器以 1MHz 的内部时钟频率运行,它将以此频率从电源提取电流。如果不采取合适的电源去耦,必将引起电源线上的电压毛刺。如果这些电压毛刺到达电路射频部分的电源引脚,严重时可能导致工作失效。

(4) 无线通信对其他模拟电路部分的辐射干扰。在 PCB 电路设计中,PCB 上通常还有其他模拟电路。例如,许多电路上都有 ADC 或 DAC。射频发送器的天线发出的高频信号可能会到达 ADC 的模拟输入端。因为任何电路线路都可能如天线一样发出或接收射频信号。如果 ADC 输入端的处理不合理,射频信号可能在 ADC 输入的静电释放(electro-static discharge,ESD)二极管内自激,从而引起 ADC 偏差。

8.5　集成电路封装与测试技术

8.5.1　集成电路封装技术

集成电路封装必须充分地适应电子整机的需要和发展。由于各类电子设备、仪器仪表的功能不同,其总体结构和组装要求也往往不尽相同。因此,集成电路封装必须多种多样,才足以满足各种整机的需要。

集成电路封装是伴随集成电路的发展而前进的。随着宇航、航空、机械、轻工、化工等各个行业的不断发展,整机也向着多功能、小型化方向变化。这样,就要求集成电路的集成度越来越高,功能越来越复杂。相应地,要求集成电路封装密度越来越大,引线数越来越多,而体积越来越小,重量越来越轻,更新换代越来越快,封装结构的合理性和科学性将直接影响集成电路的质量。因此,对于集成电路的制造者和使用者,除了掌握各类集成电路的性能参数和识别引线排列外,还要对集成电路各种封装的外形尺寸、公差配合、结构特点和封装材料等知识有一个系统的认识和了解。以便使集成电路制造者不因选用封装不当而降低集成电路性能;也使集成电路使用者在采用集成电路进行征集设计和组装时,合理进行平面布局、空间占用,做到选型恰当、应用合理。

8.5.2 集成电路封装技术的作用

集成电路封装不仅起到集成电路芯片内键合点与外部进行电气连接的作用,也为集成电路芯片提供了一个稳定可靠的工作环境,对集成电路芯片起到机械或环境保护的作用,从而集成电路芯片能够发挥正常的功能,并保证其具有高稳定性和可靠性。总之,集成电路封装质量的好坏,对集成电路总体的性能优劣关系很大。因此,封装应具有较强的机械性能,良好的电气性能、散热性能和化学稳定性。

(1) 保护芯片,使其免受物理损伤。

(2) 重新分布 I/O,获得更易于在装配中处理的引脚节距。封装还有其他一些次要的作用,如提供一种更易于标准化的结构,为芯片提供散热通路,使芯片避免产生 α 粒子造成的软错误,以及提供一种更方便于测试和老化试验的结构。封装还能用于多个 IC 互连。可以使用引线键合技术等标准的互连技术来直接进行互连;或者也可用封装提供的互连通路,如混合封装技术、多芯片组件(multi-chip module,MCM)、系统级封装(system in package,SiP)以及更广泛的系统体积小型化和互连(VSMI)概念所包含的其他方法中使用的互连通路,来间接地进行互连。

随着微电子机械系统(micro electro mechanical system,MEMS)器件和片上实验室(lab-on-chip)器件的不断发展,封装起到了更多的作用:如限制芯片与外界的接触、满足压差、化学和大气环境的要求。人们还日益关注并积极投身于光电子封装的研究,以满足这一重要领域不断发展的要求。近几年,人们对 IC 封装的重要性和不断增加的功能的看法发生了很大的转变,IC 封装已经成为和 IC 本身一样重要的一个领域。这是因为在很多情况下,IC 的性能受到 IC 封装的制约,因此,人们越来越注重发展 IC 封装技术以迎接新的挑战。

8.5.3 集成电路封装技术的形式

集成电路封装技术有以下 4 种形式。

1. 小外形封装

小外形封装(small outline package,SOP),也可以叫作 SOL 和 DFP,是一种很常见的元器件形式。同时 SOP 也是表面贴装型封装之一,引脚从封装两侧引出呈海鸥翼状(L 形),封装材料分塑料和陶瓷两种,始于 20 世纪 70 年代末期。SOP 封装的应用范围很广,无论存储器 LSI 封装,还是输入输出端子不超过 10～40 个的芯片封装,其都是普及最广泛的表面贴装封装。后来,为了适应生产的需要,也逐渐派生出 SOJ、SSOP、TSSOP、SOIC 等一些小外形封装。

2. 插针阵列封装

插针阵列封装(pin grid array,PGA)常见于微处理器的封装,一般是将集成电路包装在瓷片内,瓷片的底部是排列成方形的插针,这些插针就可以插入或焊接到 PCB 上对应的插座中,非常适合于需要频繁插拔的应用场合。对于有同样引脚的芯片,PGA通常要比过去常见的双列直插封装需用面积更小。PGA具有插拔操作更方便,可靠性及可适应更高的特点,早期的奔腾芯片、Intel系列CPU中的80486、PenTIum、PenTIum Pro均采用这种封装形式。

3. 球阵列封装

球阵列封装(ball grid array,BGA)是从PGA改良而来,是一种将某个表面以格状排列的方式覆满引脚的封装方法,在运作时即可将电子信号从集成电路上传导至其所在的PCB。在BGA下,封装底部处引脚由锡球所取代,这些锡球可以手动或透过自动化机器配置,并透过助焊剂将它们定位。BGA能提供比其他如双列直插封装或四侧引脚扁平封装容纳更多的引脚,整个装置的地步表面可作为引脚使用,比起周围限定的封装类型还能具有更短的平均导线长度,以具备高速效能。

4. 双列直插封装

双列直插封装(dual in-line package,DIP)是指采用双列直插形式封装的集成电路芯片,绝大多数中小规模集成电路均采用这种封装形式,其引脚数一般不超过100个。采用DIP的CPU芯片有两排引脚,需要插入具有DIP结构的芯片插座上。DIP的芯片在从芯片插座上插拔时应特别小心,以免损坏引脚。

DIP具有以下两个特点。

(1) 适合在PCB上穿孔焊接,操作方便。

(2) 芯片面积与封装面积之间的比值较大,故体积也较大。Intel系列CPU中的8088就采用这种封装形式,高速缓存(cache)和早期的内存芯片也是这种封装形式。

8.5.4 集成电路测试技术

集成电路产业是衡量一个国家综合能力的重要指标,而这个庞大的产业主要由集成电路的设计、芯片、封装和测试构成。集成电路的测试是唯一一个贯穿集成电路生产和应用全过程的产业。例如,集成电路设计原型的验证测试、晶圆测试、封装成品测试等,只有通过了全部测试,才能被认定为合格品。

对于集成电路在器件开发阶段的测试分类,主要有以下4种。

(1) 晶圆测试:对裸露的、尚未切割的每颗晶圆进行探针测试。在测试过程中,要让测试仪的探针与晶粒上的节点接触,测试晶粒的电气特性不合格的晶粒会被标上记号,探针卡的阻抗匹配和时延问题必须加以考虑,以便时序调整和矫正。

(2) 生产测试:晶圆上的芯片经过封装后,对成品进行全面的电性能测试。

(3) 老化测试:通过生产性测试的产品并不是完全一致的,在实际应用中,有些会很快失效,而有些会能长时间正常工作。老化测试是通过一个长时间的连续或周期性的测试使不耐用的器件失效,从而确保老化测试后器件的可靠性。老化测试分为静态老化测试和动态老化测试。静态老化测试是在给器件提供供电电压下,提高器件的工作温度对其寿命进行测试。动态老化测试是在静态老化测试的基础上施加激励。

(4) 质量控制测试:为确保生产产品的质量,对准各出厂的合格器件进行抽样测试,以确保良品的合格率。

8.6 微电子器件可靠性技术

随着电子科技水平的提高,体积较小的微电子器件逐渐被普及应用,而且其功能越来越完善,智能化程度越来越高,相比于传统的电子元件优势十分突出。但是现代化电子设备对于电子器件的质量要求相比于以往也有了更高的要求,微电子器件在应用过程中还是会受到多种因素的影响导致其可靠性降低。

8.6.1 影响微电子器件可靠性的因素

影响微电子器件的可靠性因素主要有以下 3 个。

1. 热载流子效应

热载流子效应造成的破坏在微电子器件的使用过程中发生的频率是比较高的,导致这种现象的原因是现代化集成电路中栅氧化层的结构的压缩程度比较大,这就使电路漏端的电磁场被放大,热载流子效应会在一定程度上导致电气元件阈值电压发生漂移,久而久之电气元件就会失去稳定性,发生质量问题。热载流子效应给微电子器件带来的危害可以总结为两点:①热载流子的存在会改变电荷的结构分布属性,降低微电子器件的功能,缩短其使用寿命;②热载流子效应对微电子器件集成电路中的场效应管性能存在一定负面影响,如果不采取措施控制,会严重影响微电子产品的稳定性。

2. 金属化电迁移

金属化电迁移是指金属元件在通电条件下内部原子发生位置移动的一种现象。在微电子器件当中,原子电迁移的方向是固定的,一般情况下都是向电流传输方向运动。也就是说,电路中的阴极电子会不断地向阳极发生迁移,最终造成阴极电子空洞,而阳极原子则严重聚集,进而使电截面积变得非常小,电流传输速度被加快,如果不加以控制很容易烧毁微电子器件。通常来说,金属化电迁移都是在强直流电的作用下才会发生的,金属原子迁移的直接表现就是电路电阻变大,随着原子迁移数量的增加,电极原子结构就会发生变化,表现在外部就是微电子器件金属膜会出现变形,有的地方凸出,有的地方凹陷,严重时就会发生电路短路,造成微电子器件失效。现代化集成电路的计算单位越来越小,金属器件的连接宽度也变得更小,这在一定程度上也增加了微电子器件发生金属化电迁移的概率。

3. 静电放电

静电放电的作用力实际上是比较小的,在以往的电子器件当中,基本上可以忽略不计。但是由于现代化微电子器件对精度要求比较高,哪怕是轻微的静电磁场,也会对电子产品性能产生较大的影响,所以近年来静电放电问题也逐渐引起了人们的注意。该现象对微电子器件造成的损伤通常表现在数据丢失或功能复位等方面,对微电子器件的可靠性也是十分不利的。有数据显示,在现代化高精密微电子器件中,静电放电问题造成的电子产品故障率已经达到 26%。在静电放电中,最常见的表象就是直接损伤,释放的电流会融化电器中的某个部位造成电器失效。微电子器件常暴露在静电的环境下,器件也会受到影响,高电流下,会使器件的温度上升,严重的会造成金属熔化,或氧化层击穿。

8.6.2　提高微电子器件可靠性的措施

提高微电子器件可靠性的措施有以下 3 种。

1. 抑制热载流子效应的措施

在集成电路设计中,通常会以减小沟通道长度或者减小氧化层厚度来增加集成电路的运算速度,但这些设计又容易造成热载流子效应。为了减少热载流子的影响,可采取以下措施:首先,是减小漏接附近的电场,改善集成电路使用的环境,降低其发生的可能性;其次,在减小氧化层厚度的同时,可提高氧化层的质量,通过干法氧化技术提高质量,降低热载流子截面,减少热载流子的注入;最后,在电路的设计上,可以采用钳位器件或者设计新的结构,如低掺杂漏等。

2. 改善金属化电迁移引起可靠性问题的方法

改善金属化电迁移现象常见的方法有界面效应、合金效应等。界面效应是指热电应力的增大,会使金属与金属或者金属与半导体之间的界面扩散,造成漏电、短路等现象,解决这一问题最好的办法就是在金属与金属之间或者金属与半导体之间增加一层阻挡层。由于对熔点、热稳定、化学性都有一定的要求,阻挡层材料应使用高性能材料。在微电子器件中,Al 金属被广泛使用,但由于 Al 金属的特性,也极易造成电迁移现象。在使用的过程中可以通过向 Al 金属加入适当比例的 Cu,以此来改进 Al 膜的电迁移寿命。同时,也可以加入适当比例的 Si,以此来减小互熔,也就是采用 Al-Si-Cu 合金,改善电迁移现象。

3. 静电放电问题的防护措施

静电放电问题的防护措施很多,常见的有以下 3 种方式:①接地,就是将物体表面都连接一个固定的接地体,将静电放电释放的电流引到大地,从而减少静电荷积累;②安装防静电周转箱,通过设备减少静电放电;③在生产微电子产品时,要求工作人员穿戴防静电服装,在使用时,可以在微电子产品上喷涂防静电剂。

8.7　本章小结

集成电路作为信息产业的基石,在未来科技强国的道路上将会起到更关键的作用。进入 21 世纪以来,全球科技创新进入空前密集活跃的时期,新一轮科技革命和产业变革正在重构全球创新版图、重塑全球经济结构。科学技术从来没有像今天这样深刻影响着国家前途命运,从来没有像今天这样深刻影响着人民生活福祉。新一代信息技术是中国制造 2025 的重要组成,集成电路则是新一代信息技术的关键领域。集成电路处于整个电子信息产业链的上游,发展好集成电路则有望大大促进我国电子信息产业迈向价值链的中高端。

本章通过介绍集成电路领域中电子信息产业的相关应用和技术,包括模拟集成电路设计技术、数字集成电路设计技术、射频集成电路设计技术以及集成电路封装和测试技术，最后介绍了微电子器件可靠性技术。相信在不断发展的信息产业大背景下，我国的集成电路产业会有很大的飞跃，一步一步走向世界领先水平。

8.8　为进一步深入学习推荐的参考书目

为了进一步深入学习本章有关内容，向读者推荐以下参考书目。

［1］　刘耿耿，郭文忠. 超大规模集成电路布线设计理论与算法［M］. 北京：清华大学出版社，2022.

［2］　SANSEN W M C. 模拟集成电路设计精粹［M］. 陈莹梅，译. 北京：清华大学出版社，2023.

［3］　杜树春. 常用数字集成电路设计和仿真［M］. 北京：清华大学出版社，2022.

［4］　刘胜，刘勇. 微电子封装和集成的建模与仿真：制造、可靠性和测试［M］. 2版. 北京：化学工业出版社，2021.

［5］　朱正宇，王可，蔡志匡. 功率半导体器件封装技术［M］. 北京：机械工业出版社，2022.

［6］　卜景鹏. 射频噪声理论和工程应用［M］. 北京：清华大学出版社，2023.

［7］　王红霞，马知远，吴文全. 高频电子线路实践教程［M］. 北京：清华大学出版社，2023.

［8］　朱波. 硬件电路与产品可靠性设计［M］. 北京：清华大学出版社，2023.

［9］　周玉刚、张荣. 微电子封装技术［M］. 北京：清华大学出版社，2023.

［10］　俞志宏. 我在硅谷管芯片：芯片产品线经理生存指南［M］. 北京：清华大学出版社，2023.

8.9　习题

1. 怎样理解集成电路专业领域的培养目标与规格。

2. 集成电路专业人才培养的教育内容有哪些？

3. 集成电路专业在生活中有哪些应用？

4. 结合本专业谈谈对于集成电路专业未来前景的看法。

5. 借助搜索引擎在网上查找集成电路专业的相关信息和最新进展。

6. 电子信息科学与技术在集成电路系统领域中应用非常广泛（如模拟集成电路设计技术、数字集成电路设计技术、射频集成电路设计技术、集成电路封装和测试技术、微电子器件可靠性技术等），就你感兴趣的任何一方面阐述它的历史、现状、发展趋势和涉及的可能知识，并站在环境保护和可持续发展的角度，谈谈技术研发和应用中应注意哪些问题。

图书资源支持

感谢您一直以来对清华版图书的支持和爱护。为了配合本书的使用，本书提供配套的资源，有需求的读者请扫描下方的"书圈"微信公众号二维码，在图书专区下载，也可以拨打电话或发送电子邮件咨询。

如果您在使用本书的过程中遇到了什么问题，或者有相关图书出版计划，也请您发邮件告诉我们，以便我们更好地为您服务。

我们的联系方式：

清华大学出版社计算机与信息分社网站：https://www.shuimushuhui.com/

地　　址：北京市海淀区双清路学研大厦 A 座 714

邮　　编：100084

电　　话：010-83470236　010-83470237

客服邮箱：2301891038@qq.com

QQ：2301891038（请写明您的单位和姓名）

资源下载：关注公众号"书圈"下载配套资源。

资源下载、样书申请

书圈

图书案例

清华计算机学堂

观看课程直播